新时代乡村振兴路径研究书系

乡村振兴的
陕南实践

田雯 著

西南财经大学出版社

中国·成都

图书在版编目(CIP)数据

乡村振兴的陕南实践/田雯著.--成都:西南财经
大学出版社,2025.2.--ISBN 978-7-5504-6584-8

Ⅰ.F327.41

中国国家版本馆 CIP 数据核字第 2025QX1167 号

乡村振兴的陕南实践

XIANGCUN ZHENXING DE SHANNAN SHIJIAN

田雯 著

策划编辑:乔雷 余尧
责任编辑:乔雷
责任校对:余尧
封面设计:墨创文化 张姗姗
责任印制:朱曼丽

出版发行	西南财经大学出版社(四川省成都市光华村街55号)
网 址	http://cbs.swufe.edu.cn
电子邮件	bookcj@swufe.edu.cn
邮政编码	610074
电 话	028-87353785
照 排	四川胜翔数码印务设计有限公司
印 刷	四川五洲彩印有限责任公司
成品尺寸	170 mm×240 mm
印 张	15
字 数	262 千字
版 次	2025 年 2 月第 1 版
印 次	2025 年 2 月第 1 次印刷
书 号	ISBN 978-7-5504-6584-8
定 价	88.00 元

序言

务农重本,国之大纲。党的十八大以来,以习近平同志为核心的党中央从党和国家事业全局出发,始终把解决好"三农"问题作为全党工作的重中之重。党中央带领全党全国各族人民打赢脱贫攻坚战,全面建成小康社会,历史性解决了绝对贫困问题;接续实施乡村振兴战略,有力有效推进乡村全面振兴,推动农业农村取得历史性成就,发生历史性转变。当前我国正从农业大国向农业强国转变,农业、农村、农民面貌正在发生巨大变化。党的二十大报告明确提出"加快建设农业强国"。站在以中国式现代化全面推进中华民族伟大复兴的高度,全面推进乡村振兴既是新时代建设农业强国的重要任务,也是事关全面建设社会主义现代化国家进程的关键环节。深入把握全面推进乡村振兴的内涵,全面分析和解决乡村全面振兴的历史方位、重大意义、前进方向、目标任务、根本要求和推进路径等,对进一步全面深化农村改革,推进中国式现代化具有重大理论和实践价值。

全面建设社会主义现代化国家,最艰巨最繁重的任务仍然在农村。习近平总书记强调:民族要复兴,乡村必振兴。从世界百年未有之大变局看,"稳住农业基本盘、守好'三农'基础是应变局、开新局的'压舱石'"。推进乡村全面振兴,需要完整准确全面贯彻新发展理念,统筹各方力量,强化协作配合,找到最大公约数,画好最大同心圆,让现代化建设成果更多更公平惠及全体农民,实现全体人民共同富裕。推进乡村全面振兴，要坚持创新发展，激发乡村振兴活力；要坚持协调发展，突破乡村振兴瓶颈；要坚持绿色发展，提高乡村生态价值；要坚持开放发展，拓展乡村振兴空间；要坚持共享发展，筑牢乡村振兴基石。躬身入局全面建设社会主义现代化国家新征程，我们必须扎实推进乡村全面振兴，为中国式现代化提供坚实支撑。

近年来，陕西坚持以习近平新时代中国特色社会主义思想为指导，深入贯彻落实习近平总书记关于"三农"工作的重要论述和来陕考察重要讲话重要指示精神，坚持和加强党对"三农"工作的全面领导，锚定建设农业强省目标，通过整合资源、突出特色、补齐短板、提高效率等一系列措施，集中力量抓好办成一批群众可感可及的实事，宜居宜业和美陕西乡村建设不断取得新成效。陕南，北靠秦岭，南倚巴山，汉江自西向东穿流而过，形成了独特的"两山夹一川"的地貌特征。陕南地区凭借独特优越的自然资源禀赋优势，积极探索践行"两山"理论的实践路径，整合各方资源，以绿色循环发展理念指导产业发展，走出一条"生态+特色产业+旅游"的乡村振兴道路，在生态转型、环境保护、文化建设、乡村治理上都有了显著的变化，农民的生活得到极大的改善。

本书以陕南地区全面推进乡村振兴实践为研究对象，以产业兴旺、生态宜居、乡风文明、治理有效、生活富裕为分析框架，从产业发展、生态环境、乡风建设、乡村治理以及农民生活富裕几个方面对安康、汉中、商洛地区乡村振兴的实践情况进行提炼，对于全国同类地区扎实推进乡村全面振兴和加快农业农村现代化建设步伐具有一定的参考价值及借鉴意义。

陈晓莉　教授

西安财经大学

目录

1 绪论 / 1

1.1 选题缘由 / 1

1.2 研究意义 / 3

1.3 乡村振兴战略的内涵、发展历程及阶段性特征 / 4

1.3.1 乡村振兴战略的内涵 / 4

1.3.2 乡村振兴战略的发展历程 / 6

1.3.3 乡村振兴战略的阶段性特征 / 12

1.4 乡村振兴战略的时代背景和意义 / 14

1.4.1 乡村振兴战略的时代背景 / 14

1.4.2 乡村振兴战略的意义 / 19

2 乡村振兴的理论探源 / 23

2.1 马克思恩格斯关于农村发展的思想 / 23

2.1.1 农业的基础地位 / 23

2.1.2 农业合作化 / 25

2.1.3 城乡关系 / 26

2.2 列宁关于农村发展的思想 / 28

2.2.1 农业是稳定政权的基础 / 28

2.2.2　合作社理论 / 29

2.2.3　城乡关系 / 30

3　中国共产党关于乡村发展的探索 / 32

3.1　新民主主义革命时期的乡村发展探索 / 32

3.1.1　领导农民开展合作运动，将农民"组织起来" / 32

3.1.2　建立农村革命根据地，开展土地革命 / 33

3.2　社会主义革命和建设时期的乡村发展探索 / 34

3.2.1　强调农业的基础地位 / 34

3.2.2　继承和发展了合作社理论 / 35

3.2.3　发挥农民的主体作用 / 36

3.2.4　城乡关系向互助发展转变 / 37

3.3　改革开放和社会主义现代化建设新时期的社会主义新农村建设 / 38

3.3.1　改革农村基本经营制度 / 38

3.3.2　统筹城乡经济社会发展 / 39

3.3.3　社会主义新农村建设 / 41

3.4　中国特色社会主义新时代的乡村振兴 / 42

3.4.1　"三农"工作是全党工作的重中之重 / 42

3.4.2　打赢脱贫攻坚战 / 43

3.4.3　开启乡村振兴新局面 / 43

3.4.4　推进农业高质量发展 / 44

3.4.5　以实现农民富裕为目标 / 45

3.4.6　城乡融合发展（新型城镇化道路） / 46

4　陕南地区乡村振兴的总体态势 / 48

　　4.1　陕南地区概述 / 48

　　　　4.1.1　自然地理情况 / 48

　　　　4.1.2　经济社会状况 / 49

　　4.2　陕南地区的乡村发展现状 / 51

　　　　4.2.1　乡村产业发展状况 / 51

　　　　4.2.2　乡村人才发展 / 67

　　　　4.2.3　发挥党建引领作用 / 70

　　　　4.2.4　乡村文化发展 / 74

　　　　4.2.5　乡村生态发展 / 84

5　陕南地区乡村振兴的微观透视 / 93

　　5.1　乡村振兴的安康探索 / 93

　　　　5.1.1　安康情况概述 / 93

　　　　5.1.2　安康乡村振兴的实践 / 101

　　　　5.1.3　安康乡村振兴的实践案例 / 126

　　5.2　乡村振兴的汉中探索 / 131

　　　　5.2.1　汉中情况概述 / 131

　　　　5.2.2　汉中乡村振兴的实践 / 140

　　　　5.2.3　汉中乡村振兴的实践案例 / 169

　　5.3　乡村振兴的商洛探索 / 174

　　　　5.3.1　商洛情况概述 / 174

　　　　5.3.2　商洛乡村振兴的实践 / 181

　　　　5.3.3　商洛乡村振兴的实践案例 / 205

6 陕南地区乡村振兴的实践特征 / 210

6.1 陕南地区的总体发展特征 / 210

6.1.1 立足生态优势，因地制宜发展生态农业 / 210

6.1.2 龙头企业助力，加速发展产业 / 211

6.1.3 发展生态旅游业，打造生态名片 / 212

6.1.4 融入西安都市圈，接受西安经济的辐射 / 213

6.2 陕南地区乡村振兴的未来展望 / 214

6.2.1 持续调整产业结构，构建现代化产业体系 / 214

6.2.2 转变农民思想观念，适应新时代发展需求 / 215

6.2.3 培养优秀乡村人才，为乡村振兴赋能 / 216

6.2.4 推动城乡融合发展，实现城乡要素均等化 / 218

6.3 结语 / 219

参考文献 / 221

1 绪论

1.1 选题缘由

党的二十大报告提出："全面推进乡村振兴，坚持农业农村优先发展，坚持城乡融合发展，畅通城乡要素流动，扎实推动乡村产业、人才、文化、生态、组织振兴。"这也为我们在新时代推动乡村发展指明了方向。中国共产党历来十分重视农业农村的发展，一直把解决好"三农"问题作为全党工作的重中之重，推进中国式现代化是新时代最大的政治，举全党全国之力全面推进乡村振兴，高水平推动农业农村现代化高质量发展。目前我国社会主义现代化建设步入了高质量发展阶段，高质量发展不仅是经济领域的发展，更是全面建设社会主义现代化国家各个领域全方位全面的发展，是新时代的"硬道理"。解决好农村、农民、农业的发展问题，就为实现人口规模巨大的现代化、全体人民共同富裕的现代化、物质文明与精神文明相协调的现代化、人与自然和谐共生的现代化、走和平发展道路的现代化，奠定了坚实的发展根基，也是中国式现代化的必然要求。

中国自古以来就是农业大国，农耕文明在上万年的发展中，以其兼容并蓄的胸怀，成为中华民族永续发展的精神纽带，农业也成为中国经济发展最重要的支撑。中国共产党一以贯之的历史使命就是"为中华民族谋复兴，为中国人民谋幸福"，长期以来，中国共产党聚焦不断发展的"三农"问题，从根据地建设到农村实行合作化，从乡村发展到社会主义新农村建设，从乡村振兴再到乡村全面振兴，走出了一条适合中国国情的乡村发展道路。在新民主主义革命时期，为了实现革命的胜利，党将分散的农民联合起来，开始实行土地革命政策，提高农民的积极性。在社会主义革命和建设时期，为了促进工业的发展，党实行城乡二元体制，将分散的小农经济联合起来，促进农村经济的发展，在农村实行合作化制度，经过初级合作社到高级合作社的过渡，成功地将封建土地所有制改造成社会主义土地所有制，将分散的小农经济整合起来，大幅度提升了农业的产量，也促进了工业的发展。在改革开放和社会主义现代化建设新时期，农业合作社已经不能再适应经济的发展，为了提升农民的积极性，在农村实行了家庭联产承包责任制，这一制度极大地活跃了农村经济。随着改革开放的不断深入，中国的经济不断发展，农村却成为经济发展的短板，于是国家开始提倡工业反哺农业，开始了社会主义新农村建设。随着社会主义新农村的建设，中国的农村在政治、经济、文化等方面都得到了提升。中国特色社会主义新时代，农村成为社会主义现代化建设的短板，中国共产党顺应时势，提出了脱贫攻坚任务，并且攻克各种难关，成功实现了农村的脱贫。党的十九大首次提出了实施乡村振兴战略，推动乡村实现社会主义现代化，实现美丽乡村。乡村发展经历了战时的乡村革命，建设时期的乡村改造，开放时期的新农村建设，直到新时代的乡村振兴，乡村振兴不是一蹴而就的，是中国共产党在长期的实践经验中总结出来的适合中国的道路，是实现社会主义现代化建设的必由之路。

当前，乡村振兴已经成为我国推进"五位一体"总体布局和"四个全面"战略布局的重要内容。在全国范围内全面推进乡村振兴，要求不能落下任何一个地区，陕南地区作为全国全面推进乡村振兴的重要组成部分，无论其特殊的自然地理结构，还是其特有的社会经济发展，都具有十分重要的典型意义。因此，研究和探讨陕南地区乡村振兴的实践内容，从中提炼陕南地区从实际出发全面推进乡村振兴的实践经验，对于全国同类地区的乡村振兴和农业农村现代化建设，依然具有十分重要的理论和实践意义。

陕南地区位于陕西省南部，属于秦巴腹地，被誉为"生物基因库"，也是我国退耕还林重点地区，是历史上秦楚文化的交会地带，具有文化多样性。陕南地区位于我国的中心地带，也是连接南北的重要交通带，地理位置、生态价值、文化意义都很重要。

陕南地区经济发展较落后，属于连片贫困脱贫攻坚区，受秦巴山区复杂的地形影响，产业发展滞后。随着乡村振兴战略的实施，陕南地区立足自身资源禀赋，整合各方资源，走出一条"生态+特色产业+旅游"的乡村产业振兴道路，以绿色循环发展理念指导产业发展，走出了一条产业转型升级的乡村发展道路。

本书以陕南地区为研究对象，研究安康、汉中以及商洛的乡村振兴实践，对各地发展乡村特色产业的实践进行总结和梳理，分析在乡村振兴背景下，落后地区产业发展的实践经验，对于乡村特色产业发展以及产业融合持续优化的经验进行总结，同时审视特色产业发展过程中的不足，持续调整陕南地区乡村产业发展政策，有着重要的现实意义和应用价值。

1.2　研究意义

"三农"问题是关系国计民生的根本性问题，解决好"三农"问题是全党工作的重中之重。乡村振兴是中国共产党在新时代解决"三农"问题的实践探索，2020 年是全面推进乡村振兴的新起点，本书以陕南地区的乡村振兴实践探索为研究对象，对陕南地区乡村振兴的实践成效进行分析，深入分析陕南地区乡村振兴的模式以及基本经验。笔者通过理论与实践的研究方法，对安康、汉中以及商洛地区的实践经验进行总结，具有重要的理论和实践意义。

首先，研究的实践意义。全面推进乡村振兴，既是发展目标，也是实现共同富裕的重要基础，是新时代党和国家的重要战略选择。实现共同富裕的短板在农村，农村发展的短板则在于落后地区乡村产业振兴。如何在落后地区实现乡村发展，是乡村振兴的重点和难点。陕南片区因其要素禀赋恶劣、基础设施薄弱、经济社会发展滞后，是相对贫困人口返贫的高发区，也是乡村振兴的重点地区。陕南各地依托当地优势资源，结合"生态+"发展旅游业，同时发展以农业为基础的农特产品，打造区域优势，提升农产品附加值，带动乡村经济的发展。本书对安康、汉中以及商洛地区的乡村振兴实践经验进行总结，结合我国其他地区乡村振兴的实践经验以及陕南地区的发展现状，为陕南地区巩固拓展脱贫攻坚成果，推进乡村振兴战略提供重要的借鉴。

其次，研究的理论意义。随着乡村振兴的兴起，关于乡村振兴区域性实践研究的文献资料有很多，但是关于陕南地区的专门研究较少。本书以陕南地区为主要研究对象，结合习近平新时代中国特色社会主义思想，对陕南地区乡村振兴的实践成效进行分析，深入分析陕南地区乡村振兴的模式以及基本经验，丰富和发展了陕南地区乡村振兴的理论研究。同时，本书以乡村振兴理论为分析框架，以马克思主义乡村发展理论为基础，探索马克思主义在中国乡村发展的实践成效，是对马克思主义同中国具体实践相结合的实践经验总结。

1.3 乡村振兴战略的内涵、发展历程及阶段性特征

1.3.1 乡村振兴战略的内涵

党的十九大报告为我们规划了乡村振兴的目标蓝图：产业兴旺、生态宜居、乡风文明、治理有效、生活富裕。这一目标蓝图体现了农业农村农民全方位的发展理念。产业兴旺是乡村振兴的基础，生态宜居是乡村振兴的前提，乡风文明是乡村振兴的精神风貌，治理有效是乡村振兴的重要保障，生活富裕是乡村振兴的根本目标，前四个方面共同服务于生活富裕。

产业兴旺是乡村振兴的基础，也是乡村振兴的首要任务和基础任务，在乡村振兴中处于首位。经济的发展离不开产业的发展，回首中国改革开放40多年的历程，凡是经济发展较快的地区，大多有产业支撑。产业的发展对区域经济发展有着重要的带动作用，也可以为农村剩余劳动力提供更多的就业岗位，帮助农民实现"家门口就业"。人是乡村振兴的基础，大多数农村普遍存在的问题是缺乏"人气"，大多数年轻人外出务工，老人和孩子留在农村，这就产生了"空巢老人""留守儿童"的现象，乡村产业发展动能不足。以县域经济为核心发展区域产业经济，可以带动农民就近就业，为农村聚集"人气"，为农村经济可持续发展续航，激发乡村经济的内生动力。产业兴旺最重要的就是发展现代农业，只有依托特色资源优势，发展农村特色产业，建立健全产业链，同时加强区域品牌建设，提高产品附加值，才能提升农业产业的现代化水平，为农民带来更多的收入。

生态宜居是乡村振兴的前提。生态宜居是指环境、经济、社会、政治的和谐发展，也是乡村振兴的重要内容。一方面，生态宜居要求保护生态环境、治理污染，恢复乡村生态环境，通过退耕还林、提高农业的机械化水平、改变人们的生活方式等，推动实现人与自然的和谐共生；另一方

面，生态宜居对农村基础设施以及村容村貌提出了更高的要求。生态宜居要求，通过"厕所革命"和一系列的"创卫"活动，提升人们的环保意识，自觉行动起来保护生态环境、维护村容村貌；通过完善基础设施，如水电设施、公共厕所、互联网设施等，保障农民的基本生活；通过一系列措施促使人们养成保护自然、顺应自然、敬畏自然的生态文明理念，共同保护乡村生态环境系统。

乡风文明是乡村振兴的精神风貌。城乡差距不仅体现在物质生活上，更体现在思想上。乡村振兴归根到底是"人"的振兴，要实现人的发展，就需要物质文明和精神文明共同发展。"乡风"是乡村精神文明发展的重要体现，乡风建设也是一个长期性的过程。一是发挥传统文化的优势，充分挖掘农耕文化的重要内容，通过文化传承，带动新时期文明乡风的养成；二是大力推进移风易俗工作，改变农村的一些恶习陋习，展现全新风貌；三是发挥以"家风带民风"的活动，通过传统家风家训的带动，在农村倡导文明乡风，提升农民的精神风貌。加强农村精神文明建设，可以形成良好的社会风气和社会秩序，提高农民的思想道德水平和科学文化水平。

治理有效是乡村振兴的重要保障，决定着乡村振兴实施的成效。基层治理是实现社会治理的重要基础，是乡村振兴各项政策得到贯彻落实的重要保障。在乡村治理过程中，应该发挥党建引领作用，完善政府、社会、村民共同参与的协同治理体制，建立健全自治、法治、德治、善治相结合的乡村治理体系。治理有效包括经济效能、政治效能、服务效能与社会效能四个部分。治理有效可以保证乡村社会有序发展，保障农民权利的实现，保持乡村振兴的公平正义，这是乡村振兴的重要保障。

生活富裕是乡村振兴的根本目标。乡村振兴战略的最终目标是实现共同富裕，实现乡村的全面发展。生活富裕包括物质收入水平的提升和农民生活质量的提升。实施乡村振兴，最首要的目标就是提升农民的收入。实施乡村振兴，需要做到以下三点：一是加大政府转移支付力度，建立健全兜底保障工程，保障农民的基本生活。二是发展特色农业产业，带动农民就业，实现经济可持续增长，通过"农业+文化""农业+旅游""农业+休闲"等多种产业，实现质量兴农、绿色兴农。三是通过改善民生，实现城乡就业、教育、医疗、居住以及养老等方面的协同发展，提高农民的生活质量，实现城乡要素互通，缩小城乡差距，让农民老有所养、病有所医，从而提升农民的富裕程度以及幸福水平。

乡村振兴战略的提出是实现农业农村现代化发展的重要战略，也是实现共同富裕的重要基础。乡村振兴战略总共包括五个方面，即组织振兴、生态振兴、人才振兴、产业振兴、文化振兴。乡村振兴战略以"产业兴旺、生态宜居、乡风文明、治理有效、生活富裕"为重要目标，这五个方面密不可分，相互推动，共同构成了乡村发展的网络体系。

1.3.2 乡村振兴战略的发展历程

中国的改革最先是从农村开始的，农村的改革也是中国改革的缩影。改革开放以来，党始终将"三农"工作作为经济发展的重点。1982 年以来，历年的中央一号文件都对"三农"工作进行部署，从家庭联产承包责任制，到以公共利益为核心的社会主义新农村建设，再到全面实现乡村振兴。党始终将农民增收、农民受益以及实现农村现代化作为目标，根据每一时期的国民经济发展目标，有侧重、循序渐进地进行改革。乡村振兴战略是党在新时代对"三农"工作做出的新的部署，也体现了中国经济发展的演变过程，体现了党中央不断放权，提高农村公共利益的过程。

1.3.2.1 乡村振兴的萌芽阶段

这一阶段是农村经济发展的新起点。随着改革开放的实施，商品经济的发展为社会主义经济的发展带来了新的活力。这一时期，我国的工业发展刚刚起步，城市经济有所恢复，但农村生产力不足，恢复生产、解决温饱是这一时期"三农"工作的重心。以家庭为核心的家庭联产承包责任制的出现，提高了农民的生产积极性，提高了农民收入。在 1978 年召开的十一届三中全会上，邓小平同志充分肯定了这一制度。随着以经济建设为中心成为这一时期党和国家发展的主要任务，"三农"工作也日益成为党和国家关注的重点工作。1982 年，党中央制定了第一份中央一号文件，对"三农"工作进行总体部署。

《全国农村工作会议纪要》是我国历史上第一个中央一号文件，该文件从政策上肯定了家庭联产承包责任制的可行性，并对家庭联产承包责任制进行了政策部署。《全国农村工作会议纪要》提到的家庭联产承包责任制建立在土地集体所有的基础上，不是搞私有制，是在改革开放的时代下，在集体经济上的突破，可以使家庭生产迸发新的活力。1982 年之后的中央一号文件不断对农村发展商品经济作出了重要的部署。1983 年的中央一号文件《当前农村经济政策的若干问题》进一步肯定了家庭联产承包责任制，使得家庭联产承包责任制成为一项稳定的制度，为农村经济体制改革奠定了基础，并且推动着农村社会的改革与转型，即实现农村由传统经济向现代农村经济转变。1984 年的中央一号文件《关于 1984 年农村工作的通知》强调，持续稳定发展家庭联产承包责任制，开始在农村发展商品经济。

通过这三年的中央一号文件，我国逐步稳定和巩固了家庭联产承包责任制，改变了原有的计划经济体制，商品经济在农村发展起来，为乡村发展、农民增收提供新的动能。

1985 年的中央一号文件《关于进一步活跃农村经济的十项政策》肯定了在农村发展商品经济的重要作用，提出改革统购统销的制度，鼓励乡镇企业的发展，鼓励农村经济多元化发展。1986 年的中央一号文件《关于 1986 年农村工作的部署》肯定了农村改革的成果，也对新阶段的"三农"工作进行了部署和安排。这一阶段的"三农"工作的重点是促进农民增收，解决农民温饱。农村顺应改革开放潮流，适应市场经济的发展，改变以往平均主义的分配方式，支持农村经济的多元化发展，探索社会主义市场经济体制在农村的发展道路。围绕"农民增收"这一主线任务，我国探索出家庭联产承包责任制的中国式农村发展道路。随着改革开放的不断深入，乡镇企业在带动乡村经济发展、连接城乡要素流通上起到了重要的作用，为乡村发展注入了新的活力，乡村的商品经济开始活跃起来，农村的生产剩余增加，农村经济开始进入良性循环。随着乡村商品经济的发展，我国打破了"城乡二元"的发展格局，开启了城乡一体化发展的新局面。同时，工业反哺农业，工农城乡关系开始进入协调发展时期。

1.3.2.2 乡村振兴的探索阶段

随着经济体制的改革和商品经济的发展，农村经济得到进一步发展，农民的物质生活水平有所改善，农业发展也取得了一定的成果。由于历史原因，新中国成立后，我国乡村发展与城市发展之间存在着一定的差距，城乡差距不断扩大。根据当前城乡发展的状况，党中央不断调整关于农业农村以及农民的政策，这一时期政策调整的主线是农民"增收减负"。

这一阶段的中国农村还存在着大量的贫困人口，为了缩小贫困差距，改善农村生活状况，中共中央、国务院于 1993 年制定了《关于当前农业和农村经济发展的若干政策措施》，指出要以市场为向导，发展农村经济。

1994年3月，国务院公布《国家八七扶贫攻坚计划》，表明国家开始关注农村贫困人口的生活状况，政府财政支出也在不断向农村倾斜，助力贫困人口顺利脱贫。这一时期改革的重点是工业反哺农业，增加对农村的转移支付，为农民减负。随着政府转移支付的倾斜以及乡村市场经济的发展，农民收入得到了进一步提升。为了缓解基层矛盾，有效提升基层治理效能，这一时期的中央一号文件开始出现了"公共服务""公共利益"的表述，表明国家开始注重提升农民的生活品质，这也进一步丰富了党中央关于农村发展的思想。

2004年的中央一号文件《中共中央 国务院关于促进农民增加收入若干政策的意见》，以"促进农民增收"为关键词，并提出"多予、少取、放活"的方针，国家财政向农村倾斜，完善农村基础设施，支持农村经济发展①。2004年的中央一号文件为这一时期的"三农"工作指明了方向，明确了这一时期乡村发展的主线。从此，减免农业税成为历年"三农"工作的重点。2005年的中央一号文件《中共中央 国务院关于进一步加强农村工作提高农业综合生产能力若干政策的意见》要求进一步减免农业税，促进农民增收、农业发展，并进一步扩大减免农业税的范围，加大国家财政对"三农"的支持。2006年的中央一号文件《中共中央 国务院关于推进社会主义新农村建设的若干意见》历史性地提出正式取消农业税，并围绕社会主义新农村建设提出了八个方面的意见，包括农村的经济、政治、文化、环境等多个方面，以实现农业现代化为目标，统筹城乡发展。2007年的中央一号文件《中共中央 国务院关于积极发展现代农业扎实推进社会主义新农村建设的若干意见》提出，要发展现代农业，推进社会主义新农村建设，突出了现代农业的发展主题。

这一时期，为农民"减负"成为乡村发展的主线任务，国家通过减免农业税、工业反哺农业、城市支援乡村等政策，减轻农民负担，增加农民收入。与此同时，"公共服务""公共文化""公共财政"等开始成为这一时期中央一号文件的关键词，乡村公共利益成为乡村治理的重点。在乡村建设上，国家加大了对农村的投入力度，进一步完善基础设施，推进农业创新。随着社会主义新农村建设的推进，"城乡经济一体化发展"成为这一时期新的关键词，长期的城乡差距也开始有所缓和。党中央出台了一系

---

① 中共中央文献研究室. 十六大以来重要文献选编（中）[M]. 北京：中央文献出版社，2006：518.

列强农惠农的政策，国家财政支出中的涉农比例不断增加，农民生活得到了改善。社会主义新农村建设是一项伟大而艰巨的任务，是实现社会主义现代化建设的重要环节，也为乡村振兴的实现打下了基础。

1.3.2.3　乡村振兴的发展阶段

这一时期是社会主义新农村建设时期，随着农业税的减免以及各项农村保障措施的实施，农民的生活负担减轻，"农民增收"成为这一时期的关键词。围绕"农民增收"这一主题，党中央持续加快建设农村公共服务体系，完善税收体制，提高农民的生活质量。与社会主义建设时期的农业政策不同，这一时期的农业政策更强调"赋权"和"让利"，除了物质方面的补偿以及增收，也更强调乡村治理的提升。这一时期，国家开始关注农业发展的长效机制，进一步将农业发展作为经济发展的重中之重，强调农业、农村、农民发展的重要性。2008 年的中央一号文件《中共中央 国务院关于切实加强农业基础设施进一步促进农业发展农民增收的若干意见》提出，要形成城乡经济社会发展一体化新格局，以农民增收为目标，实现农业增产，发展农村公共事业，实现农民增收可持续发展。2009 年的中央一号文件《中共中央 国务院关于 2009 年促进农业稳定发展农民持续增收的若干意见》关注农民的持续增收，要求进一步增加对农业的补贴。

长期的工业化历程使得城乡差距进一步拉大，导致乡村成为中国经济发展的短板，日益加剧的城乡差距也加深了城乡之间的矛盾。缩小城乡关系是这一时期亟须解决的问题。因此，这一时期的"三农"工作也将城乡关系作为关注点，主要集中于统筹城乡关系，实现城乡协调发展方面。2010 年的中央一号文件《中共中央 国务院关于加大统筹城乡发展力度进一步夯实农业农村发展基础的若干意见》对于如何夯实农业基础，提出了一系列的措施，推进城乡一体化。2011 年的中央一号文件《中共中央 国务院关于加快水利改革发展的决定》结合农业发展的实际状况，围绕农业发展的关键问题——水利进行改革，专门将水利发展作为一号文件的关键词提出，可以看出中央实施改革的决心和投入力度。

1.3.2.4　乡村振兴的新发展阶段

随着社会主义新农村建设的有序进行，国家对乡村地区的投入和支援也越来越多，乡村基础设施建设得到了很大的提升，乡村经济也在稳步上升。党的十八大以来，结合时代发展需要，将乡村发展与社会主义现代化建设相结合，探索乡村现代化发展。2012 年的中央一号文件《中共中央国务院关于加快推进农业科技创新持续增加农产品供给保障能力的若干意见》，开始关注农业科技发展，将农业发展与现代化发展相结合。2013 年的中央一号文件《中共中央 国务院关于加快发展现代农业进一步增强农村发展活力的若干意见》明确提出完善乡村治理机制，发展新型经营主体——家庭农场，开始探索农业多样化发展历程。2014 年的中央一号文件《中共中央 国务院关于全面深化农村改革加快推进农业现代化的若干意见》提出，完善乡村治理机制，推进农业现代化发展。

作为中央政策执行的"最后一公里"，基层政府在乡村发展的过程中发挥着基础性的作用。新中国的乡村治理经历了从人民公社到乡镇治理改革的多元化治理模式的变迁，随着社会主义现代化目标的提出，乡村治理也要顺应时代潮流向现代化发展的目标迈进。因此，"乡村治理"也成为这一时期"三农"工作的关键词。2015 年的中央一号文件《中共中央 国务院关于加大改革创新力度加快农业现代化建设的若干意见》提出，创新和完善乡村治理机制，完善乡村基础设施，提升农业现代化水平。紧接着，2016 年的中央一号文件《中共中央 国务院关于落实发展新理念加快农业现代化 实现全面小康目标的若干意见》继续强调，"创新和完善乡村治理机制"，增强农民主体地位，关注农民的地位，提高主体性、发挥农民的主观能动性。这也为我们强调了乡村治理的主线，即增进农民福祉，稳定农民增收。2017 年的中央一号文件《中共中央 国务院关于深入推进农业供给侧结构性改革加快培育农业农村发展新动能的若干意见》提出，通过改革创新实现农业供给侧结构性改革，推动农民持续增收，最终实现农村的现代化发展。

这一时期，社会主义现代化建设是经济社会发展的主要目标，农村是社会主义现代化进程的关键，党中央围绕"农村现代化发展"制定政策，不断完善农村基础设施，在加大资金投入的同时也提高科技投入，提升乡村的治理效能，为发展现代农业打好基础。同时，这一阶段的城乡关系有所缓和，城乡协调发展成为这一时期城乡关系的主线，城乡要素流通加强，城镇成为连接乡村和城市的桥梁。基层党组织的作用也更加凸显，在公共利益、公共服务上发挥了巨大的作用。但随着农村劳动力不断流入城市，"空心化"也成为制约乡村发展的新难题，这背后有着政治、文化、经济、生态等各个方面的原因。为了应对新时期经济发展面临的新难题，也为了实现乡村的繁荣发展，党的十九大开始探索乡村振兴新道路。

随着党的十九大提出乡村振兴战略，2018 年的中央一号文件《中共中央 国务院关于实施乡村振兴战略的意见》将乡村振兴作为乡村发展的主要任务，开启了乡村发展的新篇章，为我们描绘了乡村振兴的宏伟蓝图：组织振兴、产业振兴、文化振兴、人才振兴和生态振兴。这为新时代的"三农"工作指明了方向，从此中国的乡村建设进入了乡村振兴新局面。党的十九大以后的"三农"工作都围绕乡村振兴展开部署。2019 年的中央一号文件《中共中央 国务院关于坚持农业农村优先发展做好"三农"工作的若干意见》对脱贫攻坚以及乡村振兴的五个方面都作出了部署，并强调发挥基层治理的作用以及发展乡村产业。2020 年的中央一号文件《中共中央 国务院关于抓好"三农"领域重点工作确保如期实现全面小康的意见》围绕脱贫攻坚以及全面建成小康社会的目标作出一系列部署，在推进农民持续增收的同时推进农业高质量发展。

2020 年年底，我们如期实现了脱贫攻坚的伟大壮举，为乡村振兴奠定了良好的物质基础。这一时期的城乡关系也从城乡一体化开始走向城乡融合。

结合新时代社会主义现代化建设的目标，2021 年的中央一号文件《中共中央 国务院关于全面推进乡村振兴加快农业农村现代化的意见》，开始对农业现代化发展进行统一规划，加快推进农业农村现代化。2022 年的中央一号文件《中共中央 国务院关于做好 2022 年全面推进乡村振兴重点工作的意见》围绕农业农村现代化做出了周密部署，同时做出了全面推进乡村振兴的决策。在这一阶段，农民群众"幸福感""获得感"成为乡村发展的新目标。

梳理改革开放以来中共中央的农村政策变迁，发现每一时期的农业政策都围绕特定时代特征以及经济发展状况的变化而变化，这与党在不同时期的历史任务是一致的。通过回顾农业政策的变迁，发现我国的农业政策经历了解决温饱—农民增收—提升农民生活质量—农业农村现代化发展的变迁，乡村的发展也经历了家庭联产承包责任制—建设社会主义新农村—乡村振兴几个阶段，并且不断凸显"公共服务"与"公共利益"的地位。尽管各个时期农业政策的关注点有所差异，但都始终坚持围绕社会主义现代化目标稳步前进，是渐进式的改革；始终以农民为主体，以增进农民福祉为核心。

乡村振兴并不是凭空提出的,是中国共产党根据新时代的使命提出的。农业政策的变迁与国家现代化进程紧密相连,与中国共产党使命相连,也体现了党和国家政策兴农的历程。这是中国共产党带领全国人民在长期的实践探索中走出的中国乡村发展道路。

1.3.3 乡村振兴战略的阶段性特征

乡村振兴是中国共产党在长期实践探索中得出的经验,是马克思关于农业农村思想与中国实际相结合的过程,也是中国共产党关于农村的思想理论不断丰富和完善的过程。中国的农业政策演变,也有着自身的特征。

1.3.3.1　政府主导下的渐进式改革,具有强烈的政治性

中国的经济发展经历了社会主义革命和建设时期、改革开放和社会主义现代化建设新时期、中国特色社会主义新时代,这是中国共产党领导下政府主导的渐进式改革之路。中国农业的发展适应中国经济发展的进程,始终围绕中国经济发展的重心不断调整政策。

首先,从农业发展的特殊性来看,农业的发展具有不稳定性、风险大的特征;从农村的发展历程来看,农村没有工业化,相对城市来说发展较为落后;从农民的自身特性来看,农民个体力量相对较弱,教育落后。因此,仅仅依靠农村、农民自身的发展,很难实现乡村的振兴,这就需要政府主导的政策引导,保证农业政策的稳定有序,才能引导社会各种力量参与乡村的发展。中国的乡村发展,总体上是由国家主导的"自上而下"的政策兴农之路,"有为政府"是乡村实现渐进式改革的关键,也是中国特色社会主义乡村发展道路的关键。其次,中国农业政策总体上呈现出渐进式的发展变化。虽然每个阶段的农业政策侧重点有所不同,但都是遵循农村发展规律以及中国经济整体发展规律进行的渐进式变革。为了开展社会主义现代化建设,中国农村的发展经历了以家庭联产承包责任制为核心的发展商品经济时期,以税费改革为核心的社会主义新农村建设时期,以产业振兴为中心的乡村振兴新时期。每一时期的农业政策都是以社会主义现代化为目标循序渐进地制定,是一种温和式的政治改革。

1.3.3.2　国家经济发展引导下的经济改革,具有强烈的时代性

乡村的发展与经济发展同步进行,每一时期的农业政策都受到当时经济环境的影响,也受到当时政策环境的影响。每一时期的农业政策都与当时的经济政策相适应,体现了政策制定的创新性和时代性。在历史制度主

义看来，政策的制定受到制度环境的影响，政策的制定也具有一定的时代性。改革开放以前，为了服务于国家建设，我国实行高度集中的计划经济体制，农村经济也是以计划经济为主，国家在农业发展过程中占据主导地位。随着改革开放的不断深入，国家从计划经济向市场经济转型，商品经济的发展为农村的发展带来了新的契机，由此开始在农村发展商品经济。在税费改革时期，长期的赋税负担导致城乡收入差距扩大，这一时期的农业政策开始向减少农民负担，增加农民收入转变。党的十八大以来，随着经济的发展，社会主义新农村建设的步伐加快，农村经济得到了极大的提升，为了进一步实现农业农村农民的全面发展，党中央提出了乡村振兴战略，开启了乡村振兴的新局面。

随着国家发展进程的变化，乡村政策也在不断发生变化，每一时期的乡村振兴都与当时的时代背景紧密联系，与当时国家经济发展状况相一致，具有强烈的时代性。

1.3.3.3 城乡关系的不断调整过程

中央政策的不断调整，也是城乡关系不断重塑的过程。新中国成立初期，为了实现国家的工业化发展，农村开始支持城市发展，随着工业经济的快速发展，城市经济发展迅速，城乡发展差距逐渐拉大。随着城乡发展差距的增加，城乡二元结构不断固化。改革开放后，为了缩小城乡差距，改变城乡二元结构，中国的城乡关系经历了城市支援乡村—城乡统筹—城乡一体化—城乡融合阶段。无论哪一阶段，我国都始终围绕缩小城乡差距，实现城乡协调发展的目标不断调整政策。

随着改革开放的不断深入，城市进入快速发展时期，科技的发展以及商品经济的发展对城乡要素的流通起到了关键作用。改革开放打破了城乡关系原有的制度模式，城乡关系随着经济的发展实现了互动互促式发展。政策调整以及市场经济的发展成为推动城乡一体化发展的重要推动力，乡镇企业在城乡一体化发展中起到了桥梁作用，极大地调动了农民的生产积极性，为进一步实现城乡协调发展奠定了良好的基础。在税费改革时期，2004 年中共十六届四中全会提出"两个趋向"的重要论断，体现了党在城乡关系调整方面的重点是农村，方向是城乡协调。2007 年召开的党的十七大首次提出"城乡一体化发展"，标志着党在新的阶段城乡关系发展的目标。党的十九大首次提出乡村振兴战略，这是党在新时期对城乡关系的全新探索,其本质是通过实现乡村经济、文化、社会、政治、环境的全方位发展,推动城乡产业共建、文化资源共享、环境共生、人才相互交流、城乡治理有效,从而促进向新型城乡关系转变。

1.4　乡村振兴战略的时代背景和意义

1.4.1　乡村振兴战略的时代背景

对历年的中央一号文件进行梳理,我们可以看到,乡村振兴并不是一个独立的政策,是对中国乡村发展政策的赓续,也是党为适应特定时代而进行的政策调整。党在每一时期的政策调整,都与时代要求相结合,顺应社会主义乡村发展规律。党的十一届三中全会以后,党和国家的工作重心转移到经济建设上来,"三农"工作也始终是经济发展的基础,从战略地位到重中之重,再到国家安全的高度,党不断强调在经济发展过程中乡村发展的重要性。党的十九大提出乡村振兴战略,也是顺应经济发展的趋势以及时代要求的重大举措。

1.4.1.1　社会主义农村发展迎来新的机遇

党的十八大以来,中国特色社会主义进入了新时代,新时代赋予我们更高的目标和任务。农村的发展也进入了一个新的时代,在经历了社会主义新农村建设、小康社会建设、脱贫攻坚等一系列政策的实施以后,以城镇为纽带的城乡交流也逐渐增加,"三农"发展取得了巨大的历史成就,农业稳步发展,农民生活得到改善,农村风貌焕然一新。

(1)农业稳步发展。自改革开放以来,党和国家逐渐加大"政策兴农"的力度,在政策扶持和国家财政支持的助力下,我国农业稳步发展,为社会主义经济的发展打好了基础。第一,粮食综合生产能力得到提升。改革开放以来,我国粮食产量逐年上升,2013—2016年年均粮食总产量均在12 000亿斤(1千克=2斤)以上,稻谷、小麦、玉米等主要粮食作物的自给率均超过了98%[①]。粮食生产能够保障基本供给,基本实现了自给自足。第二,农业的现代化水平不断提高。随着科学技术水平的不断发

[①]　国家统计局. 农村改革迈出新步伐农业发展再上新台阶 [DB/OL]. (2017-07-28) [2024-04-03]. http://www.stats.gov.cn/ztjc/ztfx/18fzcj/201802/P020180212571445025312.

展，我国农业的现代化水平也在不断提升，农业生产方式也实现了由粗放型向集约型的转变。党的十八大以来，"三农"发展开创新局面，科学技术与生态环境相结合的农业生产方式也取得了一定的成果。第三，农业的产业化发展。随着乡村振兴战略的提出，产业振兴成为乡村振兴的核心，在政府政策的支持和乡镇企业的带动下，我国乡村的发展也开始向产业化发展转变。产业种类的多样化、产业化方式的信息化、产业发展的融合趋势，这些都是党的十八大以来我国乡村探索产业化发展的成果。

（2）农民生活得到改善。随着脱贫攻坚的全面胜利和乡村振兴的逐步推进，农民生活也在全面改善。第一，农民物质生活提高。党和国家稳步推进农产品价格机制和收储制度，保障农民的基本收入；政府政策的支持，为农民增收提供兜底保障；乡镇企业的发展为农村经济注入了活力，带动更多农民实现"家门口"就业；党和国家支持和鼓励农民创业，实现农民增收渠道多样化。通过一系列政策的实施，农民收入提升，物质生活得到了极大的改善。第二，农民文化素质提升。改革开放以后随着文化教育的普及，农民的文化素质不断提升，党的十八大以来，新型农民主体成为新的话题，这也为实现农业的现代化发展奠定了基础。随着农民文化素质的提升，乡村风貌发生巨大变化，乡村发展向物质文明和精神文明共同发展转变。第三，公共服务质量提升。随着政府财政支出不断向农村转移，农村公共基础设施逐渐完善，医疗卫生、文化教育也在不断提升，农民生活质量大幅度提升。同时，医疗保障体系正在日益完善，解决农民"看病贵"的问题；农村养老保障体系在不断完善，解决农村"留守老人"的问题；农村子女进城政策也在逐步完善，解决农村"留守儿童"的问题。可以说，农民的生活质量大幅度提升，取得了历史性的突破。

（3）农村面貌焕然一新。第一，乡风文化发生改变。农耕文化是中华文化的源流，也是中华文化的根基。随着农村教育的普及，农民的文化素质不断提高，农民改变了旧的生活思想和生活习惯，思想观念不断提升。第二，生态环境改善。从社会主义新农村建设的"村容整洁"到乡村振兴提出的"生态振兴"，党和国家越来越重视乡村生态发展，并提出一系列改善农村人居环境的政策，随着政策的贯彻落实，农村的人居环境得到了大幅度的提升。农村环境的改善主要体现在两方面：一方面，农村的生态环境不断改善，村容整洁、山清水秀；另一方面，农民的思想观念逐渐转变，生产生活方式也更加生态环保。第三，农村新业态不断发展。随着乡村生态环境的改善以及城市经济的不断发展，人们对农产品需求的改变导致农村新业态不断出现，带动农村风貌发生新的变化，这也为农村的年轻人提供了更多的创业机会。依托城市周边的休闲旅游经济，以文化为核心的文旅产业，依托自然环境的康养产业，民俗风情的特色小镇等，纷纷与互联网经济相结合，成为现代农村创业的新趋势，也是推动实现产业融合的新动力。

（4）城乡关系也迎来了新的发展机遇。中国的城乡关系经历了分离—对立—缓和的发展阶段，随着工业支援农业、新型城镇化建设的发展，城乡关系逐渐缓和并且向融合的趋势发展。第一，城乡一体化基础设施不断完善。为了加强城乡交流，国家财政不断向农村倾斜，兴修水利、建设公路、升级改造电网，解决农民的供水问题、出行问题，完善城乡要素流通的基础设施，随着网络技术的发展，农村与城市的联系也日益密切。第二，土地改革取得重大进展。土地是农村问题的核心，中国共产党建立之初就将土地作为解决农民问题的关键。新民主主义革命时期，党在革命根据地进行了土地革命，解决农民的土地问题。新中国成立以后，土地也一直是"三农"问题的核心，在经历了土地改革、合作社运动、联产承包以及土地流转等一系列土地改革之后，党的十八大又提出了土地确权与分置，农村的土地改革也取得了新的突破，"农村土地产权制度改革"越来越成为焦点。第三，以县域为核心的城乡融合取得重大突破。随着新型城镇化的发展以及产业融合的不断推进，城镇在推动城乡融合的过程中发挥着关键作用。在经济上，县域经济带动了城乡产业融合的发展，实现城乡资源的优化配置；在人口流动上，县域经济的发展带动了农村人口流动的增加，县城成为城乡发展的中间环节，推动城乡实现人地的优化组合；在公共服务上，县城是推动城乡公共服务均等化的关键，县域的发展可以弥补城乡公共服务的差距，并不断推动县城公共服务向农村延伸。

农村的发展是中国经济发展的根基，改革开放以来，党中央高度重视"三农"工作，并采取了一系列政策措施，"三农"工作也取得了重大进展，随着社会主义新农村建设进程的加快，乡村风貌更是焕然一新。党的十八大以来，党中央以更新的思想，加大对"三农"的支持力度，乡村发展取得了巨大的成就，也需要制定新的政策进一步指导乡村发展。

1.4.1.2 乡村发展面临的现实挑战

进入新时代，我们取得了新的成就，也面临着新的挑战与风险，随着国际局势日益动荡，粮食安全日益成为农业发展的核心。目前，我国农村的发展与现代化发展的差距较大，城乡发展不平衡问题日益突出，农村治理也面临着新的问题。农村的发展是新时代高质量发展的关键，也是我们实现社会主义现代化的关键，更是我们达成共同富裕目标的关键。因此，在新时代，我们更应该将"三农"放在社会发展的重要位置。

（1）粮食安全依然是重点。粮食是国家发展的重要物质基础，也是国家安全稳定的重要基础，在新时代，粮食安全也面临着新的挑战。从国际上看，国际局势愈发不稳定，粮食价格不稳定性增加，这就需要我们稳定粮食生产，将"饭碗"牢牢端在自己手里，才能保持政治稳定。从国内生产方式来看，农业生产方式从粗放型向集约型转变，国民对于食品安全的需求也与日俱增。但是农业生产长期结构不平衡，生产现代化水平不高，有机农产品产量不高等一系列问题也使得粮食生产难以完全适应当下国内的需求。粮食安全在国家安全中处于首要地位，在目前动荡的局势以及国内稳定发展的前提下，粮食安全是我国在新时代面临的巨大挑战，因此国家提出要守住 18 亿亩（1 亩≈667 平方米）耕地红线不动摇，这也是我国在新时代实施乡村振兴战略的重要前提和目标任务。

（2）农村依然是我国实现现代化的短板。首先，从农民的收入来看，农民依然是我们实现共同富裕的短板。虽然在社会主义新农村建设以后，农民收入水平相比之前有了大幅度的提升，但是与城市居民收入相比还存在一定的差距，农民群体依然是实现共同富裕的短板。其次，农民的文化素质与经济发展水平存在差距。虽然随着农村教育的普及，农民文化素质整体提升，但是经济发展的速度仍超过了农民文化素质的提高程度，农村的现代化发展要求农民具备更高的文化素质以及现代化的思想理念。再次，农业生产方式比较传统。随着科技的不断进步，我国农业生产方式由粗放型向集约型转变，但是由于小农经济以及资源要素等限制，农业生产的现代化水平不高。中国的改革开放历经 40 多年，现代化发展取得了举世瞩目的成就，但受长期形成的城乡二元结构的影响，乡村的发展明显慢于城市的发展，乡村的现代化水平也严重滞后于城市的现代化水平，因此乡村依然是我们实现现代化的一块短板。解决"三农"问题，依然是我们在新时代面临的重要任务，也是我们实现现代化的关键。

（3）乡村"空心化"严重。随着越来越多的农民工进城，部分乡村开始出现"衰退"现象，农村大量青年进城务工，只剩下老人和儿童留守乡村，村庄"空心化"、农户"空巢化"、农民"老龄化"加剧，乡村缺乏生机和活力。乡村的发展归根到底是人的发展，没有人的乡村也就无从谈发展。随着社会主义新农村建设的推进，乡村风貌发生改变，但是受阻于产业发展滞后、公共服务体系不健全、基础设施不完善等方面的影响，青年农民不得不流向城市寻找更好的发展机遇，于是乡村逐渐"凋零"。缺乏劳动力的支持，乡村的产业发展受阻，进一步加速了乡村的衰落。而乡村的现代化发展也需要人才的支撑，因此，乡村发展的关键在于将"人"留下来，如何实现人的发展，这就需要发展产业，完善基础设施，完善公共服务体系，为农民提供更好的发展环境，培育新型农民主体，实现人的发展。

（4）乡村基层治理水平有待提升。中国的乡村建设离不开政府政策的支持，"政策兴农"是中国社会主义制度的优越性，基层政府作为政策执行的"最后一公里"，是实现乡村发展和政府治理体系、治理能力现代化的关键。目前，受限于人才的缺失，基层政府的年龄匹配存在差异化、不均衡性；受限于资金政策的扶持力度，基层政府的财政支持和政策扶持不均衡；受限于资源的限制，基层政府可调配的支持乡村发展的资源不一致。正是因为受到资源、人才、政策等的限制，基层政府并没有很好地发挥作用，导致乡村出现思想道德建设缓慢、农民组织性差、乡村基层党组织涣散的问题。这些问题说明乡村基层治理难度较大，要实现乡村的安定有序、政策的执行有效、农民的团结向上，都需要提升基层政府的治理能力，推动乡村治理体系和治理能力的现代化。

（5）城乡发展不平衡问题突出。城乡融合是马克思主义经典作家追求的目标，也是改革开放以来中国共产党人在城乡关系上的探索目标。中国的城乡关系经历了从分离到对立再到进一步缓和的历程，新中国成立以后为了发展国家重工业，农业支援工业，城市的快速发展与农村的落后形成鲜明的对比。改革开放以后，党中央出台了一系列政策发展农村经济，城乡关系有所缓和。然而，长期以来的城乡二元结构限制了农村的发展，尽管农村经济在不断发展，但是仍然与城市的高速发展存在很大差距，还存在着以下亟须解决的问题：城乡要素流通渠道不畅通，公共服务体制机制不健全，公共基础设施差距明显，城乡收入差距依然较大等问题，这些问题制约了农村的发展。农村在中国现代化进程中发挥着重要的作用，农村是制约我国社会主义现代化建设的短板。新时代，消除城乡发展不平衡，缩小城乡差距成为全面建设社会主义现代化的基本任务，也是解决城乡发展不平衡不充分的关键。

（6）农村生态环境问题突出。"美丽乡村"建设提出以来，我国乡村环境整体有了很大的提升。目前，虽然我国外在环境有了显著改善，但是乡村总体生态意识还有待提升，这主要表现为乡村生态治理与村民自身追求经济利益之间的矛盾，以及村"两委"追求集体经济效益与乡村生态发展实效的滞后性之间的矛盾。首先，乡村生态意识的匮乏与教育缺失密切相关。由于部分农村基础教育相对落后，生态教育更是不足，缺少生态教育相关的顶层设计与制度安排。其次，利益导向下生态意识的薄弱。对于农民来说，实现家庭经济的发展是首要考虑的目标，生态发展难以带来短期利益的提升，因此，农民更注重经济的发展，而忽视生态环境的发展。最后，部分村干部生态意识薄弱，基层组织面临着很大的扶贫压力，更注重短期效益的提升，而生态发展是一项长期而复杂的工程，短期内见效较慢。因此，部分农村更愿意注重经济效益，而忽略了对于生态环境的保护和生态技术的培训与教育。

总体来说，中国共产党从成立之初就非常重视乡村的发展，并为此做出了很多的探索，持续深化土地改革，努力恢复和发展乡村市场经济，致力于建设社会主义新农村。党的十八大以来，中国特色社会主义进入了新时代，"三农"工作迎来了新的发展机遇，也面临着新的挑战，抓好"三农"工作依然是新时代我们工作的"重中之重"。因此，总结新时代"三农"工作所取得的成就和经验，结合新时期的发展目标，党的十九大提出了乡村振兴战略。

1.4.2　乡村振兴战略的意义

党的十八大以来，中国特色社会主义进入新时代，新时代我们最大的发展不平衡不充分在农村，社会主义现代化建设的短板也在农村，实现共同富裕目标的关键在于促进农民富裕。解决城乡矛盾、粮食安全、农民富裕是中国共产党每一个阶段探索乡村发展历程的目标。为了发展乡村，顺应农民对于美好生活的向往，以习近平同志为核心的党中央在十九大提出了乡村振兴战略并写入党章。2018 年的中央一号文件，以乡村振兴为主题，围绕"产业兴旺、生态宜居、乡风文明、治理有效、生活富裕"五个方面的要求对乡村振兴作出了整体部署。

乡村振兴的这五个方面也是对乡村发展的全面概括，也是新时代我们面临新的挑战下，解决乡村发展困境的重要方案。农村基层组织的发展是实现乡村振兴的执行者，也是实现党的领导的重要抓手；产业的发展是乡村经济可持续发展的关键；人是乡村发展的核心，农民是乡村发展的主体；乡村文化的发展是对农耕文化的延续，也是实现农业现代化发展的必要条件；乡村生态发展是新时代人们对美好生活的向往，也是乡村繁荣发展的基础。乡村振兴是新时期我国"三农"工作的指导思想，对解决新时代乡村发展问题有着重要的意义。

1.4.2.1 乡村振兴战略为乡村发展提供了理论指导

乡村振兴战略根植于中华优秀传统文化，是对中国共产党探索乡村发展理论的继承和发展，也是马克思主义关于乡村发展理论的中国实践的总结和发展，是新时代中国共产党"三农"工作的指导思想。第一，在乡村治理上，提出组织振兴，坚持党对"三农"工作的领导，发挥组织优势，注重在党的领导下发展多元主体，建立健全自治、法治、德治相结合的治理体系。加强和巩固党的领导，完善基层组织建设，不仅是新时期"三农"工作的指导思想，也是中国社会发展的根本。第二，在产业发展上，注重发展现代产业，提倡产业融合，延长产品价值链。产业的发展带动了乡村经济的发展，也让农民实现了"家门口的就业"。第三，在乡村文化发展上，一方面要传承中华优秀传统文化，发扬农耕文化，另一方面要依托当地特有的民俗文化、红色文化发展乡村经济，同时加强教育，提高农民的文化素质。发展乡村文化，既注重传承，也注重文化产业的创新发展，从而实现乡村传统文化的创新和发展。第四，在乡村人才发展上，一方面引进专业人才对乡村发展进行指导，另一方面加大教育投入，培育新型农民主体，引进人才和培养人才相结合，发挥内外优势为乡村振兴提供更多的人力支持。第五，在乡村生态环境上，一方面保护和修复生态环境，提倡人与自然和平相处，另一方面，合理开发乡村生态环境，依托环境资源实现三产融合，实现自然资源的资本增值，推动乡村经济的发展。乡村振兴战略既是继承也是发展，同时是对新时代我国社会环境的正确判断下做出的战略决策，是新时期中国共产党探索乡村发展道路的理论指导。

1.4.2.2 乡村振兴战略有助于激发乡村的内生动力

改革开放以来，国家加大对"三农"的财政投入，随着党中央坚决完成了脱贫攻坚的任务，乡村振兴在此基础上提出，改变了原有的扶持性帮扶政策，推动乡村的发展从依靠"输血"向内部"造血"转变，实现乡村的可持续发展。第一，提高农民的主体地位。乡村的发展最根本的是农民的发展，乡村振兴的主体是农民，只有提高农民的主体地位，才能激发农民参与乡村振兴的积极性，激发农民主体的内生动力，改变过去的"等、靠、要"思维。第二，培育新型农民主体。通过加大教育力度，提高农民的文化素质，培育新型职业农民，提高农民的科学生产能力、规模化经营能力以及农业的增收增益能力。强化农民自身的主体性，实现农民的自我发展，带动更多农民积极主动投身到兴业创业等经济活动中，实现农村人才的自我培养。第三，发展和壮大新型集体经济。集体经济改变了小农经济规模小、难以扩大再生产的限制，有助于增强村庄经济的实力，实现农民集体创业，实现乡村经济的可持续发展。第四，鼓励青年返乡创业。通过完善青年返乡创业的政策，完善乡村公共服务体系、基础设施等，吸引更多的青年返乡创业，改变乡村"空心化"的现状，恢复农村的"人气"，激发乡村内生性发展。乡村振兴战略实施的目的并不是持续"输血"，而是要改变乡村发展的现状，激发乡村发展的活力，实现乡村经济的自我发展。

1.4.2.3 乡村振兴为乡村的发展带来了新的动能

乡村振兴战略是新时代我国政策兴农的新举措，也是着力解决"三农"问题的关键，并结合时代特征为解决"三农"问题带来了新思路。第一，激发乡村产业振兴新业态。乡村振兴的核心是产业振兴，随着国家政策向乡村发力，乡村产业正在成为带动乡村经济的新兴力量。随着整个国家社会经济的发展，科学技术的进步以及人们需求的改变，乡村产业新业态不断得到发展。依托乡村文化的文旅融合模式，以及乡村特有生态环境的休闲旅游模式，结合乡村特色产业的深加工产业等成为带动乡村经济发展的新的产业融合模式，促使农村经济向好的方向发展。第二，社会发力为乡村产业发展赋能。乡村振兴战略聚焦乡村发展，一方面完善乡村基础设施，另一方面出台各种政策带动社会各界向乡村投资，为乡村的发展带来了巨大的人力、物力支持，加快乡村振兴的步伐。第三，推动城乡融合进入新阶段。乡村振兴战略的提出，打破了城乡沟通的壁垒，建立健全城乡融合发展的体制机制，推动实现城乡基本公共服务均等化，为城乡交流、城乡沟通提供基础。同时，产业的发展也有助于推动以县域为核心的产业经济的发展，进一步推进城乡融合。乡村生态环境的改善，进一步为城市的发展提供了健康有机的产品，同时也带动了"逆城市化"的发展，即一部分城市居民选择去农村享受田园生活，加速了城乡融合的发展。乡村治理的现代化，提升了乡村基层党组织的治理能力，推动城乡治理能力差距的缩小。乡村文化的发展，农民文化素质的提升，缩小了城乡理念的差距。第四，加快推进农业农村现代化。党的十九大提出了实现社会主义现代化的目标，农村现代化是实现社会主义现代化的关键，因此要聚焦农村发展，实现农业农村的现代化发展。乡村振兴战略聚焦农村发展的关键问题，旨在推进农业农村的现代化发展，促进"农业、农村、农民成为现代化进程的'共商、共建、共享者'。①"乡村振兴战略可以集中人力、物力、财力发展乡村经济，加快农村现代产业的转型升级，同时推动发展集体经济，有利于创新产业经营模式，实现农业的规模化生产以及现代化生产。第五，推进乡村生态和经济良性互动循环。党的十八大以来，党中央十分注重乡村生态发展，一方面加大投入恢复乡村生态环境，实现乡村生态环境优化，另一方面发展乡村生态产业，实现生态资源的资本增值，推动实现生态和经济的良性循环。

1.4.2.4　乡村振兴对世界各国的乡村发展具有借鉴意义

城乡发展是马克思主义理论关注的重点，也是世界各国面临的共同难题，尤其是发展中国家，城乡差距较大，乡村衰落问题严重，迫切需要发展农村经济，实现城乡关系的稳定发展。乡村振兴战略的提出不仅为中国的乡村发展指明了方向，也为世界各国的乡村发展贡献了中国智慧，这也体现了中国的大国担当。中国积极推出乡村振兴战略，并举全国之力付诸实施，一方面推进中国乡村的发展，另一方面在实践中不断总结经验教训，为其他国家实现乡村发展，解决城乡发展不平等问题提供经验借鉴，对于解决世界各国的乡村发展难题有着重要意义。

---

① 姜长云. 实施乡村振兴战略：关于总抓手和中国特色道路的讨论 [J]. 南京农业大学学报（社会科学版），2018，18（4）：1-7.

2 乡村振兴的理论探源

2.1 马克思恩格斯关于农村发展的思想

农村的发展是世界性的问题，马克思和恩格斯在分析资本主义内部矛盾的时候，也十分关注农村问题，通过研究资本主义经济下各国农民和农村状况，深刻分析资本主义制度下农村的发展走向，并在研究社会主义发展过程中深入分析"从小农经济向社会化大生产过渡"，实现从资本主义到社会主义的过渡。由此，马克思主义关于农民、农业和农村发展的基本理论开始形成，为指导社会主义建设提供了理论基础。

2.1.1 农业的基础地位

马克思和恩格斯在分析资本主义经济发展的过程中，肯定了农业在人类社会发展中的基础性地位。马克思在《资本论》中提到"食物的生产是直接生产者的生存和一切生产的首要条件"[1]。恩格斯在《家庭、私有制和国家的起源》一书中明确指出，"农业是整个古代世界的决定性的生产部门"[2]。人类进入工业时代以后，农业仍然是经济发展的基础部门。农业不仅为经济发展提供生产资料，为人们提供最基本的衣食住行，还对经济发展起着推动作用，农业是社会分工的前提，推动社会分工的发展，对工业发展也有着重要的意义。

随着农业生产率的提高，人类社会开始出现了生产剩余，越来越多的

---

[1] 马克思. 资本论：第3卷［M］. 中共中央编译局，译. 北京：人民出版社，2004：715.

[2] 马克思，恩格斯. 马克思恩格斯选集：第4卷［M］. 中共中央编译局，译. 北京：人民出版社，2012：165.

劳动者从农业生产中解放出来,从事手工业等行业,进而出现了社会分工。马克思和恩格斯注重分析农业对社会分工的影响,他们认为农业是其他一切产业"得以独立存在的自然基础"①。他们强调,"超过劳动者个人需要的农业劳动生产率是任何社会得以存在的基础"②。随着农业生产率的不断提高,农业开始打破原有的自给自足模式,劳动剩余为其他行业的发展提供了基础。分工的出现推动了整个社会经济迅速发展,尤其是体力劳动和脑力劳动的分工,更是推动了人类文明的进一步发展。随着科学技术的发展,农业生产力也在不断提升,创造出更多的生产剩余。"剩余价值的全部生产,从而资本的全部发展,按自然基础来说,实际上都是建立在农业劳动生产率的基础之上的③"。劳动剩余也是社会经济发展的重要基础,"超过劳动者个人需要的农业劳动生产率"是任何社会得以存在的基础④。

农业,是人类社会发展的起点,是经济发展的基础。一方面,农业为社会生产提供最基本的衣食住行;另一方面,农业推动了社会分工的发展,将社会经济发展推向更高水平。因此,无论是农耕时代还是工业时代,农业始终是国民经济的基础,是社会发展的基础。马克思说:"农业是直接生产者生存和一切生产的首要条件。"⑤ 在人类社会发展初期,农业为人们提供食物,这是人类得以延续的物质基础。随着农业生产率的不断提高,社会分工开始出现,进而推动了工业、科技、政治的发展。社会经济的发展离不开农业的发展,只有当农业发展到一定程度时,社会经济才能向前发展。随着社会分工的不断细化,社会经济不断快速发展。因此,在分析资本主义社会如何过渡到社会主义社会的过程中,马克思和恩格斯始终关注农业的发展,不管是在农业社会还是在工业社会,无论是资本主义社会还是社会主义社会,农业始终处于基础地位。

---

① 马克思,恩格斯.马克思恩格斯全集:第26卷 [M].中共中央编译局,译.北京:人民出版社,1965:28-29.

② 马克思,恩格斯.马克思恩格斯全集:第46卷 [M].中共中央编译局,译.北京:人民出版社,1979:885.

③ 马克思,恩格斯.马克思恩格斯全集:第46卷 [M].中共中央编译局,译.北京:人民出版社,2003:888.

④ 马克思,恩格斯.马克思恩格斯全集:第26卷 [M].中共中央编译局,译.北京:人民出版社,1979:885.

⑤ 马克思,恩格斯.马克思恩格斯全集:第25卷 [M].中共中央编译局,译.北京:人民出版社,1979:715.

2.1.2　农业合作化

随着科学技术的发展，在工业革命爆发后，大机器生产代替了原有的手工生产，社会生产力大幅度提升。相比之下，小农经济下的农业发展相对缓慢。马克思和恩格斯通过分析资本主义生产方式下小农经济落后的原因，提出社会主义农业发展的未来走向是"通过合作社实现从小农经济向社会化大生产过渡"。

随着工业的不断发展，大机器生产推动了工业经济的发展，农业发展相对缓慢。马克思和恩格斯在分析农业的发展现状时，认为小农经济阻碍了农业的发展。小农是指小块土地的所有者或租佃者[①]。小农经济依托家庭，以一小块土地作为生产资料，相对于大机器集中化的大生产，小农经济的小规模生产特点导致其无法实现机械化生产，难以产生更多的生产剩余。随着资本的积累，小农经济终将被资本主义大生产碾压，即"资本主义大生产将他们那过时的小生产压碎"[②]。恩格斯在《法德农民问题》一文中指出：同任何落后的生产方式一样，小农"在不可挽回地走向灭亡"[③]。马克思和恩格斯认为，机器的发展是历史的趋势，农业应当打破小农经济的束缚，走向联合，才能实现农业的集体化生产，并实现农业的现代化发展。

马克思和恩格斯通过对资本主义进行深刻剖析以及分析农业现状，探索了农业合作发展的道路。通过对资本主义经济的深度剖析，马克思和恩格斯分析了农业联合生产的未来走向。在资本主义私有制下，农业联合生产虽然提高了劳动生产率，但是所得的剩余价值被资本家无偿占有，无论是工业还是农业，无产阶级或者农民，都成为资本家完成资本积累的工具，难以改变底层人民的苦难命运。要彻底改变农民的命运，就要改变资本主义私有制，建立集体所有制，也就是走社会主义的农业合作化道路，实现农业的大规模发展。农业发展的更高阶段要求"把私有制加以否定并

---

① 马克思，恩格斯. 马克思恩格斯选集：第4卷 [M]. 中共中央编译局，译. 北京：人民出版社，2012：358.

② 马克思，恩格斯. 马克思恩格斯选集：第4卷 [M]. 中共中央编译局，译. 北京：人民出版社，1995：501.

③ 马克思，恩格斯. 马克思恩格斯选集：第4卷 [M]. 中共中央编译局，译. 北京：人民出版社，2012：356.

把它重新变为公有制"①。因此，无产阶级的主要任务是引导农民发展合作社，鼓励农民合作起来，依托合作社实现对小农的改造，而不是采用暴力手段。"我们对于小农的任务，首先是把他们的私人生产和私人占有变为合作社的生产和占有。"②

马克思和恩格斯通过对资本主义进行深度剖析，分析资本主义制度下小农经济走向灭亡的必然性，为农业的发展指明了方向，即以生产资料公有制为基础的合作社农业。马克思和恩格斯还进一步分析了如何改造小农，即通过宣传教育和示范帮扶的方式引导农民摒弃原有的小农思想，实现农业的集体化发展、规模化发展，提高劳动生产率，改变农民的现状。"我们对于小农的任务，首先是把他们的私人生产和私人占有变为合作社的生产和占有"③，而引导方式"不是采用暴力，而是通过示范和为此提供社会帮助④"。

2.1.3　城乡关系

马克思和恩格斯在分析城乡关系走向时，认为随着社会生产力的不断发展，城乡关系将经历城乡分离—城乡对立—城乡融合三个阶段。随着社会分工的不断发展，商品交换活动日益频繁，资源和人口不断向一个地区集中，这就出现了城市和乡村的差别。马克思和恩格斯在《德意志意识形态》一文中指出："物质劳动和精神劳动的最大的一次分工，就是城市和乡村的分离"⑤。社会分工的出现，导致了城乡差别的出现，在城乡分离的初期，城市的主要功能是商品交易，"一切发达的、以商品交换为媒介的分工的基础，都是城乡分离"⑥。此时，城乡的对立关系还没有显现出来。

---

① 马克思，恩格斯. 马克思恩格斯选集：第3卷 [M]. 中共中央编译局，译. 北京：人民出版社，1995：481.

② 马克思，恩格斯. 马克思恩格斯选集：第4卷 [M]. 中共中央编译局，译. 北京：人民出版社，1995：524.

③ 马克思，恩格斯. 马克思恩格斯选集：第4卷 [M]. 中共中央编译局，译. 北京：人民出版社，2012：371.

④ 马克思，恩格斯. 马克思恩格斯选集：第4卷 [M]. 中共中央编译局，译. 北京：人民出版社，2012：370.

⑤ 马克思，恩格斯. 马克思恩格斯选集：第3卷 [M]. 中共中央编译局，译. 北京：人民出版社，2012：148.

⑥ 马克思，恩格斯. 马克思恩格斯文集：第5卷 [M]. 中共中央编译局，译. 北京：人民出版社，2009：408.

随着社会分工的不断发展以及社会生产力的不断进步，越来越多的生产要素开始向城市集中，工业化推动城市高速发展，而以小农经济为主的农村则发展缓慢，城市的高速发展同农村的逐渐落后形成鲜明的对比。在资本主义私有制下，农业被工业碾压，城乡矛盾进一步激化，城乡关系走向对立。"城乡对立只有在私有制范围内才能存在"①，在资本主义私有制下，农村剩余价值被资本家占有，成为城市发展的"垫脚石"，随着生产力的进一步发展，城乡之间的矛盾进一步加深，这种矛盾在资本主义私有制下无法得到调和。

马克思和恩格斯认为，城市和乡村最终的发展是走向融合，城乡融合的实现需要满足两个必要条件，即生产力的高度发达和私有制的废除。生产力的高度发达，可以将现代化的生产方式应用于农业，推动农业的现代化发展，促使农业和工业结合起来。消灭私有制是实现城乡融合最根本的前提，资本主义私有制条件下的分工限制了农民的发展，农村生产力的提高只能使农村成为城市发展的资源，无法改变农民的现状。因此，马克思和恩格斯认为，无产阶级的首要使命就是消灭私有制，"彻底消灭阶级差别和阶级对立"才能"促使城乡对立逐步消灭"，从而使"社会全体成员的才能得到全面的发展。"②

马克思和恩格斯十分重视农村的发展，关于农村发展的论述是马克思主义理论体系重要的组成部分。马克思和恩格斯对资本主义经济制度进行了系统的分析，深入分析资本主义制度下农村的发展。农业是经济发展的基础，是人类社会发展的必备条件。随着社会分工的出现和社会生产力的发展，小农经济已经无法适应商品经济的不断发展，只有实现小农经济的联合，发展集体所有制的合作社才能推动农业的现代化发展，即实现"工业与农业的联合"，实现城乡的融合发展。而这些都建立在生产力高度发达和生产资料公有制的基础上。马克思和恩格斯对农村发展进行了重要论述，分析了农业、农村的发展方向，也为无产阶级革命指明了方向，即联合农民，将农民作为无产阶级的重要后备军。这也为中国实现农村的发展提供了指导，在全面实现乡村振兴的历史时刻，马克思主义理论体系依然是我们的重要指导思想。

---

① 马克思，恩格斯. 马克思恩格斯全集：第3卷 [M]. 中共中央编译局，译. 北京：人民出版社，1960：57.

② 马克思，恩格斯. 马克思恩格斯选集：第1卷 [M]. 中共中央编译局，译. 北京：人民出版社，2012：184-185.

2.2 列宁关于农村发展的思想

马克思和恩格斯通过剖析资本主义制度的内在矛盾，从理论上探索实现社会主义的路径，为我们描绘了共产主义的理想蓝图。列宁在继承马克思和恩格斯的理论成果基础上进行了新的探索，他领导世界上第一个社会主义国家进行实践探索，对如何建设社会主义国家进行了实践以及理论经验的总结，丰富和发展了马克思主义理论体系。列宁关于乡村发展的实践探索围绕如何将小农经济过渡到社会主义的农业展开，经过对实践经验的总结，列宁认为应该采取合作社的方式将小农经济逐渐过渡到社会主义农业。

2.2.1 农业是稳定政权的基础

无论是在革命实践中还是在社会主义国家建设中，列宁都非常重视农业的发展。他认为"农业是俄国国民经济的基础"[①]。因此，列宁十分重视发展农业，尤其重视粮食生产的重要作用。经历了战乱的苏维埃俄国，由于粮食和物资的缺乏，人民长期生活在饥饿中，迫切需要恢复农业生产。因此，列宁在讨论俄国建设过程中，十分重视农业政策对国民经济的影响。

列宁还意识到，农业不仅仅是国民经济的基础，也是国家政权稳定的基础。

将粮食安全上升到国家安全的高度，更加凸显了农业的重要性。列宁在 1919 年就当时的粮食生产问题发表了讲话，在次年的全国会议中，他再次强调"粮食问题是一切问题的基础"[②]，并从巩固政权的角度对农业的重要地位进行了论述。列宁指出："无论如何要提高农业生产率"[③]，只有这样，才能"既改善工人生活状况，又巩固工农联盟"。他还提出要用"实物税代替余粮收集制"[④]。列宁对农业与国家建设的认识，是对马克思

[①] 列宁. 列宁全集：第 11 卷 [M]. 中共中央编译局，译. 北京：人民出版社，1985：350.
[②] 列宁. 列宁全集：第 30 卷 [M]. 中共中央编译局，译. 北京：人民出版社，1985：159.
[③] 列宁. 列宁全集：第 42 卷 [M]. 中共中央编译局，译. 北京：人民出版社，1985：284.
[④] 列宁. 列宁选集：第 4 卷 [M]. 中共中央编译局，译. 北京：人民出版社，2012：515.

主义关于农村发展理论体系的继承与发展。

2.2.2 合作社理论

合作社理论是列宁思想中非常重要的理论，由列宁在领导俄国进行社会主义建设的实践中不断完善和发展。农业合作社是合作社理论的重要组成部分，列宁在领导俄国人民不断探索社会主义道路的过程中，形成了农业合作社理论，为俄国社会主义国家的探索和发展起到了重要作用，也为我国农业合作社的发展提供了借鉴。

在探索社会主义农业的发展道路时，列宁提出了"共耕制"。他认为以集体农庄为主要形式的共耕制运动是"一条真正可靠、真正能使农民群众更快地过上文明生活"的出路。随着战时共产主义的实行，当时的俄国聚集了大量的人力物力财力，保障了战争的胜利，但农业经济的发展也受到了一定的挫折，挫伤了农民的生产积极性。为了恢复和发展经济，列宁开始重新探索社会主义农业的发展道路，他认识到，在生产力落后的农村实行平均分配的"共耕制"阻碍了农业经济的发展。通过对经济社会进行分析，列宁提出了新经济政策，通过实行粮食税、发展商业和自由贸易等措施赋予农民自由支配属于自己的那部分劳动产品的权利，此举极大地调动了农民的生产积极性。

在探索农业向社会主义过渡时，列宁提出，合作社是小生产过渡到社会主义的最好形式。列宁认为农业合作社是把农民组织起来向社会主义过渡并且易于被农民所接受的一种方式①。列宁按照马克思和恩格斯对于共产主义社会的构想，提出了战时共产主义，但是这种土地国有的平均分配方式，并不适合俄国的发展。列宁指出：在一个小农生产者占人口绝大多数的国家，"从资本主义社会走向接近共产主义社会的任何一条通道，都需要有社会主义的计算和监督这样一个过渡，一个漫长而复杂的过渡"②，而这种过渡办法就是通过国家资本主义向社会主义过渡，合作制则是向社会主义过渡的最好的方式。

列宁在《论合作社》中对其在领导发展合作社中的经验进行了总结：对于农业的社会主义过渡不能操之过急，这是一个长期复杂的工程，尤其

---

① 列宁. 列宁选集：第4卷 [M]. 中共中央编译局，译. 北京：人民出版社，2012：508.
② 列宁. 列宁选集：第4卷 [M]. 中共中央编译局，译. 北京：人民出版社，2012：574-575.

是在经济落后的俄国，需要探索适合俄国发展的农业道路。同时，列宁还认为，农村文化的落后影响了合作社的发展，提出"在农民中进行文化工作，提升农民的素质，让农民从思想上认识合作社。

俄国在探索农业向社会主义农业过渡的过程中，经历了"共耕制"—战时共产主义—合作社的转变。每种政策都是将马克思主义与俄国实际相结合的产物。随着新经济政策时期的到来和农业经济的不断发展，通过合作社向社会主义过渡成为新经济政策时期俄国的农业发展道路。

2.2.3 城乡关系

在探索俄国社会发展的过程中，列宁还注意到了由城乡差距带来的城乡矛盾。

在建立苏维埃政权以后，列宁强调政府对农业部门的帮助，是缩小城乡差距的关键。

首先，列宁分析了俄国城乡差距的原因。列宁认为，俄国城乡差距的原因主要是"工商业的发展速度比农业迅速"[①]。列宁认为，城乡之间的矛盾是历史发展的必然产物，这是由农业和商业的生产方式决定的。一方面，工商业的发展不局限于土地，而农业依赖土地以及自然资源，受地理位置的限制较大。另一方面，随着城市工商业的发展，人口和资源向城市集中，又为城市带来了新的发展动力。与此同时，随着劳动力不断向城市流动，农村的发展开始变得缓慢，与城市的高速发展形成对比。列宁认为，在整个国民经济中，农村属于薄弱环节，落后的技术和生产方式阻碍了农村的发展，随着城乡差距扩大，也容易引起社会矛盾，比如在俄国内战时，工人武装对农民进行征粮，引起农民严重不满并在国内引发了政治危机。列宁认识到，农村发展对社会发展至关重要，因此要提升农村经济发展水平，缩小城乡差距。

其次，列宁通过实践经验的总结，提出了缩小城乡差距的路径和方法。列宁通过对俄国经济以及马克思和恩格斯相关论述的分析，总结俄国城乡差距的原因，并结合俄国的实践，探索适合俄国的城乡发展道路。列宁通过对俄国现状的分析提出了"共耕制"，在经过"共耕制"的实践探索之后，结合俄国的现实，提出了通过合作社引导小农向社会主义农业过

---

① 列宁. 列宁全集：第42卷 [M]. 中共中央编译局，译. 北京：人民出版社，1985：178.

渡。列宁认为，要缩小城乡差距，首先应提高农业的生产技术，从而提升农业生产率水平；其次，应提高农民教育水平，缩小城乡的思想差距。

列宁继承了马克思和恩格斯的思想，并将马克思和恩格斯的思想与俄国实践相结合，发展和完善了马克思和恩格斯关于国家建设的理论。列宁十分关注农村发展，但俄国长期形成的小农经济限制了农业经济的发展，因此，需要针对俄国农业的现实制定合适的政策，实现农业向社会主义过渡。列宁的农业思想经历了从"共耕制"到"合作社"的实践探索，在小农经济向社会主义过渡的过程中，列宁还十分尊重农民的个人物质利益，以此提高农民的生产积极性。列宁关于社会主义国家建设的探索，对中国社会主义国家建设以及小农经济的发展有着重要的指导意义。

3　中国共产党关于乡村发展的探索

中国自古以来就是农业大国，农耕文化是中华文化的重要组成部分，中华民族的发展也离不开农业的发展。从古至今，历朝历代都十分重视农业的发展，可以说，农业的发展承载着历史的变迁。自中国共产党成立以来，中国经历了新民主主义革命时期—社会主义革命和建设时期—改革开放和社会主义现代化建设新时期—中国特色社会主义新时代，乡村发展也经历了战时的乡村革命—建设时期的乡村改造—社会主义新农村建设—乡村振兴的发展历程。进入新时代，中国共产党始终将乡村振兴作为重点任务，乡村的发展得到了质的飞跃。

3.1　新民主主义革命时期的乡村发展探索

新民主主义革命时期，中国共产党积极探索乡村发展，结合战争实际以及乡村发展需要制定战争政策和乡村发展政策。新民主主义革命时期，党制定了农村包围城市的策略，在农村革命根据地带领广大农民开展土地革命、发展合作社运动，实行减租减息，发动和组织农民群众。新民主主义革命时期的乡村发展，推动党的力量不断发展壮大，也为革命胜利提供了重要保障。

3.1.1　领导农民开展合作运动，将农民"组织起来"

中国共产党从成立之初就将解决农民问题作为自己的重要任务，将农民群体作为新民主主义革命的重要推动力量，在革命过程中注重发动农民开展合作运动，领导农民运动，将农民组织起来。毛泽东认为，"农民成就了多年未曾成就的革命事业"①,"国民革命需要一个巨大的农村变动"②。1926年,中国共产党开始在湖南、湖北、江西等地的农村成立农会组织,通过农会组织将农民组织起来,广大农民有了组织,在中国共产党的领导下开启了农民运动,通过打击土豪及地主阶级,推翻封建土地所有制,实现了"空前的农村大革命"。

新民主主义革命时期,中国共产党就十分重视发挥农民组织的力量,并在社会主义革命和建设时期探索在中国发展农民合作社的历程。毛泽东认为,"合作社,特别是消费、贩卖、信用三种合作社,确是农民所需要的"③。合作社对于提高农业生产力,发挥农民集体的优势起到了重要的作用。新民主主义革命时期的乡村发展主要是围绕战时的需要,以发展经济,支援战争为主要目标。在农村地区建立革命根据地,注重农业手工业的发展,恢复和发展农业生产,极大地调动了农民的生产积极性,为战争胜利提供了物质保障。

3.1.2 建立农村革命根据地,开展土地革命

在长期的革命实践中,中国共产党意识到中国革命的工作重心在于农村,大革命失败后,中国共产党调整工作重心,确立了"农村包围城市"的战略方针,在农村建立革命根据地。农民问题的关键在于土地,为了解决土地问题,中国共产党提出"要没收土地以消灭封建的政治基础",带领农民在根据地开展武装革命和土地革命运动。1927年,中国共产党成立了第一个农村革命根据地——井冈山革命根据地,并在根据地开展革命斗争。1928年,中国共产党在总结土地革命的实践经验基础上制定了《井冈山土地法》,该法提出"没收一切土地归苏维埃政府所有",改变土地归地主阶级所有的状态,通过将土地分配给农民,真正实现了"耕者有其田"。随着土地革命的进行,中国共产党制定了一系列的土地法律法规,保障农民的权益,确保农民能够分配到土地,并且禁止土地买卖。随着土地革命的进行,中国共产党变封建土地所有制为农民所有制,并形成了一系列关于土地分配切实可行的路线、方针、政策。

为了更好地组织和团结农民,中国共产党在根据地推动农村互助合作

---

① 毛泽东. 毛泽东选集: 第一卷 [M]. 北京: 人民出版社, 1991: 16.
② 毛泽东. 毛泽东选集: 第一卷 [M]. 北京: 人民出版社, 1991: 18.
③ 毛泽东. 毛泽东选集: 第四卷 [M]. 北京: 人民出版社, 1991: 41.

运动，在农村发展手工业和矿业，制定了一系列推动根据地经济发展的政策，打破了国民党的经济封锁，振兴革命根据地的经济，为实现解放战争的胜利蓄积了人力、物力和财力。土地革命是中国共产党在战时探索乡村发展的重要举措，土地革命时期也是新民主主义革命的重要历史时期，中国共产党通过"打土豪、分田地"的方式带领广大农民开展土地革命，还在根据地发展农业和手工业，进一步巩固农村包围城市，武装夺取胜利的道路，也推动农村的建设。新民主主义革命时期是中国共产党探索农村建设的初期阶段，为社会主义新农村建设提供了经验和理论指导。

3.2　社会主义革命和建设时期的乡村发展探索

中国共产党将马列主义与中国实际相结合，深入探索中国革命道路以及社会主义建设道路，在领导社会主义新农村建设的过程中形成了丰富的理论体系。新中国成立以后，中国共产党带领中国人民探索如何在落后的中国恢复农业生产，以农业合作社为基础确立农村的社会主义发展方向，为社会主义新农村建设奠定了基础。中国共产党关于在社会主义革命和建设时期对乡村发展的探索是新时代我国实施乡村振兴战略的理论基础，有着重要的指导意义。

3.2.1　强调农业的基础地位

新中国成立之后，我国亟须建立完整的工业体系，恢复和发展经济。党中央在深刻分析当时的经济情况后，提出了工业、农业同时并举的发展道路。党的七届二中全会提出，开启从革命到建设的历史进程，将党的工作重心由农村转移到城市，并明确新中国的建设方向是使中国从农业国转变为工业国。这一时期国家发展的主要方针是"以农业为基础，以工业为主导"，毛泽东认为，"开展工业建设不能忽视农业的发展，发展工业必须和发展农业并举"①。农业的发展是工业发展的前提，工业的现代化离不开农业的现代化。中国共产党在探索工业的现代化发展道路上，立足于国家

① 毛泽东. 毛泽东选集：第四卷 [M]. 北京：人民出版社，1991：1427.

经济发展的现实，反复强调农业的基础地位，强调工业、农业要同时发展。

新中国成立后，以农民个体所有制为基础的小农经济过于分散，基本没有剩余产出，为了提高农业的生产力，推动社会主义乡村建设，毛泽东提出通过发展合作社实现对农业的社会主义改造。"个体所有制的生产关系与大量供应是完全冲突的，个体所有制必须要过渡到集体所有制。"① 因此，这一时期的农业发展主题是如何从小农经济过渡到社会主义的集体生产。"有计划逐步地完成改造小农经济的工作，使农业在社会主义工业的领导下，配合着社会主义工业化的发展，而胜利地过渡到全国的社会主义时代。"② 将农民的个体所有制改造成为社会主义集体所有制是这一时期我国乡村建设的基本方向。

3.2.2　继承和发展了合作社理论

这一时期，中国共产党关于乡村发展的思想继承并发展了马克思主义关于合作社的理论，合作社在战时推动根据地经济发展方面发挥了重要的作用。中国共产党在战争实践的基础上，结合社会主义建设时期的经济状况，通过农业集体化的发展，激发农民的生产积极性，推动农村集体经济的发展。集体经济的发展在新中国成立初期经历了从互助合作到初级合作社的探索，这是中国共产党对马克思主义合作社理论的继承和发展，也是中国合作社理论的重要组成部分。合作社是在国家建设时期将农民组织起来的有效路径，个体经济使农民陷于长期的贫困，克服这种状况的唯一办法，就是逐步地实现集体化。而实现集体化的唯一路径，"就是经过合作社"③。土地革命为农业合作社的发展奠定了基础，新中国成立后，农业面临着向社会主义农业转变的任务。合作社是实现社会主义农业改造的重要途径。对于如何将农民组织起来，毛泽东认为应当坚持"自愿互利"的原则，不要违反自愿原则，勉强地把他们拉进来④。

通过引导广大农民的互助合作运动，实现了农村的社会主义改造并带

---

① 毛泽东. 毛泽东文集：第六卷 [M]. 北京：人民出版社，1999：301.
② 中共中央文献研究室. 建国以来重要文献选编：第四册 [M]. 北京：中央文献出版社，1993：695.
③ 毛泽东. 毛泽东选集：第三卷 [M]：北京：人民出版社，1991：931.
④ 中共中央文献研究室. 建国以来重要文献选编：第四册 [M]. 北京：中央文献出版社，1993：666 .

动农村集体经济的发展。合作社是一个复杂的过程，需要"有计划逐步的"进行。随着集体经济的发展，农村生产力不断提高，这也为农村带来了更多的生产剩余，支援国家工业化建设，为新中国的工业发展做出了巨大的贡献。随着农业合作化运动的不断发展，农业的社会主义改造也基本完成，中国共产党在广大农村建立了社会主义制度，农业的生产经营方式也从小家庭式生产转变为集体生产，实现了将农民组织起来，发展农村集体经济的历史使命。

3.2.3 发挥农民的主体作用

中国是农业大国，中国共产党领导人很早就认识到发动农民阶级的重要性，并且在之后的革命道路中不断实践这一思想。1927 年大革命失败后，中国共产党进一步深化对农民的认识，开始走出一条农村包围城市的道路，农村包围城市思想逐步形成。"中国的革命实质上是农民革命，现在的抗日，实质上是农民的抗日。新民主主义的政治，实质上就是授权给农民。"[①] 中国共产党通过实地调查，认识到土地是解决农村问题的根本，于是带领广大农民在革命根据地发动了土地革命。通过土地革命，农民实现了从饱受封建剥削到"耕者有其田"的跨越，成为土地的主人，获得了人身自由。中国共产党在广大革命根据地建立起了农民政权，为土地革命的顺利进行起到了重要的保障，也使得农民成为抗日战争的重要后方力量。土地革命是中国共产党在乡村道路上的初步探索，不仅为革命胜利提供了保障，也对中国共产党领导中国农村的发展有着非常重要的作用。

新中国成立之后，在社会主义国家建设进程中，中国共产党也十分关注农民的发展，认为农民是社会主义国家建设的重要力量。"农民的情况如何，对于我国经济的发展和政权的巩固，关系极大。"[②] 因此，在社会主义革命和建设时期，党和国家在乡村建设过程中注重农民的利益，尊重农民的主体性，反复强调要平衡"国家的税收、合作社的积累、农民的个人收入这三方面的关系"[③]，并提出在农村发展文化，提高农民的文化素质。中国共产党对农民的思想文化教育，也是对马克思主义的继承和发展，极大地推动了农民素质的提升。

---

① 毛泽东. 毛泽东选集：第二卷 [M]. 北京：人民出版社，1991：692.
② 毛泽东. 毛泽东文集：第七卷 [M]. 北京：人民出版社，1999：219.
③ 毛泽东. 毛泽东文集：第七卷 [M]. 北京：人民出版社，1999：221.

3.2.4 城乡关系向互助发展转变

中国共产党在成立之初就注意到了城乡关系的现实状况，从革命时期的"农村包围城市"思想，到社会主义建设时期的"工农并举"，都强调农村经济的发展。"我们的经济建设的中心是发展农业生产，发展工业生产，发展对外贸易和发展合作社"①，这为发展农村经济指明了方向。为了发展农业，缩小城乡差距，党中央在 1956 年 1 月制定和颁布了《1956 年—1967 年全国农业发展纲要（草案）》，这是中国历史上第一次从国家层面颁布的针对乡村发展的中长期计划，也是中国共产党在特定历史时期，对乡村发展工作的探索。与此同时，党中央还提倡兴修水利，在农村发展文化教育，以此来提升农村的建设与发展。

城乡关系也是乡村发展的重要课题。中国共产党继承了马克思主义工农联盟的思想，在社会主义革命和建设时期强调工农联合，并通过加强工农联合实现工农政治联盟。"工农联盟"对我们夺取革命胜利有着重要的意义。新中国成立之后，中国共产党始终坚持在发展工业的同时重视农业的发展，重视城乡关系的改善以及工农联盟的巩固。为了遏制积极的工业政策带来的城乡分化，中国共产党在继承马克思主义合作社思想的同时，汲取俄国社会主义建设的经验，通过走互助合作的道路发展社会主义集体经济，推进工农两大阶级的联系，加强城乡沟通。"要巩固工农联盟，我们就得领导农民走社会主义道路，使农民群众共同富裕起来。"② 党中央多次强调，农业是基础，工业为主导，农村的发展是城市发展的前提，城市的发展为农村发展提供支持，要兼顾城乡，实现城乡互助。

总体来说，中国共产党在社会主义革命和建设时期对乡村建设的探索对现代的城乡发展有着重要的意义，是在中国特定历史时期的实践经验总结。在新中国成立初期，为了尽快发展工业，实现社会主义国家建设，党中央提出了"以工业为中心"的政策，带领全国人民恢复和发展经济。随着工业的不断发展，党中央又提出了"工农并举"的思想，在发展经济的过程中始终将农业放在重要位置，再一次强调农业的基础性地位，丰富和

① 毛泽东. 毛泽东文集：第七卷 [M]. 北京：人民出版社，1999：24.
② 中共中央文献研究室. 建国以来重要文献选编：第七册 [M]. 北京：中央文献出版社，1993：308.

发展了马克思主义关于农村发展的理论，完成了对农村的社会主义改造，为社会主义新农村建设以及社会主义现代化建设提供了前提和基础，是中国共产党探索乡村发展的重要指导思想。

3.3 改革开放和社会主义现代化建设新时期的社会主义新农村建设

党的十一届三中全会提出将重心转移到经济建设上来，随着改革开放的开启，中国经济的发展进入了一个开放、发展、学习的新时期，"三农"工作也迎来了改革与发展的新契机。中国共产党带领广大农民在社会主义市场经济体制下，打破农村发展的原有体制，探索乡村改革之路。中国的改革率先出现在农村，家庭联产承包责任制改变了农业原有的发展状态，随着农村改革的持续深化，农民生产积极性开始提高，乡村经济不断发展。

3.3.1 改革农村基本经营制度

改革开放以来，中国共产党开始探索在社会主义市场经济体制下调整农村生产关系。小岗村的村民率先开展了以家庭为核心的承包责任制，这一改变提高了农民的生产积极性，推动了农民的增收。党的十一届三中全会充分肯定了这一制度并制定一系列政策和措施发展农业生产，改变过去的平均主义思想，为农业生产带来了转机，广大农村纷纷开始探索包产到组、包产到户等多种形式的农业生产制度。党中央鼓励和尊重农民的创新精神，在1982—1986年通过一系列政策文件鼓励以"大包干"为主的各种形式的农业生产责任制，鼓励农村发展商品经济，最终调动了农民的生产积极性，农村经济得到了恢复和发展，为改革开放提供了基础保障。

通过一系列实践探索，我国在1984年初步形成了以家庭联产承包责任制为基础，统分结合的双层经营体制。这种体制有"统"，即生产资料的公有制，有"分"，即生产经营以家庭为单位。家庭联产承包责任制是改革开放时期乡村发展的创新，改变原有的"大锅饭"制度，推动商品经济的发展，发挥家庭的主体性优势，不仅大大提高了农村的生产力，解决了农民的温饱问题，也推动农村不断迈向现代化。随着农业生产经营体制的调整，农村经济发展产生了质的飞跃，农民从"实现温饱"变得"生产剩余"，为集体经济的发展和乡镇企业的发展提供了基础。为了更好地适应商品经济的发展，中国共产党开始探索农村集体经济的发展道路。

邓小平通过对我国社会主义建设实践的总结，结合改革开放所取得的成绩，分析我国经济未来的发展趋势，提出我国农业发展要实现"两个飞跃"的重要论述。"第一个飞跃，是废除人民公社，实行家庭联产承包为主的责任制。这是一个很大的进步，要长期坚持不变。第二个飞跃，是适应科学种田和生产社会化的需要，发展适度规模经营，发展集体经济。"①"两个飞跃"是将马列主义、毛泽东思想与我国生产力水平发展实际相结合做出的重要判断，也是我国农业社会主义现代化发展分步走的措施。随着家庭联产承包责任制的不断发展，农村生产力水平提高到一定程度，科学技术水平也在不断发展，在未来以家庭为单位的生产方式将不适合高速发展的社会经济，需要向适度规模经营转变。邓小平认为科学技术的发展在社会发展中将起到越来越重要的作用，农业的发展离不开科技的发展，他强调农业生产的各个方面"都要靠科学"②。科学技术的发展也将推动农业的发展向集体经济转变。在改革开放和社会主义现代化建设新时期，广大农民群众在中国共产党的带领下开始探索以家庭联产承包经营为基础的农村集体经济的实现形式，顺应市场经济的发展，成立农民专业合作社、股份制等多种形式，既提高了农民的组织化，又顺应了市场经济的发展，使得农村经济向着制度化、规模化、专业化方向发展。

3.3.2　统筹城乡经济社会发展

随着乡村商品经济的发展，乡镇企业成为城乡沟通的桥梁，推动乡村突破"城乡二元"发展的局限，开始向城乡一体化发展。随着工业反哺农业政策的推进，工农城乡关系开始进入协调发展时期，农村改革不断深入，城乡交流加深，城乡关系成为这一时期的重点。中国共产党开始探索城乡关系新的发展。

首先，推动城乡互动。在改革开放初期，为了缓和城乡关系，以邓小平同志为核心的党的第二代中央领导集体在继承毛泽东关于城乡互助发展的理论的基础上，积极推进"城乡互动"，逐渐打破城乡二元体制，增加

---

① 中共中央文献研究室. 邓小平文选：第三卷 [M]. 北京：人民出版社，1993：355.
② 中共中央文献研究室. 邓小平文选：第二卷 [M]. 北京：人民出版社，1993：85.

城乡之间的互动交流。城乡之间的联系越来越密切，不管是政治、经济还是文化方面都是相互影响，密不可分的。

"农业和工业，农村和城市，就是这样相互影响、相互促进。"① 中国共产党对中国经济发展的实践进行深刻分析后，认为在经济的发展过程中，农业和工业要实现协调发展，农业和工业是互为支撑的，农业是国民经济的基础，为工业的发展提供基础资料。工业是国民经济的重心，带动农业经济的发展，二者互为支撑、协调发展。从实践来看，工业的发展速度快于农业发展，因此在现阶段要实现"工业支援农业"②，推动"农业现代化"。

其次，加快城镇化进程。随着工业经济的发展，要实现农村经济的发展，就需要依靠"城乡一体、城乡统一市场"③ 来解决。城镇化发展是统筹城乡发展的重要方面，只有实现城镇化发展才能持续推动城乡关系的发展。城镇化发展还可以解决农村过剩的劳动力，实现农民就近再就业，对于推动农业现代化发展也有着重要的意义。江泽民认为中国的农业要实现城乡统一发展，要"坚持大中小城市和小城镇协调发展，走中国特色的城镇化道路"④。乡镇企业在推动城镇化建设过程中发挥着重要的作用，是连接城乡的重要纽带，在统筹城乡发展过程中起着重要的推动作用。党中央结合实际情况，出台一系列政策鼓励乡镇企业的发展，进一步加强城乡交流，同时发挥乡镇企业的带动作用，提高城镇化水平。党的十六大报告明确指出："要逐步提高城镇化水平，坚持大中小城市和小城镇协调发展，走中国特色的城镇化道路。"⑤ 一方面，小城镇建设活跃了农村的商品经济，为农村经济发展带来了新的活力；另一方面，小城镇成为连接城乡的枢纽，也是逐步实现城乡融合的关键环节。

最后，统筹城乡发展。随着城市经济的快速发展，城市支援农村的条件已经具备，城市的高速发展和乡村的缓慢发展形成鲜明的对比，这也是对城乡关系的新一轮考验。党中央结合实际情况，再一次调整城乡关系，

---

① 中共中央文献研究室. 邓小平文选：第三卷 [M]. 北京：人民出版社，1993：376.

② 中共中央文献研究室. 邓小平文选：第三卷 [M]. 北京：人民出版社，1993：28.

③ 陆学艺."三农"论：当代中国农业、农村、农民研究 [M]. 北京：社会科学文献出版社，2002：184.

④ 中共中央文献研究室. 中共十三届四中全会以来历次全国代表大会重要文献选编 [M]. 北京：中央文献出版社，2002：669.

⑤ 江泽民. 江泽民文选：第三卷 [M]. 北京：人民出版社，2006：546.

在党的十六大报告中提出"统筹城乡经济社会发展",将城乡关系与社会发展相结合,通过进行税费体制改革,为农民减负;通过政府转移性支付,为农民提供保障兜底,缩小城乡差距。这一时期,城乡一体化成为城乡关系发展的主题。加强城乡一体化,要求"不断加大对农业发展的支持力度,发挥城市对农村的辐射和带动作用,发挥工业对农业的支持和反哺作用,走城乡互动、工农互促的协调发展道路"[1]。

3.3.3 社会主义新农村建设

改革开放以来,中国经济取得了重大的进步,党和国家立足中国农村发展实际与社会经济发展需要,将农业农村以及农民的发展提到全党重中之重的地位,结合历史经验,开展农村工作。随着国家实施"多予、少取、放活"的一系列方针政策,以及大力推进农业税费改革,农村改革迈向了一个新的台阶。随着农业税的取消和社会主义新农村建设的不断进行,农民收入有所提高,乡村建设也有所发展。统筹城乡发展,不能仅仅依靠国家财政的扶持,而应该将工业经济和农业经济相结合,扩大内需,实现农村经济的发展。党的十六大报告明确指出,"统筹城乡经济社会发展,建设现代农业,发展农村经济,增加农民收入,是全面建设小康社会的重大任务"。城乡关系日益紧密,农村的发展也面临着新的历史机遇。

中国共产党对城乡关系进行了深刻的分析,在全面把握中国国情的情况下,认为我国经济已经达到"以工促农、以城带乡的发展阶段",开始从城乡共同发展转向工业反哺农业、城市支持乡村、共谋发展的道路。党的十六届五中全会提出"建设社会主义新农村",这是这一时期乡村建设的重点,为新的阶段乡村发展指明了方向。社会主义新农村建设是在改革开放实践的基础上提出的,是在经济发展到一定阶段后党和国家建设乡村的新举措。社会主义新农村建设解决的是发展问题,是一项长期复杂的工程。中国共产党带领中国农民开展以工促农、以城带乡的社会主义新农村建设,促使城乡关系走向协调一体化发展。

为了推动城乡关系的进一步发展,党在2007年提出"城乡经济一体化发展"的思路,"逐步消除城乡二元结构,建立以工促农,以城带乡长效机制"[2]。

---

① 胡锦涛. 胡锦涛文选:第二卷 [M]. 北京:人民出版社,2016:247.
② 胡锦涛. 胡锦涛文选:第二卷 [M]. 北京:人民出版社,2016:630.

总体来说，改革开放和社会主义现代化建设新时期的乡村发展是在中国经济进入高速发展时期中国共产党探索乡村发展的尝试，是对中国特色社会主义理论体系的继承和发展。这一时期，取消农业税是中国农业发展史上重大的突破；工业反哺农业是在总结城乡关系发展规律的基础上，对城乡关系新的发展总结，也为新型城乡关系的发展指明了方向；城乡经济一体化为我们描绘了城乡发展新的蓝图，与社会主义新农村建设相呼应。这些都是中国共产党在改革开放和社会主义现代化建设新时期对"三农"工作新的探索，是新阶段中国乡村发展道路的创新。

3.4 中国特色社会主义新时代的乡村振兴

进入新时代，以习近平同志为核心的党中央坚持把解决好"三农"问题作为全党工作的重中之重，实现了脱贫攻坚的伟大胜利，开启乡村振兴新局面，"三农"工作取得了历史性的成就。

3.4.1 "三农"工作是全党工作的重中之重

党的十八大报告正式提出"全面建成小康社会"的目标，在经济不断飞速发展的新时期，农村发展依然是短板，现代化的关键也在于农业。进入新时代，我们面临的国际局势以及新的任务也不一样，粮食始终是国民经济的基础。中国共产党始终关心和重视"三农"问题，农业的发展是"三农"的首要问题，习近平总书记指出"中国要强，农业必须强"[1]。习近平总书记坚持和继承了百年来中国共产党对乡村发展的探索，提出在新时代"农业是全党工作的重中之重"。

进入新时代，粮食安全也上升到了国家安全的层面，面对复杂的国际局势以及国内对农产品需求的上升，我国部分农产品对进口的依赖程度较大。面对不稳定的国际环境，党将粮食安全作为"三农"工作的重点。为了发展农业，稳定粮食生产，党中央"坚守十八亿亩耕地红线"，保证粮食生产的稳定。从党的百年发展史来看，无论是战时还是工业发展时期，农业始终是基础性的领域，是社会稳定与发展的根本保障。习近平总书记

---

① 曹昆，赵纲. 中央农村工作会议在京召开 [N]. 人民日报，2023-12-25（01）.

将粮食问题上升到国家安全的层面，并时刻关注农业生产、农民利益以及农村发展问题，并在新时期对"三农"进行了新的探索，提出了一系列行之有效的政策，对社会主义新农村建设有着重要的意义。

3.4.2 打赢脱贫攻坚战

过去我们实现了从资助式扶贫到开发式扶贫，社会主义新农村建设也取得了初步成果，贫困人口大大减少。党中央认识到只有解决农村贫困人口的生活问题，才能够保障社会主义新农村建设有序进行，发挥农村的"稳定器"和"蓄水池"作用。党的十八大以来，党中央始终坚持"共同富裕"的初心和使命，将"三农"问题作为重中之重。如何有效地减少农村贫困人口，实现农村贫困人口生活有保障，也是党和国家制定政策的重心所在。2013 年，习近平总书记提出"精准扶贫"，拉开了中国全面实现精准脱贫的进程。从过去的"大抓手"式的扶贫，转变为精准扶贫，为我们实现全面脱贫，实现全面小康社会提供了重要的思路。党的十八届五中全会上，党中央提出应当将扶贫纳入经济计划，把扶贫作为全面建成小康社会的保障目标，并对精准扶贫作出了全面部署。精准扶贫打开了扶贫的新局面，加深了基层干部和群众之间的联系，基层干部切身考虑当地农民的需求，因地制宜地开展扶贫工作，并且积极利用自身资源，为当地吸引更多优质资源，涌现出各种优秀的扶贫案例。

随着精准扶贫政策的开展，各种社会组织也开始参与到了扶贫工作中，更多干部下沉基层，协助基层做好扶贫工作，扶贫工作取得了一定的成效。为了保障脱贫效果，进一步推进扶贫工作的顺利进行，党中央颁布《中共中央 国务院关于打赢脱贫攻坚战的决定》，从体制机制到具体措施都做了详细的规划。

3.4.3 开启乡村振兴新局面

随着经济的不断发展，大批农民迁往城市工作或者生活，乡村劳动力的流失导致"空心村"越来越多，而农村是完成决胜全面建成小康社会，实现社会主义现代化建设的关键环节。着眼于新时代我国社会主要矛盾的转变，顺应农民对于美好生活的向往，党的十九大提出了乡村振兴战略。2018 年的中央一号文件，以乡村振兴为主题，围绕"产业兴旺、生态宜居、乡风文明、治理有效、生活富裕"五个方面的要求对乡村振兴作出了整体部署。实施乡村振兴战略，是中国共产党在新时代，深刻把握社会发展规律，对"三农"工作的重要战略部署，也是社会主义现代化建设的重要任务。在中国共产党的带领下，我国开启了"脱贫攻坚"的浩大工程，在 2021 年实现农村贫困人口全部脱贫，取得了脱贫攻坚的胜利。

随着 2020 年脱贫攻坚任务的圆满完成，党和国家对"三农"工作的重心转移到实现脱贫攻坚与乡村振兴的有机衔接，全面推进乡村振兴。2021 年颁布的《中华人民共和国乡村振兴促进法》完善了乡村振兴战略的顶层设计，为乡村振兴战略的实施提供了法律政策依据。实施乡村振兴战略是新时代党和国家关于"三农"问题的新的发展目标，习近平总书记指出，"全党同志务必深刻认识实施乡村振兴战略的重大意义，把农业农村优先发展作为现代化建设的一项重大原则"。

3.4.4　推进农业高质量发展

习近平总书记提出，在新阶段，我们的主要任务就是"集中力量进行社会主义现代化建设"。要实现现代化建设，最关键的还是在农村，农业的现代化是重点。要提高农业的科技含量，只有实现农业的现代化发展，才能够提高农产品的供给量，在"工业化、信息化、城镇化深入发展中同步推进农业现代化"[①]。农业的现代化发展，一方面体现为农业生产科技水平的提升，另一方面体现为农业生产经营方式的转变。

加强农业生产的科技水平。在新时代，中国共产党探索农业的现代化发展道路，一方面依靠政策投入，兴修农田水利，完善农业生产的基础设施，同时加强农业生产过程中的科技含量、信息化生产，提高农业生产率。另一方面，加强培育农民的科学素养，提高农业种植过程中的科技水平，培育新型农民主体。习近平总书记指出"农业的出路在现代化，而农业现代化的关键在科技进步"[②]。因此，我们应适时调整农业技术政策，从人力、物力、财力上给予支持，提高农业生产率。

农业生产经营方式的现代化转变。除了农业生产过程的技术提升，农业经营方式的现代化转变也是农业现代化的关键环节。随着互联网的不断

---

①　中共中央文献研究室. 习近平关于社会主义经济建设论述摘编［M］. 北京：中央文献出版社，2017：157.

②　刘明霄. 习近平在山东农科院召开座谈会：手中有粮，心中不慌［EB/OL］.（2013-11-28）［2024-03-09］. http://china.cnr.cn/gdgg/201311/t20131128_514264155.shtml.

普及，农业的经营方式多种多样，因此，我们要转变农业的经营方式，利用"互联网+"扩大农产品的销售渠道，提高农民的收入。以习近平同志为核心的党中央在坚持"以家庭承包经营为基础、统分结合的双层经营体制"的同时，坚持多种经营方式共同发展，鼓励农民加快发展家庭农场、农民合作社、产业化龙头企业等新型农业经营主体。

3.4.5 以实现农民富裕为目标

共同富裕是中国共产党百年以来的奋斗目标，这也是中国共产党在新时代面临的主要任务，而中国的共同富裕的关键在农民，实现农民的富裕是城乡融合发展的重要前提，也是实现乡村振兴的重要目标。"中国要富，农民必须富"①。习近平总书记高度重视实现农民富裕的时代课题，并针对这一方面做出了实践和理论探索。

党的十八大以来，中国共产党赓续百年来关于乡村发展的思想，继承马列主义关于共同富裕的思想，把实现农民富裕作为新时代"三农"工作的主线。在继续加强政府财政、政策支持的同时，中国共产党强调"开发式扶贫"，激发农民的内生动力，实现农民收入的可持续增长。习近平总书记指出"要加快构建促进农民持续较快增收的长效政策机制"②。中国共产党关于农民富裕的思考不限于经济富裕，还包括文化水平、人才资源、公共服务资源的均等化、生态环境的保护等方面，乡村振兴的五个方面的要求也是以实现共同富裕为目标来制定的。

中国共产党将农村基层党组织作为发挥党建引领乡村振兴的基础，"农民要致富，关键靠支部"；注重发挥人才的重要作用，培育新型农民主体，提升农民、干部的科学文化素养，"农村经济社会发展，说到底，关键在人"；注重乡村生态的发展，"两山"理论，为乡村经济可持续发展指明了方向；注重乡村产业发展，在乡村发展集体经济，发展现代化的产业，提高农产品的附加值，实现农民"家门口"就业，提高农民收入；注重乡村文化的发展，大力发展乡村教育，改善乡风，实现物质精神共同富裕，提升农民发展经济的内生动力。新时代，中国共产党关于农民共同富

---

① 中共中央文献研究室. 十八大以来重要文献选编：上［M］. 北京：中央文献出版社，2014：658.

② 习近平. 论"三农"工作［M］. 北京：中央文献出版社，2022：254.

裕的思想，是对马克思主义关于共同富裕思想的继承和发展，也是对中国特色社会主义农业发展道路的继承和发展，为新时代实现全体人民共同富裕提供了新的思路。

3.4.6　城乡融合发展（新型城镇化道路）

以习近平同志为核心的党中央深刻把握时代特征，在总结中国乡村发展历程中十分关注城乡关系的发展变化。随着社会生产力的发展，城市高速发展导致城乡差距增大。习近平总书记指出："我国经济发展的'蛋糕'不断做大，但分配不公问题比较突出，收入差距、城乡区域公共服务水平差距较大。"① 新时代，我们要加快推进城乡一体化发展，发展农村产业，实现一二三产业融合，带动城乡向融合发展，通过新型城镇化以及社会主义新农村建设，打破城乡二元结构。城乡融合是实现乡村经济发展的重要基础，也是实现全面推进乡村振兴的重要基础。

产业融合是实现城乡融合的重要途径。乡村振兴的关键在于产业振兴，要加强城乡要素配置合理化，畅通城乡之间要素流通，依托乡村特色资源，推动一二三产业融合，增加农产品附加值，延长产业链。首先，政策层面要大力支持，要完善城乡公共服务体制，为乡村发展产业提供良好的基础，打破城乡要素流通的机制壁垒，从政策上为城乡融合提供支持。其次，培育新型农民主体。农村产业的发展离不开农民的主动性和积极性，要实现现代化的产业发展，就必须将"传统农民"转变为"新型农民"，培育学习型农民，提高农民的素质，实现农村新型产业的发展。最后，发展新型集体经济。企业发展的营利性与乡村振兴的帮扶性不同，要实现乡村企业在发展经济的同时，带动乡村经济的发展，带动农民的个人发展，这就需要发挥集体经济的力量，一方面引入外资，另一方面团结农民，实现乡村产业振兴真正的价值。

发挥县域在城乡融合中的重要作用。县域是连接城市与乡村的重要节点，是城乡融合的关键支撑。习近平总书记指出："要把县域作为城乡融合发展的重要切入点，推进空间布局、产业发展、基础设施等县域统筹，

---

① 习近平. 在党的十八届五中全会第二次全体会议上的讲话（节选）［J］. 求是, 2016 (1)：5-22.

把城乡关系摆布好处理好、一体设计、一并推进。"① 首先，要健全城乡一体化发展的体制机制，重点是公共基础设施以及公共服务均等化，为乡村经济多元化发展提供基础。其次，立足县域，以县域为中心发展产业经济，优化产业结构，以县域的辐射作用，带动周围农村经济的发展。习近平总书记强调要实现全面乡村振兴，实现城乡收入均等，逐渐打破城乡二元体制，"逐步实现城乡居民基本权益平等化、城乡公共服务均等化、城乡居民收入均衡化、城乡要素配置合理化，以及城乡产业发展融合化"②。

总体来说，中国共产党在这一时期关于乡村发展的思想是在新时代背景下，对我国农村发展的现实进行深刻分析总结形成的。党的十八大以来，以习近平同志为核心的党中央，在乡村发展上做出了新的探索，这一阶段的乡村建设主要是分为两个阶段：2012—2018 年是社会主义新农村建设时期，围绕着统筹城乡发展到城乡一体化发展，完善乡村基层治理，推动乡村经济发展，为推动城乡融合发展提供了支撑；党的十九大正式提出中国特色社会主义进入新时代，站在新的起点，坚持新发展理念，开启乡村振兴的新局面。

---

① 习近平.坚持把解决好"三农"问题作为全党工作重中之重，举全党全社会之力推动乡村振兴 [J].求是，2022 (7)：4-22.

② 习近平.论"三农"工作 [M].北京：中央文献出版社，2022：156-159.

4 陕南地区乡村振兴的总体态势

4.1 陕南地区概述

4.1.1 自然地理情况

陕西位于西部大开发的核心区域，主要分为陕北、关中以及陕南三个部分。陕南位于陕西南部，北倚秦岭，南靠巴山，包括安康、汉中、商洛三市，28个区县。陕南地区处于我国南北方的交界地带，独特的地理优势和气候环境，形成了特殊的自然环境。从地形上看，陕南地区包括秦岭、汉江盆地与大巴山区。陕南地区的土地面积占全省总面积的36%，秦岭山脉位于陕南的北部。秦岭独特的地理环境和丰富的生物资源为陕南地区发展生态产业提供了自然条件。汉江盆地位于秦岭和大巴山之间，是由汉江冲击而成的平原地区。汉江盆地贯穿汉中、安康，是陕南地区主要的农业生产基地。汉江盆地气候湿润、温度适宜，谷地宽阔而平坦，非常适宜发展种植业。大巴山区位于川陕边界，是连接川陕地区的重要山脉，是汉江水系与四川嘉陵江水系的分水岭，属于北亚热带气候。

陕南地区气候适宜，自然资源丰富，因地处南北交界，农业品种兼具南北特色，水资源丰富，这些都为陕南农业经济的发展提供了良好的自然条件。由于水资源丰富，陕南地区自古以来就注重水利设施的建设，这也为陕南地区农业发展提供了基础。除了丰富的矿藏资源和林特产品，陕南地区也有着丰富的矿产资源，是我国第二大富硒区。陕南地区也是世界纬度最高的茶叶产地、传统生态养殖基地，盛产食用菌、中药材、核桃、魔芋等，这也为陕南农业经济的发展提供了良好的基础。2022年陕南地区自然状况及水利建设情况见表4-1。

表 4-1　2022 年陕南地区自然状况及水利建设情况

城市	年平均气温值/℃	年日照时数/小时	年相对湿度/%	年降水量/毫米	年水利工程建设量/亿立方米
安康市	17.2	1 797.9	70	781.6	6.60
汉中市	16.5	1 339.3	76	986.7	16.25
商洛市	14.2	2 007.9	65	641.6	2.92

资料来源:《陕西统计年鉴 2023》。

由表 4-1 可以看出，2022 年，陕南地区年平均气温保持在 14℃～17℃，常年气温较为舒适。由于森林覆盖率高、水资源丰富等原因，陕南地区相对湿度较高，空气质量较好。从水利工程来看，汉中水利工程数量最大，安康和商洛水利工程较少，这主要是受地形影响。从地形上来看，汉中的平地较多，而安康和商洛则位于山地，山地地形较多。

4.1.2　经济社会状况

陕南地区包括商洛市、安康市和汉中市三个地级市，共计 28 个县（区），近几年基于丰富的自然资源，陕南地区调整产业结构，发展生态产业以及新材料产业，建立现代循环产业体系。近年来，陕南地区经济发展稳步提升（见图 4-1），2022 年的地区生产总值超过 4 000 亿元。

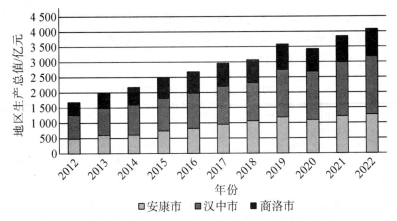

图 4-1　2012—2022 年陕南地区经济发展情况

（资料来源:《陕西统计年鉴 2023》）

从经济发展情况来看，十年来陕南地区经济稳步上升。从陕南地区内部来看，陕南各市经济也都持续上升，其中，汉中经济发展最快。一方面，汉中市的区位优势比较明显，位于陕甘川三地交界处。另一方面，汉中市的地理环境相对优越，相比于安康、商洛两市，山地较少，有利于城镇化发展以及种植业发展。从产业分布来看，陕南地区服务业发展较快（见表4-2），这也与陕南地区发展生态循环经济的方向一致。作为陕西生态功能区的重要组成部分，实现生态产业经济转型是陕南地区发展的重要方向。

表 4-2 2022 年陕南地区产业结构

产业类型	安康市/亿元	占陕南地区比重/%	汉中市/亿元	占陕南地区比重/%	商洛市/亿元	占陕南地区比重/%	陕南地区/亿元
第一产业	174.56	29.46	292.30	49.32	125.77	21.22	592.63
第二产业	540.07	31.25	828.38	47.94	359.56	20.81	1 728.01
第三产业	554.02	31.55	784.77	44.69	417.24	23.76	1 756.03
生产总值	1 268.65	31.12	1 905.45	46.74	902.56	22.14	4 076.66

资料来源：《陕西统计年鉴2022》。

随着乡村振兴战略的持续推进，陕南地区迎来了新的发展机遇。绿色循环经济的发展为陕南地区经济的发展带来了新的动能。陕南地区旅游经济的发展，也带动了农民的创业热潮。陕南各地也在加大工作力度，完善基础设施，并进一步增强政府转移支付。随着乡村振兴的持续推进，陕南地区乡村风貌焕然一新、农业科技化水平提升，农民可支配收入有了大幅度提升，乡村社会经济不断发展（见表4-3）。

表 4-3 2023 年陕南地区社会经济发展统计表

城市	面积/平方千米	行政县/个	常住人口/万人	农村居民可支配收入/元	增长幅度/%
安康市	27 246	9	245.72	14 403	7.7
汉中市	23 391	9	317.00	15 367	8.0
商洛市	19 292	6	201.25	13 873	8.5

资料来源：《2023年安康市国民经济和社会发展统计公报》《2023年汉中市国民经济和社会发展统计公报》《2023年商洛市国民经济和社会发展统计公报》。

4.2 陕南地区的乡村发展现状

改革开放以来，国家围绕"西部大开发"作出了一系列重要部署，为陕西经济社会发展指明了方向。随着乡村振兴战略的实施，国家更是加大了对陕南地区的投资和支持力度。随着移民搬迁、生态环境治理、扶持乡村产业发展等一系列政策的开展，陕南多地因地制宜，通过利用当地特色资源，发展生态产业，积极探索特色产业转型路线，有效带动农民增收，人民生活水平显著提升。陕南各地出台了多项支持农村发展的文件，支持和鼓励农民创业，不断加强对基础设施、公共服务、技术服务的支持和保障，乡村发展取得了一定的成果。

4.2.1 乡村产业发展状况

2021 年的中央一号文件提出了农业现代化的发展目标，实现农业现代化是实现四个现代化的重要基础。现阶段，我国农业的发展目标主要是构建现代农业体系，加快建设现代化的农业。农业现代化发展离不开产业的创新与发展，而产业的发展也是实现农村地区经济高质量发展的重要推动力。产业兴旺是乡村振兴的基础，也是实现乡村经济发展的关键。随着脱贫攻坚的阶段性胜利，陕南地区乡村发展的关键在于激发乡村发展的内生动力，实现乡村经济的可持续发展，预防返贫风险。近几年，陕南各地以发展特色产业为突破口，壮大和发展集体经济，依托当地特色资源，打造区域品牌，加快培育新兴产业主体。乡村产业发展取得了巨大的成果，初步形成了"特色+"的发展模式，茶叶产业、魔芋产业、中药材产业、旅游产业和其他特色产业发展日趋成熟，乡村产业发展迎来了新的机遇和发展契机。

4.2.1.1 现代化产业体系正在形成

（1）因地制宜地发展特色产业。

陕南地区属于我国最北的产茶地区，以绿茶为主并且极具地方特色，陕南三地都建立了以绿茶为主的特色产业体系，并形成地方品牌，比如汉中仙毫、商南泉茗和紫阳毛尖。截至目前，陕南茶叶产业发展较为成熟，以茶叶为主的产业已经成为陕南地区经济发展的重要动力。陕南地区还有很多的桑园和果园，种植较多的水果是葡萄、苹果、梨、柑橘、猕猴桃等。陕西的茶叶以及桑叶几乎都来自陕南，同时陕南地区还种植玉米、小麦等粮食作物，经济作物主要有油菜籽、花生等，农业产业向多元化方向发展。2022年陕南地区农林牧渔业产值及省内占比情况见表4-4。

表4-4　2022年陕南地区农林牧渔业产值及省内占比情况

地区	农业		林业		牧业		渔业		农林牧渔服务业	
	产值/万元	省内占比/%	产值/万元	省内占比/%	产值/万元	省内占比/%	产值/万元	省内占比/%	产值/万元	省内占比/%
陕南地区	6 909 565	20.87	316 519	36.75	2 785 355	30.10	179 942	49.70	420 191	17.24
安康市	1 998 788	6.04	78 571	9.12	820 756	9.87	77 814	21.49	128 643	5.28
汉中市	3 527 969	10.66	119 491	13.88	1 266 026	13.68	88 851	24.54	157 347	6.46
商洛市	1 382 808	4.18	118 457	13.76	698 573	7.55	13 277	3.68	134 201	5.51

资料来源：《陕西统计年鉴2023》。

　　如表4-4所示，2022年陕南地区农业总产值为6 909 565万元，占陕西省总产值的20.87%。从农林牧渔业的占比来看（见图4-2），农业、牧业以及农林牧渔服务业占比较高，这也符合陕西发展的总体特色，因为陕西省的林业、渔业主要集中在关中地区。陕西省五大特色产业地带分别为渭北陕北苹果产业带、陕北羊肉产业带、陕南生猪产业带、秦巴山区茶叶产业带，陕南地区主要以发展茶产业以及生猪产业为主，并以此形成产业链，具有陕南特色。

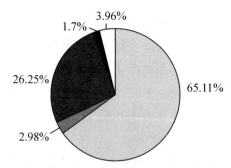

图4-2　2022年陕南地区农林牧渔业总产值构成情况

（资料来源：《陕西统计年鉴2022》）

（2）粮食生产稳步发展。

粮食生产是农业生产的最基本的功能，也是乡村产业发展的基础，是农业发展的重中之重。确保粮食生产稳定既是关乎国计民生，实现农业生产的合理布局的基础，也是乡村振兴的重要基础。由图4-3可知，由于受退耕还林政策的影响，陕南地区2013—2022年的粮食播种面积不断减少，耕地减少；但随着农业技术的发展，单位产量提升。因此，在播种面积减少的情况下，陕南地区的农业总产量虽然有波动，但总体波动幅度不大，总的趋势是在上升，实现了粮食的稳定生产。

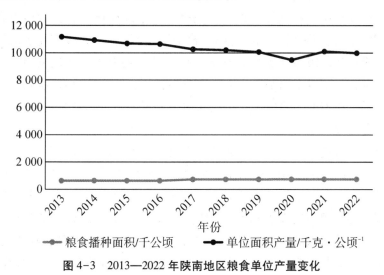

图4-3　2013—2022年陕南地区粮食单位产量变化

（3）特色产业正在形成。

陕南地区生态资源丰富，适宜发展生态产业，尤其以生猪养殖和茶叶种植为优势产业。社会主义新农村建设以来，国家提倡发展乡村产业，随着乡村环境的治理和旅游业的发展，陕南地区得天独厚的自然环境也为产业融合带来了新的机遇。2018年，陕西省出台《关于实施"3+X"工程加快推进产业脱贫夯实乡村振兴基础的意见》，提出要大力发展区域特色产业，为陕西省乡村现代农业的发展做了规划部署。2019年的中央一号文件提出发展壮大乡村产业，拓宽农民增收渠道，同时提出发展乡村特色产业的要求。特色产业是乡村产业发展中最具有活力的组成部分。发展特色产业能够充分发掘乡村特色，集中优势资源发展乡村经济，彰显乡村特色，打造乡村品牌。发展特色产业也是调动农民积极性、主动性，带动乡村经济发展的重要途径。

陕南地区积极响应乡村产业发展的要求，推动优势产业的发展，改善生态环境，支持"一县一产业"的发展，不断创新特色产业的发展路径。陕南茶区是中国四大茶区之一，也是中国最北的茶区，以生产绿茶为主，因生产环境和生产方式的不同，安康、商洛、汉中的绿茶又具有各自的特色。随着陕南茶叶产业的发展，茶叶已经成为陕南地区产业发展的重点。

陕南地处秦巴山区，野生动植物资源丰富，药用植物种类多，享有"天然药材库"的美称。随着退耕还林政策的实施，陕南林区的自然环境愈发优越，为药材生长提供了良好的环境。以中药材为主的产业，在陕南地区产业发展中占有重要的地位。同时，陕南地区还依托当地生态资源，发展了以生态旅游为核心的产业融合模式，依靠陕西省城市发展的资源，吸引大批中产阶级去体验生态环境，带动了当地其他产业的发展。目前，陕南地区已经形成了以茶叶、中药产业为核心，以产业融合发展为主要方向，其他种植产业、养殖产业实现深加工发展的特色产业发展模式，并且实现了品牌化的发展。

首先，打造"一村一品"工程。近几年，农业农村部公布的"一村一品"示范村镇中，2019—2022 年陕南地区共 18 个村镇进入名单（见表 4-5）。"一村一品"旨在因地制宜，发展乡村特色，实现乡村产业规模化发展，通过规模化发展和特色化相结合，打造具有地标性的品牌特色，这是实现产业振兴的重要途径。"一村一品"模式能够实现乡村产业的差异化发展，充分发挥乡村自身优势产业，做强做大地方特色和区域优势产业。由表 4-5 可以看出，入选"一村一品"名单的村镇中，以茶叶为主的有 10 个，可见，陕南地区的优势品牌以茶叶为主。

表 4-5　2019—2022 年农业农村部认定的"一村一品"名单（陕南地区）

时间	村镇	产业
2019 年	陕西省安康市紫阳县焕古镇	茶叶
	陕西省汉中市西乡县峡口镇	茶叶
	陕西省商洛市商南县富水镇	茶叶
	陕西省商洛市山阳县南宽坪镇关沟村	茶叶
	陕西省安康市石泉县饶峰胜利村	黄花菜
	陕西省汉中市留坝县江口镇栢梨园村	食用菌

表4-5（续）

时间	村镇	产业
2020 年	陕西省汉中市西乡县堰口镇三合村	茶叶
	陕西省安康市平利县老县镇蒋家坪村	茶叶
	陕西省商洛市山阳县法官镇	茶叶
2021 年	陕西省汉中市略阳县黑河镇	乌鸡
	陕西省汉中市南郑区黄官镇水井村	藤竹编
	陕西省安康市石泉县后柳镇中坝村	手工作坊文化
	陕西省安康市白河县宋家镇	茶叶
	陕西省商洛市丹凤县峦庄镇	中药材
2022 年	陕西省汉中市城固县董家营镇	元胡
	陕西省汉中市镇巴县兴隆镇水田坝社区	茶叶
	陕西省安康市汉滨区晏坝镇	茶叶
	陕西省商洛市柞水县杏坪镇	木耳

其次，壮大优势产业集群。将农民组织起来，壮大和发展集体经济是提升产业发展水平的重要实践探索。通过产业联合体，能够有效地将资源整合，推动产业结构升级，提升产业竞争力。陕南地区积极推进产业联合体建设，集中发展茶业、药材、养殖业等优势产业，推动各类要素向优势产业集中，完善基础设施、延长产业链，推进产业链全过程的开发以及产业价值的提升，打造具有竞争力的区域品牌。

2017 年，农业农村部提出特色农产品优势区创建工作，并在每年集中批准特色产业优势区，给予资金和政策上的扶持，对重点特色产业加大扶持力度。陕南地区通过上下联动推进乡村产业发展，集中人力物力财力，发展优势产业，带动乡村经济发展。陕南地区在推动产业联合发展上不断取得突破，在农业农村部认定的中国特色产品优势区中，商洛核桃、紫阳富硒茶、商洛香菇和汉中仙毫入选。特色产品优势区是推进农业供给侧结构性改革，助力脱贫攻坚的重大举措。这些产业涵盖种植、养殖各个方面，极具当地特色，也为陕南地区产业发展带来了新的动力和活力，带动了经济的发展。

最后，实现农业产业现代化发展。要实现农业的现代化发展就要实现产业的现代化发展。产业的现代化发展包括从生产到经营方式的现代化发展，在生产上，实现从粗放型向集约型的转变，提高生产的科技含量，实现高质量生产；在经营上，结合互联网的发展，实现电子商务与产业经营的结合，实现销售方式的现代化转型。为实现农业农村现代化发展，陕西省也在积极鼓励和支持现代农业产业园区建设，打造现代化发展的样板园区，集中资源探索农业产业现代化发展的道路。2021 年，陕西省开展省级现代农业产业园认定和创建工作，平利县现代农业产业园获批国家级产业园并被认定为首批陕西省现代农业产业园。截至 2023 年年底，陕南地区农业产业园创建区获批 7 个（见表 4-6），创建期为两年。

表 4-6　陕西省现代农业产业园创建名单

年份	序号	产业园名称
2021	1	白河县现代农业产业园
	2	镇安县现代农业产业园
2022	3	汉中市汉台区现代农业产业园
	4	石泉县现代农业产业园
	5	商南县现代农业产业园
2023	6	西乡县现代农业产业园
	7	镇平县现代农业产业园

在经营体系上，随着互联网技术的发展，数字经济在乡村产业经营体系中发挥着越来越重要的作用，而数字化也成为衡量现代化发展的重要指标之一。数字经济的发展为农村的快速发展带来了巨大的推动作用，尤其是在拓展经营渠道、催生产业新业态方面发挥着重要的作用，赋予了乡村产业发展新的动能。陕南地区也在积极推动数字经济的发展，并将数字技术应用于产业发展中，带动乡村产业发展。在 2021 年公布的陕西首批数字经济示范园中，陕南地区有 3 家入选，即汉中市智慧汉台数字经济产业示范园、安康市汉滨区数字经济产业园和商洛市高新数字经济产业园。安康扶贫空间大数据平台入选陕西省首批省级数字经济示范平台。陕南地区通过建设数字经济示范园，有序推进乡村的数字化发展，对乡村数字经济进行指导，探索适合当地发展的数字化产业模式。随着数字经济示范园的建设，陕南地区的数字经济发展得到进一步推进和提升，进一步培育产业新的增长点。

4.2.1.2　农业生产能力提升

（1）农业综合生产能力提升。

农业的综合生产能力包括农业的科技水平、农业的生产手段、产业化农民的参与程度以及农业生产的机械化水平等多个方面。农业综合生产能力也是衡量农业现代化发展程度的重要指标。虽然农业的综合生产能力包含了多个方面，但最根本的还是要实现农业的技术提升，只有农业技术提升才能从根本上提升农业的生产力，调动农民的积极性。

乡村振兴战略实施以来，陕南地区也加大了对农业技术的投资力度，采取了财政支持、派出技术人员下乡等一系列措施，陕南地区农业技术水平持续上升。陕南地区各地不断完善现代农业基础设施，加大农机研发制造和引进推广力度，不断扩大农业机械作业面积。2018年以来，陕南地区农机总动力持续上升（见图4-4）。陕南地区农机部门持续加快农作物机械化耕种全过程发展步伐，强化硬件设施，发展设施农业，利用数字化技术提升农业产量，减少化肥使用量。

2018—2022年，陕南地区农业综合机械化有所上升，虽然与全国机械化水平还有差距，但是始终保持稳步上升。

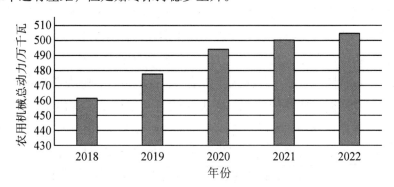

图4-4　2018—2022年陕南地区农业机械发展情况

陕南地区除了种植粮食外，还集中发展以茶叶为主的特色农业产业。通过发挥自身地理位置和气候的产区优势，陕南地区不断扩大茶叶种植面积，提高茶叶产量。2022年，陕南地区的茶叶产量为100 418吨，比2019年的79 264吨提升了26.69%。陕南地区还不断发展水果产业，水果品种丰富，包括苹果、柑橘、梨、葡萄、猕猴桃等多种水果。陕南地区大力发展养殖业、提升奶类产量，种植油料、棉花等。在主要农产品中，陕南地区的水果、奶类产量高于全国人均水平。总体来说，自从实施乡村振兴战略以来，陕南地区农业综合生产能力显著提升。

（2）探索科技发展新路程。

习近平总书记强调，"要依靠科技和改革双轮驱动加快建设农业强国"，科技水平既是衡量农业综合生产能力的重要指标，也是衡量农业现代化发展水平的重要指标。农业科技水平的发展不仅是指农业机械化，还包括农业科学研究、农业的数字化信息化、农村基础教育水平、科技成果转化应用水平等一系列的综合发展。因此，要提升农业科技水平，关键是要提高农民素质、培育新型农业主体，加强自主创新能力，加快核心技术的攻坚克难。陕西省教育资源丰富，陕南地区与高校合作，引进人才和技术，提升农业技术的发展水平。

首先，苏陕协作助力科技发展。为加强东西部合作，实现东部带动西部发展，在国家政策引导下，东部在带动西部发展上发挥了重要的作用。尤其是在引进先进技术以及资金支持上，东部带动西部产业现代化发展。苏陕协作项目为陕南地区的技术发展提供了极大的支持。2021年，江苏共向陕西投入苏陕协作财政援助资金26.9亿元，实施项目1 343个。苏陕两省借助苏陕协作平台，共落地企业186个①。苏陕两地实现共同合作交流，共建园区，并且实现村镇结对帮扶。合作期间，江苏从技术、人才、资金等方面给予陕西全方位支持，一方面选派各个村镇专业技术人才去江苏挂职锻炼学习，同时选派干部深入陕西基层，挂职帮扶，解决现实问题。

随着乡村振兴战略的实施，中央在政策上也给予了陕西很大的支持，推进宁陕合作持续深化发展，进一步带动了陕南地区乡村经济的发展和乡村科学技术水平的发展。比如苏陕协作项目推进商洛市柞水县木耳菌种研发，实现木耳精深加工；在安康山区引进江苏碧根果种植技术，推进山区产业创新；在安康市10个县布点了碧根果种植，致力于实现"小果子"发展成为"大产业"；依托苏陕协作，打造"培训+就业模式"，推进县域特色劳务品牌；在柞水县落地宁陕共建车厘子产业园，从技术到人员配备都给予相当的支持。除了东西部合作，引入外资，学习东部地区先进的技术以外，陕南地区还借助陕西教育大省的资源，从高校引进技术型人才。同时，地方高校也致力于培养技术人才，支持陕南农业技术的发展。

① 程伟. 苏陕协作向全方位战略合作升级［N］. 陕西日报, 2022-02-16 (01).

其次，加快推进绿色产业发展。陕南地区天然的生态环境是实现绿色产业发展的基础，目前陕南地区产业经济的发展主要以"游"为主，主打生态、康养、文化旅游，同时带动其他农产品的发展。2021年，陕西省发展改革委印发《"十四五"陕南绿色循环发展规划》明确规划了陕南地区绿色循环发展战略，即"以经济生态化、生态经济化为路径，探索生态环境保护与产业融合发展新模式"。近几年，陕南地区致力于发展生态产业，一方面，继续做好秦岭专项整治工作，守护好"绿水青山"，加强汉江水质保护；另一方面，提高循环科技研发能力，发展节能环保、清洁能源等绿色产业。在巩固和发展茶叶、油菜等绿色植物的同时，陕南地区将农业科技研发与陕南地区旅游需要相结合，优化生态环境，打造旅居、医养、康养等产业，集约高效利用自然资源，加快创新型旅游产业的发展。陕南地区还探索工业绿色低碳发展技术、生态农业发展技术、资源循环发展新技术，为发展生态产业助力。

4.2.1.3 农业经营能力提升

（1）产业融合进一步发展。

产业融合是乡村产业新业态发展的重要途径，也是实现生态振兴、产业振兴的重要途径，有助于实现乡村生态保护与经济发展的协同进行。近年来，随着乡村旅游业的兴起，陕南地区围绕当地特色，以农业产业化为目标，调整产业结构，完善基础设施，打造地区品牌，推进产业融合不断发展。陕南是秦岭地区重要的生态自然保护区、也是南水北调工程中的重要水源区域，生态环境优越，临近十三朝古都西安，又有着悠久的历史文化底蕴。陕南地区依托丰富的康养旅游资源、文化资源，着力打造生态区域品牌，通过发展文化产业、生态产业、康养产业、民宿产业等，大力开发生态景区、特色小镇、生态采摘园、有机食品等特色品牌，推动三产融合，取得了显著成果。

为了推进产业融合，充分发挥引领示范作用，2017年国家发展改革委印发《关于印发国家农村产业融合发展示范园创建工作方案的通知》，并在资金政策上给予相应的倾斜，从2019年开始认定第一批。陕南地区也积极加入国家产业融合发展示范园的创建工作，2020年商洛市洛南苗木花卉国家农村产业融合发展示范园成功入选第二批示范园，2021年汉中市洋县有机产业农村产业融合发展示范园成功入选第三批示范园，2024年安康市平利县也开始积极创建产业融合示范园区。示范园的成功创建，也为其他地区产业融合发展起到了示范作用，既为当地发展争取到更多的资源，实现资源的有机整合，也可以优化产业结构，实现产业转型，提升农村的经济效益。

陕西省发展改革委也在积极开展省级农村产业融合示范园，并发布产业融合示范园经典案例，陕南地区安康市白河县农旅融合示范园、安康市石泉县本草溪谷产业园、商洛市商南县示范园、汉中市留坝县示范园等都入选为经典案例。陕南地区在总结经验的基础上探索进一步发展，也为其他地区发展产业融合提供借鉴。2023年陕西省委一号文件提出，围绕"3+X"特色产业，打造特色产业集群，实施农业现代化示范区、农村产业融合示范园、产业集群、产业园区、产业强镇、"一村一品"示范镇村等项目，培育一批特色产业，强县强镇强村。陕南地区将产业融合纳入发展规划，不断加强产业融合园区建设。

借助中心城市的"虹吸效应"，加强产城融合。2022年2月《西安都市圈发展规划》获批，西安都市圈正式成为国家第五个都市圈。西安都市圈在为西安带来新的发展机遇的同时，也为西安周边地区带来了新的发展机遇，西安周边区县纷纷加入西安都市圈，陕南地区的商洛、汉中分别在2023年1月、2月加入西安都市圈，签署《西商融合发展战略合作框架协议》《汉中主动融入西安都市群 推动西安汉中协同发展框架协议》。西安都市圈的建设为陕南地区产业融合发展提供交通互联、产业协同、服务共享等方面的便利，陕南地区借助西安城市建设的虹吸效应，推动周边区县的发展。

（2）打造区域品牌。

品牌建设是产业发展的重要环节，也是提升产品竞争力、增加产品附加值的重要途径。地方政府可以借助品牌的影响力，带动区域产品的发展，进而推动乡村经济的发展，也可以提升产业生产的标准化、规模化，因为品牌生产不同于小作坊生产，其更强调标准化和规模化，对产品质量也有着非常高的要求，这也进一步推动乡村产业生产标准化、高质量化发展。陕南地区紧跟产业发展步伐，围绕品牌建设这一亮点，以特色农产品为核心，做大做优"一村一品"，加强龙头企业的带动作用，成立专门的合作社，通过实现规模化的生产，推广先进经验，提升产品的质量，积极申报农产品地理标志、名特优新农产品等商标注册，带动当地产业的发展。

第一，打造全国农产品地理标志品牌。2021年7月，《国家知识产权局关于组织开展地理标志助力乡村振兴行动的通知》发布，旨在加强区域品牌建设，发挥品牌优势和区域优势，增强产品的竞争力和影响力。通过专门的审批机构进行质量安全的监督审核，把好质量关，推动农产品质量的提升，同时加大已经审批品牌的监管力度，规范市场行为，构建质量控制体系，打造高品质品牌体系，这是实现农业产业高质量发展的重要措施。从农产品地理标志数据库可以看出，目前陕南地区有26个产业进入全国农产品地理标志目录（见表4-7），其中安康5个、汉中12个、商洛9个。

表4-7 全国农产品地理标志目录（陕南地区）

地区	产品名称	产业类型	持证所有人
安康市	白河木瓜	种植业	白河县长江防护林工程建设领导小组办公室
	平利女娲茶	种植业	平利县茶叶流通协会
	镇坪黄连	种植业	镇坪县中药材研究所
	镇坪洋芋	种植业	镇坪县农业技术推广中心
	镇坪乌鸡	养殖业	镇坪县畜牧兽医中心
汉中市	汉中冬韭	种植业	汉中市农业技术推广中心
	汉中白猪	养殖业	汉中市动物疾病预防控制中心
	褒河蜜橘	果业	汉中市汉台区园艺工作站
	汉中大米	种植业	汉中市大米产业协会
	城固蜜橘	果业	城固县果业技术指导站
	留坝黑木耳	种植业	留坝县农业技术推广中心
	留坝香菇	种植业	留坝县农业技术推广中心
	留坝蜂蜜	养殖业	留坝县畜牧兽医技术推广中心
	洋县黑米	种植业	洋县朱鹮之乡有机粮油协会
	留坝白果	果业	留坝县林业站
	留坝板栗	种植业	留坝县林业站
	略阳乌鸡	养殖业	略阳县农产品质量安全检测检验中心

表4-7（续）

地区	产品名称	产业类型	持证所有人
商洛市	丹凤核桃	果业	丹凤县农业技术推广中心
	山阳九眼莲	种植业	山阳县无公害农产品开发管理办公室
	柞水核桃	果业	柞水林业站
	柞水黑木耳	种植业	柞水县农业技术推广站
	商南茶	种植业	陕西省商南县植保植检站
	洛南核桃	果业	洛南县核桃研究所
	孝义湾柿饼	果业	商州区柿饼专业协会
	丹凤葡萄	果业	丹凤县葡萄酒协会
	镇安象园茶	种植业	镇安县农产品质量安全检验检测站

第二，打造全国名特优新农产品品牌。全国名特优新农产品是在特定区域内达到一定生产规模并且具有地域特色，经过一系列严格审核，质量安全有保障的农产品。为扩大农产品影响力和竞争力，陕南地区优化产业结构，提升产品质量、立足区域特色产品，推进农产品的品质提升和品牌建设，积极申报全国名特优新农产品，提升陕南地区的品牌竞争力，实现农产品的品牌增值。2021年4月，中国农产品质量安全网发布公告，根据《全国名特优新农产品名录收集登录规范》的要求，截至目前，陕南地区有36个农产品入选国家名特优新农产品目录（见表4-8）。

表4-8　2021—2024年陕南地区全国名特优新农产品名录

地区	入选年份		
	2021年	2023年	2024年
汉中市	洋县蓝莓	城固元胡、洋县红薯、西乡金耳	汉阴果蜜红茶
安康市	安康核桃、安康富硒茶、安康魔芋、安康猪肉、安康花鲢	平利腊肉	汉阴果蜜红茶、宁陕大鲵、正阳木香

表4-8(续)

地区	入选年份		
	2021 年	2023 年	2024 年
商洛市	商州核桃、 商州马铃薯、 商州菊芋、 商州平菇、 洛南蜂蜜、 洛南鸡蛋、 丹凤核桃、 丹凤鸡肉、 丹凤蜂蜜、 商南红薯粉条、 商南猕猴桃、 商南香菇、 镇安鸡蛋	山阳鲟鱼、 镇安魔芋、 镇安金鳟鱼、 柞水猪苓、 柞水天麻	丹凤葡萄酒、 商南鲟鱼、 柞水葛根、 柞水金鳟鱼

（3）新型农业经营主体稳定增长。

习近平总书记在党的二十大报告中指出："发展新型农业经营主体和社会化服务，发展农业适度规模经营。"自乡村振兴战略实施以来，新型农业经营主体已成为乡村经济内生增长力的关键，各地区都在加强培育新型农业经营主体，以家庭农场、农民合作社和龙头企业为主的新型农业经营主体，在乡村产业发展中发挥着越来越重要的作用，也是实现乡村经济可持续发展的人力基础。

第一，发展家庭农场。中国的农业与欧美大农场不同，以家庭为主的小农经济在中国的农业发展历程中发挥着重要的作用。发展现代农业并不是要取消小农经济，而是要发挥小农经济的优势，实现小农向适度规模的现代化农业转化，也就是要"从家庭农场规模与经济社会发展的适配性的角度，分析家庭农场规模'应该'的发展状态"①。家庭农场是以家庭成员为主要劳动力，从事农业集中生产经营，并以农业收入为家庭主要收入来

---

① 李永安. 家庭农场发展规模与"小农""大农"转化逻辑：社会资本理论的分析视角 [J]. 农业经济，2022（11）：69-71.

源的新型农业经营主体。家庭农场的申请和注册对于土地规模有一定的要求，但是每个地方的情况不同，要求也不同。近几年，国家大力发展家庭农场，并给予一定的补贴，鼓励各地发展家庭农场。

陕西省积极鼓励和支持家庭农场的发展，2022年4月陕西省农业农村厅印发了《陕西省新型农业经营主体提升行动实施方案》，提出力争到"十四五"期末，支持家庭农场发展的政策体系进一步完善，纳入家庭农场名录管理突破8万家，县级以上示范家庭农场突破1万家，其中，省级示范家庭农场达3 000家，创建20个左右省级示范县。目前，陕西省省级示范家庭农场数据库有1 828家，其中，陕南地区有338家，汉中市汉台区、安康市汉阴县、商洛市丹凤县是"陕西省家庭农场示范县"。在2023年评选的"陕西省最美示范家庭农场"中，陕南地区有31家入选（见表4-9）。

表4-9　2023年陕西省最美示范家庭农场

编号	地区	名称
1	汉中市	汉中市汉台区河东店镇红元生态家庭农场
2		汉中市南郑区汉山街道办花香果丰种养殖家庭农场
3		城固县原公镇伟民种植家庭农场
4		洋县王陶安种养殖家庭农场
5		洋县桑溪梯田种养殖家庭农场
6		宁强县家兴农场
7		留坝县贰园金瑞中药材种植家庭农场
8	安康市	旬阳市棕溪镇自然家庭农场
9		旬阳市构元镇山地生态葡萄种植家庭农场
10		旬阳市棕溪镇宇振家庭农场
11		旬阳市麻坪镇忆乡情然家庭农场
12		铁佛寺镇利群家庭农场
13		汉阴县汉阳镇双兴家庭农场
14		石泉县康硒肉牛养殖家庭农场
15		岚皋县朱溪河金竹坪蜜蜂养殖家庭农场
16		平利县梅子园家庭种植家庭农场
17		镇坪县绿梅农业发展家庭农场

表4-9(续)

编号	地区	名称
18	安康市	镇坪县晓晓琪琪农业开发家庭农场
19		镇坪县龙蜜源家庭农场
20		安康市汉滨区禾牧顺农业发展家庭农场
21		汉滨区关庙镇浩美福养殖家庭农场
22		安康市汉滨区紫荆镇武峰家庭农场
23		汉滨区大竹园镇单林江茶叶种植家庭农场
24		安康市恒口示范区峰湾瑞芳种植家庭农场
25		安康市恒口示范区安乐锋胜肉鸽养殖家庭农场
26		安康市恒口示范区王福森种养殖家庭农场
27	商洛市	丹凤县陈联合中药材种植家庭农场
28		丹凤县武关镇余静经济作物种植家庭农场
29		丹凤县蔡川镇优瑧昧药材种植家庭农场
30		镇安县重农家庭农场
31		柞水县金波家庭农场

第二，发展农民合作社。我国农村合作社发展历史久远，合作社是将农民组织起来的重要途径，是基于某一专业领域，由农民自发组织起来共同生产、共同经营的合作组织形式，是农户之间实现资源整合的有效形式。由于是自发性的农民组织，生产经营能力、行业规范、法律法规的不健全，也影响着合作社的有序发展。我国于2006年10月颁布了《中华人民共和国农民专业合作社法》，支持和引导农民专业合作社的发展，并结合时代的发展在2017年加以修订。陕西省也在2013年成立陕西省农民专业合作社联合会，这是陕西省第一家为合作社发展提供综合性服务的协会组织，对于推动合作社组织的行业规范、规模发展有着重要的意义。

陕西省农民合作社示范社数据库共1 147家，其中，陕南地区294家。陕西合作社发展模式主要分为"合作社+基地+农户""龙头企业+合作社+农户""合作社+农户""党支部+合作社+农户"几种类型。随着脱贫攻坚的胜利，参与合作社的农户也越来越多，合作社是新型农业主体的基础，也是农民组织的基础，在激发农民主动性、发展乡村产业方面发挥了重要的作用。随着数字经济的发展以及新业态的不断发展，大部分农业合作社也开始实现产业的转型升级，数字化、组织化、市场化水平不断提升，在推进产业融合以及城乡融合过程中也发挥着重要的作用。

第三，发展和培育龙头企业。2021年发布的《农业农村部关于促进农业产业龙头企业做大做强的意见》（农产发〔2021〕5号）提出，龙头企业是现代乡村产业体系的中坚力量。相较于农民合作社来说，农业产业龙头企业的规模更大、科技创新能力和经济效益也比较好，同时能够带来更多的资源，也是某一地区某一行业领域的佼佼者。现在"龙头企业+合作社"已经成为乡村产业振兴的新模式，对于带动乡村整体经济效益有着重要的作用。龙头企业的科技水平较高，也是衡量一个地区科技水平、农业现代化水平的重要指标。

陕西省农业产业化重点龙头企业数据库（省级以上）拥有728家企业，其中陕南地区223家。为了规范龙头企业的发展，农业农村部定期对龙头企业进行检测和审核评估，同时根据《农业产业化国家重点龙头企业认定和运行监测管理办法》认定农业产业化重点龙头企业。2023年农业产业化国家重点龙头企业中，陕南地区有5家企业入选（见表4-10）。

表4-10 2023年农业产业化国家重点龙头企业

编号	地区	名称
1	商洛市	商洛市朝阳工贸有限责任公司
2	安康市	平利县女娲银峰茶叶有限公司
3	商洛市	山阳县恒瑞肉制品有限公司
4	商洛市	丹凤县华茂牧业科技发展有限责任公司
5	安康市	陕西省紫阳县和平茶厂有限公司

发展龙头企业对于带动农民合作社的发展有着重要的作用，为了更好地发挥龙头企业的益贫性，实现龙头企业在乡村振兴中的重要作用。陕南地区也在积极探索"党建+龙头企业"的合作模式，实现党建引领，确保龙头企业以最大能力发挥社会效应，比如，山阳县户家园镇以"党建+产业"的发展模式，按照"一个龙头企业带动一个特色产业"的模式实现产业发展，并入选国家农业产业强镇。

4.2.2　乡村人才发展

2024 年的中央一号文件明确提出"壮大乡村人才队伍",再一次强调了人才对乡村发展的重要意义。乡村振兴,最根本的还是人的振兴,人才是乡村振兴的关键,离开人的乡村,也难以谈发展。我国乡村发展面临的最大困境也是人的问题,随着大批农民工进城务工,乡村"空心化"日益严重,大部分乡村只剩下老人和留守儿童。为了缓解乡村人才资源匮乏的现状,国家和地方政府都给予乡村人才发展巨大的支持。

4.2.2.1　政府政策主导下的人才下乡

陕南地区经济发展相对落后,基础设施和公共服务还不完善,缺乏吸引人才的优势资源,因此陕南地区的人才引进主要是政策引导下的人才下乡,政府派出驻村工作队指导乡村工作,通过公开招聘的"三支一扶"计划,选拔大学毕业生服务乡村建设;通过政府引导与号召,各技术部门以及高校选拔技术人员服务乡村振兴。在一系列政策的引导下,大批优秀人才支援陕南乡村建设,为陕南地区的乡村发展做出了重要的贡献。

（1）党政人才下乡。

党政人才下乡是以政府政策为主导的引进人才的方式,鼓励那些已退出领导岗位的干部、退休干部等党政机关、事业单位的各类人才,到乡村开展长期工作或者短期驻村工作。乡村振兴的各类人才可以将个人所学应用到乡村振兴实践中,带动乡村发展;同时,乡村振兴的各类人才还可以凭借自身优势为乡村发展带来更多资源,实现资源要素向乡村流动。这种方式也进一步加强了企事业单位与乡村振兴事业之间的紧密联系,以便它们有针对性地进行帮扶。在带动乡村经济发展的同时也可以优化基层组织,实现组织管理质量的提升。

党政人才下乡的主要形式分为驻村工作队和第一书记两种形式,目前已经实现乡村全覆盖,党政人才在脱贫攻坚和乡村振兴中发挥了重要的作用。2021 年以来,陕西省各级机关持续开展定点帮扶和驻村帮扶,为进一步促进党政人才下乡,根据《关于开展陕西省定点帮扶工作先进集体和先进个人评选表彰工作的通知》,表彰了 50 个先进集体和 100 个先进个人,其中陕南地区先进集体 15 个,先进个人 34 个。党政人才下乡在实现乡村治理以及发展乡村集体经济的过程中发挥着重要的作用。

（2）大学生支援乡村建设。

2006 年,党中央发布《关于组织开展高校毕业生到农村基层从事支教、支农、支医和扶贫工作的通知》（国人部发〔2006〕16 号），鼓励大学生到基层去支持教育、农业、医疗和扶贫，也就是"三支一扶"政策。该政策通过考试选拔优秀的大学生到基层工作，既有效缓解了大学生的就业压力，同时也为乡村的发展带来了人才支撑，越来越多的大学生深入基层，壮大基层人才队伍，为乡村的发展带来了新鲜的"血液"。

"三支一扶"开展以来，调动了大学生赴基层工作的积极性，激发了乡村振兴的活力，为乡村振兴的有效实施起到了非常重要的作用，也带动了更多青年人返乡创业。从 2020 年开始，国家加大"三支一扶"的招聘力度，陕西省也在逐年增加岗位空缺，2020—2022 年共计招聘 1 655 人，其中陕南地区 807 人，占比 48.76%（见表 4-11）。由 2023 年招聘公告可以看到，陕南地区预计招聘 225 人。除此之外，国家每年在优秀学生党员中选拔选调生投身基层实业，还利用"西部计划"等政策鼓励大学毕业生支援基层事业。据相关部门统计，截至 2022 年 7 月底，选派到基层服务的高校毕业生已经累计达到 46.9 万名之多①。

表 4-11　2020—2022 年陕南地区"三支一扶"招聘情况

年份	陕西省招聘"三支一扶情况"/人	陕南地区招聘"三支一扶情况"/人
2020	500	308
2021	555	231
2022	600	268
合计	1 655	807

（3）引进专业技术人才。

乡村的现代化发展离不开技术的发展，技术的发展关键在于人才。科技人才在推动农业产业化升级中发挥着重要的作用。随着"生态+"产业业态不断发展，陕南地区对科技人才的引进和培育提出了更高的需求。陕南地区通过引进专业技术人才，比如能人、企业家、大学生等具备专业技术知识的人才，为乡村发展蓄力，带动乡村振兴。专业技术人才不仅为乡村的生产经营带来技术指导，提升乡村产业发展的质量，还在培育新型高素质农民、提升农民科学素养上发挥着重要的作用。

随着乡村振兴的持续推进，陕西省科技厅加大科技人员选派帮扶力

---

① 谭群毅. 激发乡村振兴新活力 [J]. 人力资源，2023（12）：18-19.

度，对重点帮扶县提供人才支持，通过选派科技特派团、特派员支持乡村发展，并在政策上给予陕南地区一定倾斜。2003 年起，陕西省开始在陕南地区的商洛、安康推行科技特派员试点工作，2005 年在汉中地区也展开了试点工作。科技特派员制度的实施，为陕南地区的发展起到了重要的作用，在科技特派员的协助下，农业产量不断提升、产品质量也在提升，推动了农业产业现代化的发展。截至目前，陕西省共有 6 000 余名 科技特派员活跃在科技服务一线，近三年来，科技特派员共推广新技术 2 553 项，帮扶结对 1.5 万个村，累计向 67 万农户提供技术服务，辐射带动农民 320 万人①。

为强化科技人才下乡的重要作用，陕西省在 2022 年开始实行"三区"人才计划，培养满足西部地区经济发展需求的专业人才和技术人才。2022 年，陕西省科技厅面向全省 65 个县（区）选派"三区"人才 995 名，其中陕南地区 405 人。陕南各市级人民政府也积极响应"三区"人才计划，选拔专业科技人员深入一线带动乡村科技发展。比如，安康市科技局选拔三批次，累计 494 名科技人员对国家重点帮扶县进行技术指导。这些技术人才积极投身乡村振兴一线，在乡村智慧发展上发挥着重要的作用。

4.2.2.2 聚焦乡村本土人才培养

实施乡村人才支持计划，拓宽乡村人才资源，对乡村突破人才瓶颈有着重要的意义。实施乡村人才支持计划的关键在于加大乡村本土人才的培养力度，完善顶层设计，并引导乡村人才回流。本土人才对乡村有着深厚的"乡土"情结，也更了解乡村发展的实际情况，同时依赖乡村长期以来的社会关系，更有利于开展工作。目前，乡村本土人才培养仍然是落后地区乡村发展的难题，为了解决人才难题，陕南地区加大乡村教育力度，提升农民的文化素养，打造一支新型农民队伍。同时，陕南地区号召广大青年返乡创业，让青年成为乡村振兴的主力军。

（1）完善乡村职业教育。

义务教育已经在各大农村地区得到普及，但是职业教育对于很多落后地区来说，仍然是薄弱环节。职业教育在乡村发展中扮演着重要的角色，也是农民适应乡村产业新业态的重要途径，有助于推动农民在新型经济发展情况下的再就业。在陕西省"持续推进现代职业教育体系建设改革"政

---

① 王云岗，郑永岗. 陕西：多措并举深入推行科技特派员制度［J］. 中国农村科技，2022（12）：66-67.

策的支持下，陕南地区抓紧构建以生态康养产业为主的职业教育体系，基本形成了涵盖市县两级的职业教育机制。同时，陕西省为支持职业教育发展提供财政补贴，为县、乡、村的发展定制化培养人才。职业教育的发展也进一步推动了陕南地区的乡村发展。由于生态康养产业属于新兴产业，陕南地区也开始探索生态康养产业的人才教育体系，加强与高校的合作交流，利用互联网搭建线上学习平台，拓宽陕南地区的教育资源。陕南地区通过加强对农民主体的职业教育，培养一批高素质的农民队伍，在乡村建设中发挥着重要的作用。

（2）完善青年农民返乡创业的体制机制。

近年来，随着旅游经济和电商产业的发展，各地出现了青年农民返乡创业的热潮，这也为乡村发展注入了新的动力，推动乡村新兴产业的发展。陕西省出台多项政策支持农民返乡创业，为农民返乡创业提供专业培训和良好的政策环境。陕南地区也在探索助力青年农民返乡创业的路径，吸引更多人才回流。首先，为青年农民返乡创业提供资金支持。陕南地区加大政策引导，强化服务保障，持续深化创业担保贷款政策，为青年农民返乡创业减轻资金负担。同时，陕南地区有针对性地放宽贷款条件，为就业困难人员、大学毕业生、新能源产业等创业主体开辟绿色通道、简化流程，助力农民创业。其次，大力发展县域经济。县域经济的发展可以为返乡农民带来更多的就业机会，近几年，陕南地区加快发展县域经济，推进县域农村商贸设施、物流设施、电商运营设施的建设，为农产品销售提供便利。最后，提升农村基本公共服务质量。农村人口流失的重要原因之一就是城乡基本公共服务的差距。为了吸引更多的青年回到乡村，需要提升教育、医疗等基本公共服务质量，以缩小城乡差距。陕南地区在探索公共服务高质量发展中也做出了很多努力，完善城乡基本医疗保障、提升县域三甲医院综合能力水平、提升农村九年义务教育水平，从而为农民回乡解决后顾之忧。

4.2.3 发挥党建引领作用

基层党组织是中国式乡村治理的关键，也是乡村振兴的重要引领。基层党组织在国家治理中发挥着重要的作用，是将党中央的方针政策传达到最基层的中坚力量。乡村振兴是一项复杂而漫长的工程，需要调动各方面的资源，也需要各方面的政策支持，只有发挥举国体制的优势才能够实现全面的乡村振兴。举国体制最大的优势就是党的领导，基层党组织作为党中央联系群众的纽带，在乡村振兴过程中发挥着重要的作用。农村基层党组织普遍存在成员年龄结构偏大、组织机制涣散、成员知识能力欠缺等问题，随着乡村振兴战略的不断推进，陕南地区坚持党建引领乡村振兴，着力推进基层党组织网格化治理，加强基层凝聚力，不断提升基层治理效能。

4.2.3.1　强化基层党组织建设

乡村振兴的高质量发展离不开基层党组织的高质量发展，陕南地区由于地理位置因素，接受新思想的速度缓慢，这就需要发挥基层党组织的引领作用，对政府政策进行宣传，激发广大党员干部以身作则，带动农民投入到乡村建设的工作中。同时，陕南地区经济发展缓慢，农村经济发展仅仅依靠农民自身很难实现在短时间内的大幅度改善，这就需要政府提供资金支持并引进龙头企业，发挥组织作用，将外部"输血"转化为乡村发展的生产要素，并保持"益贫性"。这都需要基层党组织发挥引领作用，引导企业在追求自身利益的同时，真正做到发展为民。乡村振兴战略实施以来，党中央不断加强农村基层党组织建设，通过政策支持以及人才支持，完善基层党组织建设。陕南地区各级人民政府非常重视基层党建工作，围绕乡村振兴的发展，根据农村发展阶段进行资源整合，制定相应的政策，推动基层党组织与乡村建设同步发展。

（1）明确基层党组织的核心引领地位。

基层党组织是实现乡村有效治理的关键，也是乡村振兴政策有效落实的重要保障，在乡村经济发展中发挥着重要的作用。陕南地区非常重视基层党组织建设，采取各项措施优化和提升基层党组织的服务质量，明确基层党组织在乡村振兴中的核心引领地位。一是坚决落实"五级党组织"联动抓乡村建设的制度。陕南地区发挥党员干部的力量，选拔优秀年轻干部赴农村担任第一书记，加入驻村工作队，成为乡镇包村干部以及村"两委"成员，为基层党组织注入新的活力，增强了基层党组织的引领力。二是对部分"软弱涣散"的党组织进行集中整治。陕南地区完善主题教育学习以及监督机制，加强基层党组织建设，重塑基层党组织在人民群众中的形象，打造一支作风过硬、业务能力强的队伍。三是建立健全基层党组织的责任机制。陕南地区各地基本形成"政府主导，部门联动，党组织引领"的责任机制，为发挥基层党组织的重要作用，各地积极建立健全村级重大事务由村党组织决定讨论后实施的制度，落实"四议两公开"制度，加强对基层党组织的监督。通过一系列的政策措施，目前陕南地区已经实现了基层党组织村级全覆盖，在基层党组织的带动下，公共基础设施不断完善，党建与乡村振兴实现同频共振。

（2）提升基层党组织的组织力。

乡村振兴的关键是整合各类资源要素，凝聚各方力量，这就对基层党组织的组织力提出了更高的要求。陕南各地从党组织建设、基层保障水平等方面，提升基层党组织的组织力。一是创新党组织建设，根据乡村建设的发展情况，不断改进基层党组织的体制机制，提升基层政府引领乡村治理的能力。比如商洛市探索实施"三建谋划、四到片区、五小工程"的"345"基层党建新模式；安康市构建"五同"机制，即"组织同建、阵地同管、要事同办、环境同治、效果同评"，通过这一机制，推动党员干部下沉，提升基层治理能力；汉中市通过积极构建党建引领的"一网四化三统一"基层治理体系，实现信息、资源的统一调度，提升基层党组织的组织力。二是提升基层治理能力。为提升基层政府的治理能力，陕南各地加强对基层党组织书记、村党员干部的教育培训，以实践学习+理论学习为主要方式，推动基层治理效能不断提升。三是提升基层党组织的保障水平。农村基层党组织作为乡村振兴的一线力量，工作和任务繁多，压力也很大，只有提升基层党组织的保障水平，为他们解决后顾之忧，才能确保基层党组织运转顺利。陕南各地采取措施改善基层党组织的保障，全面提升村干部补贴的最低标准，普遍建立了稳定的村级组织运转经费保障制度，为基层党组织实现乡村治理保驾护航，提升基层党组织的凝聚力和服务能力。

4.2.3.2 提升公共服务能力

公共服务能力是基层党组织乡村治理能力的重要衡量指标，党的十八大提出要"加强基层服务型党组织建设"，推进服务型党组织建设是保障政策实施的重要基础。陕南地区加强基层党组织建设，不断提升基层党组织公共服务能力，通过强化基层党组织公共服务功能，加强基层党组织建设等优化基层党组织，推进乡村公共服务向高质量发展。

（1）提升公共服务水平。

公共服务水平对基层党组织凝聚人心、政策落实有着直接的影响，也是检验基层治理能力的标准之一。陕南各地积极提升基层公共服务水平，创新党组织和党员服务方式。一是改善"有形服务"。这一条主要体现为改善服务方式、完善服务内容、提升服务质量。陕南各地农村地区从本村实际出发，完善公共服务能力的标准化体系，通过统一规定，建立健全公共服务能力标准化体系，规范基层党组织公共服务内容、流程等。陕南各地农村地区对公共服务的内容进行细分，开通不同的窗口，提供便民服务。二是加强"无形服务"。面对新的政策和经济形势的新变化，农民的接受程度不一致，对新变化的适应程度也不一致。因此，除了提供基本的公共服务，基层党组织还需要切实走进农民当中，关注农民的思想状况。针对这种状况，陕南地区基层党组织采取实际行动，走进每家每户，为村民讲解政策，了解村民的实际需求，体现了人文关怀。比如，商洛市柞水县通过"党建+网格服务化"的管理模式，结合"人大代表议事日"服务群众，听取民声。

（2）实现公共服务数字化。

公共服务数字化是随着数字网络的发展而兴起的公共服务模式。其主要是利用互联网，建立线上党建平台，实现工作的智能化、便捷化以及高效能。陕南地区积极建立线上党建服务平台，开通线上服务，提供智慧办公，为农村居民提供高效、便捷的服务，实现"线上接单""线下服务"的办事模式，减少农村居民排队和等待的时间。目前陕南各行政村已经实现了线上服务全覆盖，各地都建立起智慧服务平台。比如，商洛市商南县打造"智慧红云"党建线上平台，推动基层党建的线上管理；汉中市启用大数据管理，利用党建云平台加强第一书记在线管理，实现基层党建学习+考核+日常办公网络化；安康市以"互联网+党建"为理念，创新建立基层党建网络平台，指导基层党建工作，提升基层党建工作效率。

4.2.3.3 党建引领产业发展

（1）发展壮大集体经济。

发展集体经济是乡村基层党组织参与乡村振兴的重要抓手，也是基层党组织带领农民实现经济发展的重要手段之一。陕南地区也积极探索基层党组织在乡村产业发展中的模式，不断加强基层党组织引领集体经济发展的效能。一是加强重视。陕南各地坚持将发展壮大农村集体经济作为基层党组织发展的考核目标之一，从陕西省到各地级市都出台了一系列政策文件，保障集体经济的发展。比如，商洛市出台了《关于发展壮大集体经济的实施意见》，并率先在全省成立农村集体经济联盟，推动农村集体经济规范化发展。目前,商洛市已有 3 个村获得省级集体经济示范村称号,在推动和引领基层党组织建设上发挥着示范作用。二是加大扶持力度。陕南地区各地级市针对集体经济发展建立专款专项,并从税收、人才、科技等方面给予相应的支持,以保障集体经济的发展。比如,安康市白河县整合各类资金,集中突破集体经济发展难关,在全市率先实现"空壳村"清零任务。商洛市提出人才、项目、财税金融、土地政策以及社会化服务五项扶持政策,为发展集体经济提供支撑。汉中市出台了十二条支持农村集体经济发展壮大的措施,从各个方面对农村集体经济发展提供支撑。三是发展多元化产业,做强做大集体经济。陕南地区各级党组织依据自身特色,开展多元化的集体经济模式。比如,汉中市汉台区汉王镇探索合作经济模式,成立联合党支部,集中各村优势资源联合发展集体经济,实现村集体共赢。联营模式对于落后地区发展产业有着重要的意义,同时对于党组织的组织协调能力也是一种考验。商洛市商南县梁家坟村探索"五联"发展模式,通过党建引领、群众参与、激励先进的方式,集中农村优势资源发展重点产业。安康市镇坪县华坪镇通过支部联建、产业联盟以及资源共享的方式,引导各村联合起来,共同发展壮大集体经济。

(2)构建"党建+产业"新模式。

近几年全国各地农村产业发展都出现了"党建+重点产业"的发展模式,通过党建联建统筹发展,实现资源的优化组合,推动产业经济的发展。陕南地区丰富的自然资源以及旅游资源为乡村产业发展奠定了基础。陕南各地基本都是以生态产业为主,结合生态旅游产业,推动产业融合。乡村产业的发展不仅仅是企业自身的发展,更强调对乡村整体发展的带动作用,为保障产业经济发展与乡村整体发展相适应,陕南地区积极发挥基层党组织的引领作用,发展"党建+特色产业+旅游业"的模式。各地因地制宜,发挥特色生态产业。例如,汉中市镇巴县通过"党建+"模式,带动乡村人居环境改善,种植"油菜花",打造油菜花 IP,发展生态产业,发挥党建+产业的聚合效应。商洛市柞水县通过优化"2+X"产业布局,14 个村(社区)党支部共同发展特色产业,形成柞水木耳、核桃等特色产业的发展格局。安康市石泉县通过党建+富硒产业+旅游业实现了生态产业的发展,推动资源要素向富硒产业集中,做强品牌,延长了产业链。

4.2.4 乡村文化发展

党的十八大以来,我国经济迈向高质量发展阶段,长期以来的城乡差距不仅体现在经济上，更体现在文化的差异以及思想上的差异。乡村发展是人的全面发展，要实现真正的乡村振兴，还需要从根本上改变农民的思想，提升农民的素质。农民意识的觉醒是随着物质生活的改变和文化水平的变化而不断变化，因此，党中央在乡村振兴工作中将文化建设提到了新的高度。2023年10月，习近平总书记对宣传思想文化工作作出了新的指示，"要在新的历史起点上继续推动文化繁荣、建设文化强国、建设中华民族现代文明"。乡村文化的发展既包括乡村的教育体制机制的发展，也包括乡村文明的发展，还有对乡村传统文化的传承和发展。陕南地区有着悠久的文化历史以及农耕文化，对于历史文化的发展有着重要的意义。

陕南地区以秦岭为屏，地处黄河流域和长江流域的主要分水岭，因此表现出一种南北文化交融的特点。陕南地区既有以黄河流域为核心的秦文化，也有以长江流域为核心的楚文化，历史文化悠久，形成了农耕文化与游牧文化相互交织的文化特色，既有南方的温婉细腻也有北方的豪爽干练。陕南文化是三秦文化的重要组成部分，也是黄河文化的重要组成部分。在经济高质量发展的今天，乡村文化是乡村振兴的精神引领，在农业农村现代化发展的关键时期，我们应当实现文化和经济同步发展，发挥乡村文化的当代价值。陕南地区近几年大力推动乡村教育，提升乡村整体的文化素质，同时大力发展"农业+文旅"的产业融合，唤醒沉睡的乡村文化，深入挖掘传统村落的历史文化，打造乡村文化IP，推动乡村文化的全面振兴。

4.2.4.1 完善公共文化基础建设

公共文化基础设施是衡量一个地区公共文化发展水平的重要指标，也是评价该地区基本公共服务供给能力的重要指标之一。文化基础设施包括硬件设施和软件设施。硬件设施是指公共图书馆、文化馆、博物馆等公共文化场所；软件设施是指该地区的文化资源，即文物古迹、民俗风情、非物质文化遗产、红色文化等被大众广泛接受的，具有地区特色的文化资源。对公共文化基础设施的管理建设能力也是基层政府治理效能的重要评价指标。随着越来越多的年轻人进城务工，村庄"空心化"日益严重，乡村的文化发展也受到了严峻的挑战，有很多非遗传统文化面临"后继无人"的风险。为了发展乡村文化，振兴传统文化，实现文明乡风，陕南地区各级人民政府开始加强公共文化基础设施建设，实现公共图书馆100%免费开放，乡村地区图书资源全覆盖，并积极实现数字化图书资源全覆盖,文化建设取得了重大的进步。

(1)完善公共文化基础设施建设。

乡村文化基础设施主要是乡村公共文化硬件设施,是指向群众免费开放的,供群众学习文化知识、艺术知识、传统文化等各类知识的场所,同时还包括体育类公共设施。乡村文化基础设施可以有效提升乡村精神文明的各种设施,主要包括知识文化类基础设施、艺术娱乐类基础设施还有历史文化类基础设施。第一,知识文化类基础设施主要是指学习知识、文化等相关知识的场所,比如图书馆、文化馆。第二,艺术娱乐类基础设施是指让农民学习艺术、感受艺术并且丰富农民的业余生活和精神世界的设施,主要包括艺术馆、体育馆、公园等。第三,历史文化类基础设施主要是指在历史上保留下来的历史遗迹,以及结合当地历史文化发展建立起来的博物馆等设施。

第一,加强公共图书馆的建设。截至2022年年底,陕西省共有公共图书馆117个,图书馆藏量22 950千册,陕南地区共有公共图书馆31个,馆藏量4 444千册(见表4-12)。公共图书馆资源已经实现全部免费开放,并且建立了数字图书馆。乡镇基层文化站也已经实现了全覆盖,目前已经形成了以地级市图书馆为核心,总馆+分馆+服务点的模式,并实现各服务点的定期更新,为农民自主学习提供了便利。

表4-12 陕南地区文化事业基础设施情况

地区	图书馆数量/个	馆藏量/千册	文化馆/个	文化站/个
安康市	11	2 183	11	139
汉中市	12	1 520	13	177
商洛市	8	741	8	98
合计	31	4 444	32	414

数据来源:《陕西统计年鉴》。

第二,建立健全乡村公共文化服务体系。乡村文化公共服务体系是由政府举办的提供公共文化指导和服务的一系列体制机制,用于协助管理乡村文化发展事业,是乡村文化振兴的重要支撑。近几年,陕南地区各级人民政府将文化建设工作作为乡村文化振兴的重点,持续加强乡村文化体系的建设。截至目前,陕南地区有文化站414个,已经实现文化站全覆盖。乡村文化站是乡村公共文化服务体系的重要组成部分,也是乡村文化活动开展的基础，对于指导基层文化工作、丰富农民的精神世界有着重要的意义。

为了充实农民的业余生活、丰富农民的精神世界，陕南地区各级人民政府加强群众文化艺术馆的建设，指导乡村的文艺活动，并通过特色文艺活动宣传当地优秀的文化传统。同时，陕南各地依据历史特色建立博物馆，可以使人们系统地了解地区的发展历程；建设体育馆、公园，增加公共娱乐设施，为农民开展特色文化活动提供场所，提升农民的精神文化素质。目前，陕南地区共有群众艺术馆 32 个，体育馆 274 个，博物馆 41 个（见表 4-13），各村镇都积极修建公园、体育、娱乐设施。

表 4-13　陕南地区乡村公共文化基础设施情况

地区	群众艺术馆/个	体育馆/个	博物馆/个
安康市	11	139	10
汉中市	13	37	24
商洛市	8	98	7
合计	32	274	41

（2）发挥农家书屋的积极作用。

农家书屋是农民"家门口"的图书馆，也是新时代农村精神文明建设的重点项目，是对乡村文化发展的补充。农家书屋在发展乡村文明，提升农民文化素质上发挥着重要的作用。陕南地区积极响应国家号召，在 2012 年完成了"村村有书屋"的目标，实现了农家书屋全覆盖。农家书屋解决了农民看书难、看书贵的难题，但很长一段时间内农家书屋出现了"有书无人"的状况。为了提升农民积极性，发挥农村书屋的积极作用，陕南地区完成农家书屋的更新，有针对性地提供适合农民需要的书籍，并不断完成"数字+农家书屋"的发展模式，实现农家书屋的转型升级。

为了提升农民的阅读积极性，各地文化站还举办各种阅读活动，鼓励农民广泛参与。耕读传家是农耕文明的优秀传统文化，读书济世也是我们每个人的精神追求。为了在农村形成一种阅读带动的氛围，陕西省组织主题丰富的阅读活动，比如"听党话、感党恩、跟党走"宣讲暨"新时代乡村阅读季""三秦书月"全民阅读等活动，鼓励和带动全省农村机关和农民参与阅读。陕南地区积极参与各项阅读活动，并根据地方情况举办特色读书活动，比如全民阅读"绿书签行动"、新时代乡村阅读季等一系列活动。陕南地区通过积极组织参与各项评选活动，发挥引领示范作用，在全国典型案例和"最美农家书屋"评选中，陕南地区都有入选（见表4-14）。同时，陕南地区还有1人入选全国阅读带头人，在带动乡村阅读，塑造良好的学习氛围上发挥着重要的作用。

表4-14 陕南地区乡村阅读获奖情况

荣誉称号	名称
乡村阅读榜样	陕西省安康市汉阴县传文书屋
全国农家书屋市县示范案例	陕西省商洛市丹凤县
最美农家书屋	安康市汉滨区张滩镇中心社区农家书屋
	商洛市柞水县凤凰镇凤凰街农家书屋

（3）注重传统文化的传承与发展。

陕南地区多元并存的文化也使得陕南地区的传统文化资源特别丰富，极具南北特色。随着移民结构的长期演变，陕南地区的文化呈现出融合包容的状态。在外来文化和本土文化融合的过程中，陕南地区的文化也与三秦文化既有共性，又富有独特魅力。在文学、书法、绘画、音乐等方面都可以看到陕南的特色文化，还有富有特色的手工艺品和民俗文化，比如汉中藤编是国家级保护项目。在国家级非物质文化遗产中，陕南地区有15项，其中3项民间文学、4项传统音乐、4项传统戏剧，还有曲艺、传统美术、技艺和民俗（见表4-15）。陕南地区非物质文化遗产资源丰富。目前在册的国家级非遗传承人中，陕南地区有10人。

表4-15 陕南地区国家级非物质文化遗产

项目名称	项目类别	所属地区	保护单位
蔡伦造纸传说	民间文学	汉中市	陕西省汉中市民间文艺家协会
仓颉传说	民间文学	洛南县	洛南县文化馆
张骞传说	民间文学	汉中市	城固县文化馆
紫阳民歌	传统音乐	安康市	紫阳县文化馆
镇巴民歌	传统音乐	汉中市	镇巴县文化馆
佛教音乐(洋县佛教音乐)	传统音乐	汉中市	洋县文化馆
汉调桄桄	传统音乐	汉中市	汉中市群众艺术馆
汉调二簧	传统戏剧	安康市	安康市群众艺术馆

表4-15(续)

项目名称	项目类别	所属地区	保护单位
商洛花鼓	传统戏剧	商洛市	商洛剧团有限公司
道情戏	传统戏剧	商洛市	商洛剧团有限公司
弦子腔	传统戏剧	安康市	平利县文化馆 （平利县剧团）
洛南静板书	曲艺	商洛市	洛南县剧团
藤编（汉中藤编）	传统美术	汉中市	汉中市南郑区文化馆
烟花爆竹制作技艺 （架花烟火爆竹制作技艺）	传统技艺	汉中市	
民间社火（洋县悬台社火）	民俗	汉中市	

陕西省作为传统文化资源和红色文化资源丰富的地区之一，从2007年开始认定省级非物质文化遗产名录，其中陕南地区有146项（见表4-16），涵盖了历史资源、红色资源以及传统文化等多个方面。为了更好地保护传统文化资源，陕南地区也开始积极申报非物质文化遗产，发展市级非物质文化遗产保护工作，目前陕南地区共有493项市级非物质文化遗产。这些非物质文化遗产的名录里既有传统农业、也有民俗风俗、民间文学等各个项目，这加强了对陕南地区传统文化的保护，也加强了人们对于传统文化保护的意识。

表4-16　陕南地区非物质文化遗产情况

地区	国家级/项	省级/项	市级/项
安康市	6	43	171
汉中市	5	67	100
商洛市	4	36	222
合计	15	146	493

乡村文化的发展是传统文化发展的基础，陕南地区农村范围较大，大多处于山地。由于地形较为封闭，这也使得很多传统文化得以保留，其中陕西省汉中市汉台区龙江街道因龙舞被评为中国民间文化艺术之乡。传统文化的保留还体现在农业方面，陕南地区以小农经济为核心，保留了很多传统农业，比如汉阴凤堰稻作梯田系统被评为中国重要农业文化遗产。陕

南地区丰富的文化资源和独特的风俗习惯，为陕南地区建设文明乡风提供了资源，推动当地经济发展的同时，带动精神文明的发展。

4.2.4.2 发展多元公共文化活动

乡风文明不仅仅指农民文化知识水平的提升，也体现着农民思想意识的转变、农民的精神风貌、生活方式的改变。乡风既是一种风俗，也是思想观念、行为举止、礼仪道德，同时也是一种凝聚力。乡风凝聚力是影响中央政策在农村是否能够得到有效实施的重要因素。文明则是一种生活状态，是一种社会关系、风俗习惯的统称，是对人们生活状态的衡量。为了改善农村精神风貌，丰富农民业余生活，陕南地区积极开展各项公共文化活动。

（1）开展家风建设活动。

家风是一个家庭所体现出来的为人处世的准则和态度，是一个家庭长期形成的一种文化和道德约束，家风对家庭成员的成长与发展有着重要的影响，家风也对乡风有着重要的影响。习近平总书记指出，"家风是一个家庭的精神内核，也是社会的价值缩影。"党的十八大以来，党中央高度重视家庭家教家风建设。陕南地区深入贯彻落实家风建设，以"家风+"为抓手，开展家风助乡风活动。陕南地区通过开展评选"星级文明用户"和"五好文明家庭"，积极开展"美好家庭""好婆媳"等活动，并推选优秀的家庭发挥引领示范作用，带动更多的家庭参与到家风建设中。比如，陕西省组织开展"德润三秦"家风建设活动，以及"好家风·我行动"系列活动，在全省范围内推广良好家风。除了积极参与中央和省级举办的各种家风评比活动，陕南地区也开始积极成立家风馆，通过讲述家风故事，让优秀的家风走进大众，起到模范带头作用。与此同时，陕南各地还结合当地实际情况，开展多种多样的特色活动，助力文明乡风。比如，汉阴县以"家风+"为主线，将家风与廉政相结合，以清廉家风带动清廉作风。商洛市开展"六大家风进万家"活动，通过文艺演出、家风评比等一系列活动，以家风带民风。汉中市通过"四个结合"持续深化家风建设，将家风建设融入乡村治理，并在各县开展"讲述家风故事"系列活动，通过家风建设，引导各县形成清廉文化。

（2）创新公共文化活动。

公共文化活动是指以社区为基础，组织形式多样的文化活动，包括阅读活动、文艺表演、参观学习等形式多样、内容丰富的群众文化活动，是公共文化服务体系的重要组成部分。群众文化活动是宣传和普及文化艺术的重要手段，在乡村发展中起到了丰富农民的业余生活，激发乡村活力，带动文明乡风的重要作用。随着农村公共文化服务基础设施不断完善，服务体系的不断健全，陕南各地人民政府联合各乡村文化站不断创新公共文化活动的形式，不断创新社区文化、艺术活动、节庆活动等文化活动形式。在 2022 年公布的陕西省乡村振兴"一县一品"特色文化艺术典型案例中，汉中有 32 个，安康有 18 个，商洛有 13 个，涵盖了文艺演出、工艺美术、文旅融合和创新发展等方面。在创新发展上，陕南地区将传统文化与时代发展相结合，弘扬和传播传统文化。例如，被列为非物质文化遗产的商洛花鼓，结合时代发展，以乡村养老这一时代问题为背景，创作编排现代剧《若河》，以传统文化弘扬传统美德，以时代发展为背景，讲好商洛故事，助力乡风文明建设。

（3）丰富乡村体育活动。

体育对人类文明的发展有着重要作用，是公共文化的一部分，也是社会发展和人类进步的重要标志，对于提高人民的素质，丰富人民的精神文化生活有着重要的意义。习近平总书记用"四个重要"概括体育发展的重要性，即体育是提高人民健康水平的重要途径；体育是满足人民群众对美好生活向往、促进人的全面发展的重要手段；体育是促进经济社会发展的重要动力；体育是展示国家文化软实力的重要平台。为了发展乡村体育，丰富农民的文化生活，陕西省组织多项体育活动，以赛事宣传积极向上的生活风貌、同时通过体育赛事带动乡村旅游经济的发展。物质生活的提升也能进一步带动乡风文明的提升，陕西围绕农民丰收节、乡村振兴运动会、"村超""村 BA"举办一系列赛事和活动，引领乡风文明新时尚，并取得了良好的效果。

4.2.4.3　开展新民风建设活动

2016 年，陕西作为全国移风易俗试点省份，将陕南地区的旬阳、平利、洛南等县（市）纳入陕西省 22 个省级试点县（市）中，开展"美丽乡村，文明家园"建设。陕西省在试点地区优先建设，通过以点带面的开展活动，为全国乡村移风易俗建设提供思路和方法。陕西省发布《关于进一步做好全省移风易俗工作的通知》，对民风建设展开工作部署，并将移风易俗纳入村规民约。陕西省在农村建立起"四会"村民组织，即红白理事会、道德评议会、村民议事会和禁毒禁赌会，发挥"一约四会"的作用，遏制了农村的陋习，在乡村地区加强乡风文明建设，提高农民抵制陋习的自觉性，共建美好家园的主动性，营造风气美的积极性。

积极开展科技、文化、卫生"三下乡"活动，并实现"三下乡"常态化发展。"三下乡"是农村精神文明建设的重要推手，是服务农村发展的重要"惠民工程"。陕西省各级组织机关、事业单位都积极组织并参与"三下乡"活动，为乡村文化、科技、卫生事业的发展带来了新的动力。宣传队以走进群众的方式，宣传党的政策方针，实现农民"在家门口"学知识、看演出。陕西各个高校也定期组织青年学生去陕南地区开展"三下乡"活动，将文明新风传递到大山深处。

作为第一批移风易俗试点的旬阳、平利和洛南，不断探索乡风文明的发展方法，因地制宜发挥地方特色，实现乡风民风的提升。首先，发挥模范带头作用。在乡村文明建设过程中，陕南地区通过评选典型，带动移风易俗工作的推进。在陕西省评选全省农村移风易俗·文明乡风"百名优秀志愿者"活动中，陕南地区开展"文明新风进百村·道德甘露润百户"系列活动，通过道德典型评选、道德评议等一系列活动，深化"一约四会"，和村规民约。平利县通过组织"我们的中国梦——文化进万家""送书下乡""全民阅读"等一系列活动，丰富农民的精神文化内涵。旬阳市通过"道德评议委员会"以及发挥"榜样的力量"提升乡风民俗，在乡村治理上发挥了重大的作用。

4.2.4.4 发展文化产业

陕西作为中华民族以及华夏文化的发源地之一，同时也是中国红色文化最为集中的地区之一，既有悠久的历史文化遗产，也有丰富的红色资源，文化积淀十分丰富。近几年，借助陕西文化旅游的发展势头，陕南地区充分挖掘文化旅游资源，带动传统文化复兴，一方面带动陕南经济的发展，另一方面传播传统文化，带动人们学习传统文化的积极性。

（1）发掘文化资源，打造地域特色品牌。

陕南地区文化资源丰富且地域特色明显。陕西文化主要分为三大板块：陕北地区主要是以游牧文化为主，较为粗犷；关中地区主要是以农耕文明为主，结合南北特征，较为中性；而陕南地区则以渔猎文化为主，陕南文化有江南的特征，具有内向性。自 2017 年以来，陕南地区将文化资源与生态发展结合，充分挖掘地域特色文化，结合生态产业的发展，实现"生态+文化"的特色产业发展模式。以秦楚文化和生态资源相结合的模式是陕南文化产业的主要形式，陕南各地也在加大投入力度，发展文化产业，并结合生态优势以及文化特色打造地域特色品牌。汉中市以"两汉三国"文化为突破点，结合生态旅游业的发展，推动文化产业发展；安康市以"茶文化""中药材文化"为主，结合"中国硒谷"的生态优势，打造区域文化品牌；商洛市以秦楚文化和传统民俗为主，结合"气候康养之都"的自然条件，发展生态旅游业，取得了良好的效果。陕南地区通过传统文化，吸引和带动乡村旅游，同时也带动农民继承和发扬传统文化的积极性。

（2）加强传统文化的保护力度。

传统文化是民族的精神财富，也是文化产业的基础，在推动传统产业转型、产业结构调整方面发挥着重要的作用，是乡村经济发展的新引擎。陕南各地聚力完善对传统文化的保护、继承和发扬，积极建立非物质文化遗产生产性保护基地以及传习所，传承传统文化。例如，汉中市宁强县为了加强保护羌文化，设立非遗传习中心传习所和羌文化数据库，推进非遗文化的传承和学习，加强对羌文化的理论研究和宣传工作，同时围绕羌文化举办旅游节、美食节以及论坛等大型活动，宣传和推广羌文化。安康市汉滨区谭坝镇围绕对国家级传统村落的保护，制定相应的保护措施，一方面保护传统村落的文化、风俗和景观，另一方面以保护传统村落为契机，发展文化旅游产业，为乡村经济注入新的活力。商洛市柞水县大力发展非遗项目柞水渔鼓，通过搜集资料将柞水渔鼓的文化资料编辑成册，并建立渔鼓传习所，培养渔鼓传承人。

（3）发展红色文化。

红色文化是中华民族的信仰纽带，将红色文化资源与乡村振兴相结合，可以助力乡村发展。陕南地区红色文化资源丰富，依托深厚的革命传统和众多的革命遗址，充分发掘红色文化资源，建立红色教育基地，大力发展红色文化产业，一方面带动了农民的就近就业，促进了乡村经济的发展，另一方面弘扬和发展红色文化，也在潜移默化中进行了爱国主义教育，推动农民思想的转变，助力乡村文化振兴。陕南的红色文化主要是陕南游击根据地和川陕革命根据地的红色文化，通过围绕革命根据地建设或者战役纪念地等红色资源，建设红色资源旅游景区和红色美丽村庄，带动全域红色旅游产业的发展，成为陕南地区乡村文旅融合的重要特征。比如商洛市丹凤县留仙坪村以革命纪念地为契机，成为"红色美丽村庄"建设试点，并建立红色教育基地，推动红色旅游与乡村振兴融合发展。

4.2.5　乡村生态发展

生态宜居是乡村振兴的关键，也是民生福祉的基础，乡村生态的发展是事关国家生态发展大计的关键，对实现新时期"双碳"目标有着重要的意义。生态宜居不仅体现在环境的提升和改善，更体现在一种生活方式、生产方式的低碳、绿色和文明，这是实现生态宜居的基础，也是提升农民获得感和幸福感的价值所在。乡村要振兴，最重要的是实现人的振兴，良好的生态环境和文明的乡风，是乡村聚集"人气"的基础，一方面可以留住更多的农民发展和建设自己的美丽家园；另一方面，可以吸引更多城市居民来乡村感受生态之美，实现城乡交流，推动城乡融合。

陕南地区因地处秦巴山区，大部分传统村落都是依山而建，顺应山水的自然地理地形，与自然和谐共生。秦巴山区特殊的自然环境，也为陕南地区乡村的发展提供了良好的环境基础。在经过"退耕还林还草""生态移民搬迁"行动以后，陕南各地的生态环境都有所提升。但受限于自然环境的影响，陕南地区生态产业发展缓慢。第一，陕南地区山区较多，农村地区几乎处于山区，影响了产业的生产空间。第二，山区村庄交通不便，影响了产业发展的速度。第三，由于村庄大多依地形而建，导致村庄分布不均，整体规划难度大，村庄之间的发展差异化较大。

为了有效利用生态资源，提升产业发展水平和农民生活水平，陕南地区围绕生态环境与产业经济协同发展作出了一系列部署，从发展绿色产业、旅游产业到康养产业和休闲农业等方面发挥陕南生态优势的产业，在保护生态环境的同时，实现生态效益，形成陕南特色生态产业，带动陕南地区经济的发展。

4.2.5.1　优化自然生态环境

陕南地区自然环境优越，但是受山区自然条件的制约，工业发展缓慢，这也在一定程度上保护了陕南的生态环境。由于农村远离城市，农民接受新生事物的程度较低，环保理念的普及较为落后。尤其是在农业生产过程中，农民对新技术的接受程度不高，仍然采用传统的农业种植方式，不仅产量低，还对环境产生一定影响。在生活上，生活垃圾的排放、生活污水的排放等，也使陕南地区的生态环境遭到一定的破坏。为了保护陕南地区脆弱的生态环境，实现宜居生活，陕西省人民政府以及陕南地区各级人民政府对于秦巴山区的自然保护采取了一系列措施。从西部大开发、精准扶贫、乡村振兴，到退耕还林、生态移民搬迁、生态产业发展，从国家战略支持到地方政府的不断实践，陕南地区不断优化生态环境，实现传统农业与现代农业之间的转化，在实践中探索陕南生态发展道路。

（1）加强对自然环境的保护。

20世纪末，在国家政策的支持下，全国各地开展退耕还林工作，陕南地区是陕西省退耕还林的重点地区。经过持续深化地推进森林绿化工程，2022年陕南地区造林面积130 740公顷，占全省的30.77%，森林抚育面积19 134公顷。经过坚持不懈地努力，在"十三五"期间，陕南地区森林覆盖率达到了70%。22个县被评为"国家森林乡村"，汉中、安康以及商洛都建有国家森林公园。

作为南水北调的源头，陕南地区肩负着水源保护的重任。为此，陕南地区持续深入做好长江流域水质修复工作，通过系统治理、定期检测等方式恢复水质，在2023年水质监测中，陕南地区长江流域水质优良率实现100%。水质的改善确保了南水北调工程的顺利进行，也为防治土壤污染提供了良好的生态环境。土壤质量直接关系到农业的发展，也关系到人民生活环境的健康，对生态产业有着重要的影响。"十三五"以来，陕南地区将土壤治理也作为环境改善的重点，土壤防治取得了一定成果。

通过一系列政策措施，陕南地区生态环境得到了很大的提升。陕南三市28个县（区）都被列入国家重点生态功能区，2022年度的《陕西省生态环境状况公报》显示，陕南地区环境质量基本稳定，农村环境质量有所好转。商洛市的镇安县、山阳县、洛南县、商南县、丹凤县因生态建设发展较好被列为生态文明建设示范区，这对带动陕西省其他区（县）提升生态环境质量、发展第三产业有着积极的影响。

（2）生态移民工程助力乡村生态发展。

陕南地区地形复杂，自然环境脆弱，依山而建的山区农村很容易遭受自然灾害。生态资源以及地理位置造成了陕南地区人口资源环境紧张的局面，长期以来对自然的掠夺式开发，导致陕南地区生态环境遭到破坏，水土流失严重、生物多样性受到影响，也带来了更多的自然灾害，影响山区农民的生存空间。环境的破坏会阻碍经济的发展，也威胁着人民的生命财产安全。陕南地区是国家重要的生态功能区，2008年颁布的《全国生态功能区划》将陕南秦巴山地确定为"水源涵养生态功能区和生物多样性保护生态功能区"。陕南属于秦巴腹地，是秦巴生态功能区建设的重要地段，事关国家"两屏三带"生态安全工程的建设成败，因此，2011 年 6 月颁布的《全国主体功能区规划》指出，要在生态区停止一切生活和污染活动，修复和恢复生态环境。

陕南地区地质环境脆弱，容易受到人为活动的影响，且山地地形地质灾害较多，不仅制约了陕南地区经济的发展，也影响着该地区人民的生命财产安全，区域生态安全问题日益突出。陕西省积极贯彻国家政策，自 2011 年开始规划移民搬迁工程，十年来搬迁陕南地区 28 个县（市）共计 240 万人，这是新中国成立以来最大规模生态移民搬迁工程，也是陕南地区乡村振兴工程的重要环节。生态移民搬迁是实现人口与资源环境协调发展的重要举措，也是保护和恢复秦巴山区生态环境、促进生态发展的重要举措，同时还是保障人民生命安全的重要路径。生态移民工程的持续推进为生态环境的恢复提供了基础，陕南地区森林覆盖率逐年提高，生态环境持续向好。同时，生态移民工程也加速推进了陕南地区的城镇化发展，带动了乡村经济的发展。

（3）提高农民的环保意识。

农民是乡村振兴的主体，乡村环境可持续发展的关键在于人的意识的觉醒，只有让绿色成为一种生活习惯，才能推进生态文明建设的长久发展。改善生态环境，提升人居环境的关键是提升农民的生态意识，此举不仅可以使得生态环境得以继续保持，同时也可以带动乡风文明，进一步发扬乡风文化，这也是乡风文明发展的关键。自社会主义新农村建设以来，从中央到地方各级人民政府都在加大环境保护的宣传力度，并针对环境保护制定了一系列的政策。陕西省也在加大环境保护的力度，持续深化环境资源保护改革，完善省级生态环境保护督察制度、完善环境信用评价制度，近几年针对陕南、关中、陕北的环境特点，制定了"三线一单"生态环境分区管控体系，有针对性地对陕西省各地区进行分区管控。陕南地区也在陕西各项政策的支持和带动下逐步开展生态环保工作，为了提高农民的环保意识，各级人民政府充分利用宣传工具，宣传绿色环保意识。

①充分利用各种宣传工具。陕南地区各级人民政府通过设置宣传栏、垃圾分类站、各种宣传牌等方式，在农村宣传环境保护理念，同时将农村的环境保护、村容整洁等写入村规民约，强化生态环保意识。②丰富的文化娱乐活动。陕南地区各级人民政府积极举办各种活动，利用丰富的娱乐活动，向农民传达生态环保的意识，引导农民形成绿色健康的生活方式。

除了举办相关的文艺演出，陕南地区各级人民政府还结合一些特定节日举办相应的活动，比如围绕"世界环境日""世界地球日""全国低碳日"举办一系列活动，宣传环保理念。同时，陕南地区各级人民政府依托环境保护举办各种活动，依托秦岭生态环境组织多场主题摄影，积极宣传秦岭之美的同时，也使得生态文明观念深入人心。③鼓励农民积极参与各项实践活动。陕南地区各级人民政府通过建立生态自然保护区、国家森林公园、生态博物馆等方式，鼓励人们切身实地感受生态之美，积极参与到生态环境保护的实践活动中。陕南地区山区较多，森林资源丰富，其中包括商洛商南金丝峡、汉中黎坪、安康天平山等12个国家森林公园，这也为陕南地区带来了丰富的自然资源，同时也以实景为大家展示了生态环境改造带来的变化。商洛依托秦岭规划建设秦岭生态植物园、秦岭生态博物馆，讲述绿色生态、人与自然和谐共生的理念。随着各级人民政府的不断努力，生态意识也逐渐在陕南农村广为传播，带动农民的生活习惯发生改变，在农村开始形成绿色健康的生产生活方式。

4.2.5.2　改善人居环境

从社会主义新农村建设提出的"村容整洁"到乡村振兴提出的"生态宜居"再到"宜居宜业和美乡村"的提出，党中央始终将整治农村环境作为乡村治理的重点，这是一项关乎民生的重大工程。人居环境不仅包括自然环境，还包括社会环境、居住环境、基础设施环境以及人群环境。人居环境是人们生活居住的场所，对人们的生活健康以及生活品质都有着重要的影响。陕南地区地处山区，距离城市较远，基础设施落后，人居环境改善较慢。2018年，中共中央、国务院印发的《农村人居环境整治三年行动方案》，对农村人居环境整治进行了全面部署。陕西省针对人居环境整治出台了《陕西省农村人居环境整治三年（2018—2020年）行动方案》以及《陕西省农村人居环境整治提升五年行动（2021—2025年）实施方案》，对陕西省人居环境的整治作出了规划，并在方案中提出针对陕南、关中和陕北特殊的地理位置、气候条件等分类确定目标，为陕南地区人居环境整治作出了目标指导和政策指引。在农村人居环境整治的几年里，陕南地区各级人民政府也制定相应的政策，持续深入整治农村人居环境。目前，陕南地区农村环境整体实现村容整洁，人居环境质量得到稳步提升，乡村生态产业不断进步，农村环境整体向"生产生活系统、生态系统和经济系统"的和谐发展迈进。

（1）公共基础设施不断提升。

改善公共基础设施是农村人居环境改善的起步阶段，也是事关民生福祉的重要举措，"统筹乡村基础设施和公共服务布局，建设宜居宜业和美乡村"也是新时期乡村建设的方向。农村人居环境的改善不仅包括生态环境的优化，还包括基础住房、用水、用电、公路等基础设施的完善，以及垃圾处理、污水处理、公共卫生厕所等各个方面的提升。提升基础设施，对于提升人居环境，实现乡村全面发展有着重要的意义。陕南地区各级人民政府积极推进乡村人居环境整治，以农村"厕所革命"、生活垃圾和污水治理为重点，推进"美丽乡村""美丽家园"的建设，加大农村基础设施的投入，以实现农村"五通"全覆盖为目标，探索出一系列提升人居环境的道路，并取得了一系列成果。

改善供水供电基础设施。①加强自来水供给工程建设。农村供水是一项关乎民生的基础工作，直接影响农民的生活质量。陕南地区因山地较多，村庄分布较为分散，农村供水困难。陕南地区将供水作为农村民生工作的重点来做，从政策到财政不断提供支持，持续推进乡村振兴"好水"生活，并取得了重大进步。目前，陕南地区长江流域水质优良率实现100%，同时加强农村自来水供给率，实现农村用水便利。目前，陕南地区农村自来水供给率均在90%以上，汉中已经达到99%的自来水供给率。②实施农村电网改造工程。农村电网改造升级工程是推动农村经济发展的重要基础，目前陕南地区已经实现了电网的全覆盖，家家户户都可以用得上电。然而，随着经济社会的不断发展，农民的用电需求也与日俱增。为了改善农民的用电情况，近几年陕南地区不断加强国家电网的改造升级，打造安全可靠的农村电网，助力乡村振兴。目前，陕南地区农村供电可靠率、综合电压合格率均在99%以上。

积极推动农村公路建设。公路建设是经济发展的助推器，陕南地区目前已经实现行政村道路全覆盖，同时探索乡村公路建设的新模式。①坚持以"四好农村路"为目标，推进农村公路高质量发展。陕南地区通过创建"四好农村路"示范县，以点带面，带动各县实现农村公路高质量发展。其中，留坝县、汉阴县、丹凤县、白河县等被评为省级"四好农村路"示范县，各市也在加强创建市级"四好农村路"。②坚持以"高质量项目"带动农村公路的质量提升。陕南地区各级人民政府筹措建设资金，加强监督，引进高质量投资项目，农村公路建设质量抽检率不断提升。③深化体制改革，完善监督体制。陕南地区推动实行"路长制"，对农村公路的日常养护以及日常资金进行管理，实现农村公路管理养护的常态化机制，提升公路管理的信息化水平，实现农村公路"有人管、有人养、有钱养"。截至 2022 年年底，陕南地区全域农村公路中，优良及中等公路的比例均在 78% 以上，路况服务不断改善，公路发展持续向好，通行保障能力不断提升。

（2）农村污染得到有效治理。

持续推进"厕所革命"。习近平总书记在 2015 年提出要在广大农村地区推行"厕所革命"，2017 年"厕所革命"也成为一项国家政策被写入方案中，2018 年《乡村振兴战略规划（2018—2022 年）》提出"厕所革命"是乡村居住环境改造的重点。厕所与供水一样，是关乎民生的关键问题，也是人居环境改造的重点问题，对农村的生活环境以及农民的身体健康都有着重要的影响。随着"厕所革命"的不断深入进行，陕南地区各级人民政府也积极响应国家号召，加大对农村厕所的改革力度，目前乡村公共厕所的环境整体提升，农村厕所"脏乱差"的现象有所改善，农村卫生厕所普及率也大大提升。目前全国农村厕所普及率 75%，汉中市、安康市均已超过全国普及率（见表 4-17）。

表 4-17　2023 年陕南地区农村厕所普及及污染防治　　　单位:%

地区	农村厕所普及率	农村生活垃圾处理率	农村污水处理率
汉中市	85.00	96.50	36.50
安康市	75.00	93.00	40.20
商洛市	75.16	97.61	50.16
全国	75.00	90.00	45.00

数据来源：《陕西统计年鉴》。

农村污染治理效果明显。农村生活污水以及生活垃圾是农村人居环境污染的主要来源，既影响着农村的生态环境，也对乡村风气有着重要的影响。因此，关于人居环境整治的政策都将农村生活污水以及生活垃圾作为重点整治对象。陕南地区各市也在加强农村生活污水处理设施以及生活垃圾处理设施，并通过提升农民的环境保护意识，采取排查农村黑臭水、减少化肥使用率、提倡清洁能源的使用等一系列措施，农村生活环境不断改善。

（3）营造共建美好家园的氛围。

人居环境改造的关键在于农民，农民既是受益者也是参与者。整治人居环境，也是对农民生产生活方式的改变，需要农民参与到建设、监督和行动过程中，才能发挥人居环境治理的有效性，实现人居环境的可持续发展。为调动农民的参与积极性，形成良好的氛围，陕南地区各级人民政府积极开展自上而下的政策探索和自下而上的实践探索，即完善顶层设计和带动农民参与，深入贯彻落实"千万工程"，实现全员参与，共同营造人居环境整治新氛围。

发挥基层党组织的带动作用。陕南地区各级人民政府将创建文明城市和整治人居环境作为生态治理的重点，从城市到农村各级党组织带头行动，参与人居环境的治理。例如，安康市汉滨区晏坝镇各村（社区）纷纷开展以"人居环境大整治，党员干部在行动"为主题的主题党日活动，广泛动员全镇党员干部积极参与创建文明城市和人居环境整治工作。商洛市腰市镇针对农村人居环境整治，实行各党员包干到户，以行动带领实现重点区域重点抓，提升农村人居环境整治的效率。各级党组织的党员以身作则，带动农民积极参与村容整洁的建设中。

村容村貌发生新变化。陕南地区为改变过去农村"垃圾靠风刮，污水靠蒸发"的局面，实现村容整洁、打造乡风文明和生态宜居农村，采取措施集中整治村容村貌。在各级人民政府和农民的集体努力下，陕南地区村容村貌发生了翻天覆地的变化。2023年公布的陕西省美丽宜居示范村名单中，陕南地区有72个农村入选，其中，汉中市30个、安康市25个、商洛市17个。另外，商洛市山阳县漫川关镇、汉中市宁强县青木川镇入选国家级美丽宜居小镇建设名单，丹凤县棣花镇万湾村、山阳县法官镇法官庙村入选国家级美丽宜居示范村庄名单。在农业农村部、国家乡村振兴局通报表扬2023年全国村庄清洁行动先进县中，安康市平利县、汉中市略阳县入选，为陕南地区美丽乡村建设起到了带动作用。

党的十八大以来，党中央高度重视农村工作，加大农村人居环境的整治力度，农村人居环境发生了巨大的改变。目前，陕南地区农村基础设施条件明显改善，农民生活更加便利；村容村貌发生变化，人居环境持续改善，农民生活方式也在不断改变，积极参与垃圾分类以及减少污染的过程中；生态旅游带动陕南地区乡村产业发展，带动农村经济发展。

4.2.5.3　生态资源产业化发展效果明显

乡村振兴本质上是发展问题，提升生态环境最根本的也是要处理好生态与发展之间的关系，要从根本上解决人居环境的问题，就必须推动产业发展与生态发展之间的良性循环，实现环境整治与经济发展协同进步，发展生态经济。一方面通过环境整治为生态经济的发展提供良好的环境基础，另一方面发展生态产业，通过生态经济的发展带动环境整治的可持续发展。

（1）发展生态经济，带动乡村环境整治。

党的十八大以来，生态产业成为带动乡村发展的新兴产业，为农村经济发展带来动能的同时推进农村人与自然的和谐发展。随着社会经济的不断发展，人们的消费需求也在实现转型升级，向有机、生态、自然的方向转型。陕南地区自然环境优越，为生态产业发展提供了良好的基础。陕南地区以生态转型为产业发展目标，在政策的支持下，积极引入社会资本下乡，紧跟市场需求变化，重点发展生态农业、休闲农业、生态种植养殖业，打造地区品牌，提高农产品附加值。陕南三市依据各自特点，发展以地区资源为特色的生态农业，并形成地区优势。比如商洛市依托秦岭独特的气候环境和生态环境，以打造"康养之都"为主要发展方向，同时带动各地区木耳、茶叶、药材等特色农产品的发展。汉中以"绿色循环·汉风古韵"为定位，依托秦巴山区的自然风光以及独特的历史文化背景，发展文旅融合产业，实现生态环境"高颜值"与经济发展"高质量"的有机融合。安康市依托生态优势，发展山林经济和生态旅游，利用"高山、绿色、富硒"的生态资源，走出茶旅融合发展之路。陕南地区通过发挥区位优势，实现产业转型升级，带动地区经济增长，有效利用环境资源，带动环境整治高质量发展。

（2）优化生态资源，提升生态产品价值。

随着人居环境整治的开展，各地区积极采取措施改善生态环境，以陕南地区独特的生态资源带动乡村第三产业的发展。优化生态资源有助于实现生态资源价值的升值，提升乡村旅游产品质量，带动乡村旅游业的发展。陕南地区依托生态资源，加大环境整治力度，实现生态资源的优化。同时，陕南地区积极打造以县域为核心的乡村品牌特色，发展精品民宿、农业采摘体验、农家乐、康养休闲产业等特色旅游项目，带动经济发展的同时带动农民参与环境整治的积极性，实现环境整治的可持续发展。陕南地区通过环境整治建立起生态和经济发展的良性循环互动，实现"农民富""乡村美"。安康市坚持"以生态定产"，积极发展生态产业，对于会给环境带来压力的项目进行削减，以保护生态护环境。商洛市以建设"康养之都"为目标，加大环境保护力度，大力发展康养产业。汉中以"绿水青山"为发展目标，将保护生态环境作为第一政治要务，并专门建立生态环境专项资金，持续深化环境治理。

（3）加快构建生态经济循环发展的保障机制。

针对生态经济发展过程中的关键问题，陕南地区完善顶层制度的设计，通过设立专门的机构进行监督和管理，同时完善相应的法律法规。针对生态价值的实现问题，陕南地区积极推动"一乡一品"和"一县一品"建设，打造品牌示范村，以形成品牌效应。针对整治环境过程中的资金问题，陕南地区设立专项资金，由专门的机构管理。陕南各地也在积极探索适合的体制机制，保护生态环境治理的成效。比如汉中将秦岭和巴山生态环境保护纳入年度目标责任考核，并形成"任务清单"，严格考核；商洛市在全省率先制定出台秦岭山水乡村建设导则，以秦岭山水康养项目为核心，为生态环境保驾护航；安康市结合生态系统生产总值，搭建起生态资源向资产、资本转化的平台。

陕南地区因地制宜地进行环境整顿，通过整治环境、发展生态产业，实现生态产品的价值增值。生态产业的发展又进一步推动了环境整治能力的提升，是一种良性的循环互动，实现了生态环境不断改善，产业经济持续向好、特色鲜明的陕南经济发展模式。

5 陕南地区乡村振兴的微观透视

5.1 乡村振兴的安康探索

5.1.1 安康情况概述

5.1.1.1 自然地理概况

（1）地理位置。

安康市位于陕西的最南部，属于秦巴腹地，既有秦岭山脉贯穿其中，又是汉江流域的必经之地。安康南靠大巴山，北依秦岭，秦岭与大巴山一南一北，形成了安康南北高中间低的地形地貌，即"两山夹一川"的地势轮廓。独特的山水格局形成了安康独特的地理气候，也为安康的生态产业发展带来了丰富的资源。在行政区域上，安康市紧邻关中地区，北靠省会西安，南邻四川，位于陕西与四川的交界处，是连接南北的咽喉要地，也是川渝文化与秦汉文化的交界地和连接南北文化的重要纽带。在陕南地区，安康市东临商洛市，西靠汉中市，位于陕南的中心，是连接东西的重要交通枢纽，将陕南地区连接在一起。

从地形地貌上来看，受两大山脉的影响，安康市山地面积占比较多，村庄大多依山而建，主要集中在丘陵地区以及河谷两岸。安康水资源丰富，占全省水资源的61%。安康的主要水源属于汉江流域，河谷较多，这为安康发展种植业以及交通运输业带来了便利。受到地形地貌的影响，安康的农业主要是以家庭为单位的小农经济为主，种植业品种丰富，林地资源多种多样。

（2）气候环境。

安康市属于亚热带大陆性季风气候区，有秦巴山区的天然屏障保护，形成了温度适宜、四季分明、雨水充足的气候环境。2022年，安康市年均降水量为 114.03 毫米，雨水集中在 8 月、9 月（见图 5-1）。安康地区气候环境适宜，四季分明，温差较大，年平均气温保持在 17.2℃左右（见图 5-2），全年平均日照时长为 1 797.9 小时，非常适宜居住，也适合发展种植业。

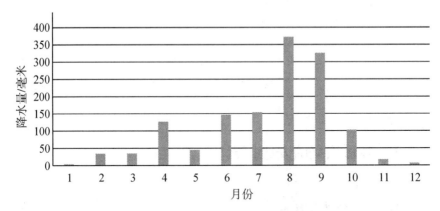

图 5-1　2022 年安康市年降水量

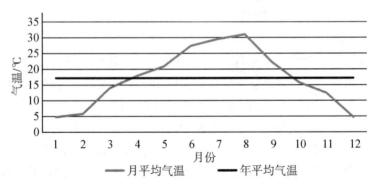

图 5-2　2022 年安康市气温情况

（资料来源：《陕西统计年鉴 2022》）

（3）生态环境。

安康市位于南北气候的过渡带，气候适宜，有利于植物的生长。安康山区占地面积大，森林资源丰富，全市森林覆盖率达到 68%，其中，生物资源种类繁多，达 3 300 余种，野生动物 790 余种，国家珍稀动物有 34 种，被称为"物种基因库"。安康的生态环境敏感性较高，极易遭到破坏，依山而建的村落也给乡村振兴的整体规划带来了一定的难度。党的十八大以来，安康加大恢复和保护生态资源的力度，恢复生态环境，目前在安康境内有 3 个国家级自然保护区和 4 个国家级森林公园，生态环境大幅提升，良好的生态环境为安康经济高质量发展提供了良好的环境基础。安康境内的土壤中硒元素含量较高，也被称为"中国硒谷"，这也形成了富硒环境与富硒生物圈，因此适宜生产富硒产品。目前，以"富硒+"为特色的产业已经成为安康产业发展的地域品牌，比如安康富硒茶已经成为安康的地标性产品。

5.1.1.2 安康市经济发展及社会发展状况

（1）经济发展水平。

随着西部大开发以及乡村振兴战略的不断推进，安康经济稳步发展。安康市地区生产总值在 2022 年达到 1 286.65 亿元，人均地区生产总值达到 51 261 元。党的十八大以来，安康市经济状况呈现稳步上升状态，经济发展取得阶段性成果，见图 5-3。

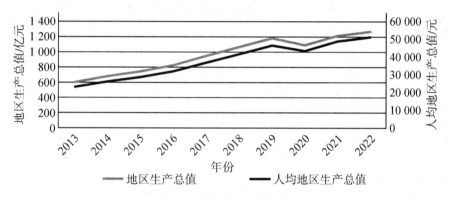

图 5-3 2013—2022 年安康市国民经济发展水平

（资料来源：《陕西统计年鉴 2023》）

从社会消费来看，安康市社会消费品零售额持续增长，农村地区消费品零售额也处于稳步增长的状态，见图 5-4。社会消费品零售总额是衡量一个地区居民消费需求的直接数据，是反映经济发展情况的重要数据。总体来说，2012—2022 年安康市整体经济水平持续上升，农村地区消费水平稳步提升，在产业分布上第三产业占比较高，这也反映了旅游服务业的发展对经济的带动作用较强。

2014—2019 年，安康市经济进入快速发展时期，然而，各区（县）发展水平存在显著差异。安康市下辖 1 区 1 市 8 县，从 2022 年的县域经济发展来看，各县之间发展差异较大，其中，白河县、汉阴县、紫阳县发展较好，地区生产总值几乎高出宁陕县、镇平县 5 倍左右，见表 5-1。从产业结构来看，2022 年，安康市第二产业和第三产业占比较高，见图 5-5。

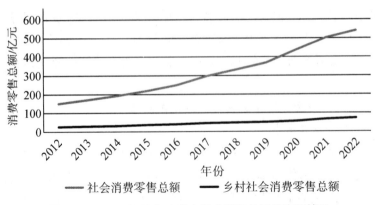

图 5-4 2012—2022 年安康市社会消费品零售变化情况

表 5-1 2022 年安康地区国民经济发展情况　　　　　　　单位：亿元

地区	地区生产总值	第一产业	第二产业	第三产业	社会消费品零售总额
安康市	1 268.65	174.56	540.07	554.02	541.11
汉滨区	405.90	45.01	129.48	231.41	204.73
汉阴县	119.56	20.01	53.73	45.82	54.78
石泉县	98.85	11.65	47.57	39.63	37.49
宁陕县	26.54	6.56	6.93	13.05	10.73
紫阳县	108.79	20.02	42.32	46.45	46.06
岚皋县	60.30	11.67	24.36	24.27	19.07
平利县	113.69	15.92	67.51	30.26	34.37
镇平县	28.03	5.28	9.43	13.32	9.62
旬阳市	220.53	24.53	118.94	77.06	98.01
白河县	86.47	13.92	39.80	32.75	26.25

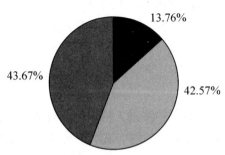

图 5-5 2022 年安康市产业结构情况

（资料来源：《安康统计年鉴 2023》）

（2）农村经济发展水平。

安康地区 90%以上都是山地，受山地地形的影响，安康地区难以开展大规模的机械化农业产业。因此，以家庭为主的小农场是安康农业发展的主要模式。秦巴山区生物物种丰富，林产品种类繁多，为安康的农业转型提供了基础。独特的地理优势，自然形成的硒元素含量高的土壤，也为安康农业产业的转型提供了自然条件，即以"富硒+"为主要特色，生产富硒有机产品。比如，安康特色富硒茶已经成为地标性产品，并形成品牌优势。独特的生态环境也推动了文旅融合的发展。因此，安康的农村经济也有着巨大的潜力。2013—2022 年，安康农业的生产总值稳步增长，尤其是2020 年实现较快发展（见图 5-6）。

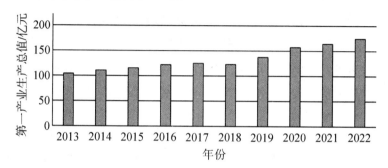

图 5-6　2013—2022 年安康第一产业发展情况

（资料来源：《安康统计年鉴 2023》）

从农民收入来看，在国家政策的大力支持和农民自身的努力下，安康市农村居民可支配收入呈现稳步增长的状态，农村经济和城市经济都处于稳步发展的状态，见表 5-2 和图 5-7。

表 5-2　2017—2023 年安康市城乡居民可支配收入

年份	城镇居民可支配收入/元	农村居民可支配收入/元	城乡居民收入比
2023	33 639	14 403	2.34 : 1
2022	31 976	13 368	2.39 : 1
2021	30 496	12 464	2.45 : 1
2020	28 247	11 288	2.50 : 1
2019	27 016	10 475	2.58 : 1
2018	24 977	9 504	2.63 : 1
2017	23 073	8 688	2.66 : 1

资料来源：《安康统计年鉴 2023》。

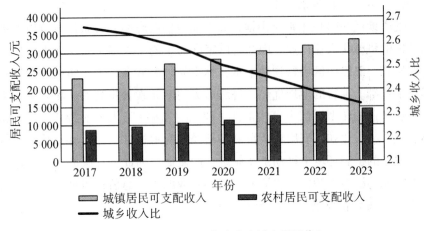

图 5-7　2017—2023 年安康市城乡居民收入

(资料来源:《安康市统计公报》)

总体来说,安康市的经济总体发展情况良好,各项产业经济总量都在上升,尤其是生态旅游的带动作用不断凸显,综合实力明显提升。

(3) 人文生态概况。

①人口概况。

2013—2022 年,安康市年末常住人口持续减少,人口呈现持续负增长。安康市人口从 2017 年开始加速减少(见图 5-8)。2022 年年末,安康市常住人口为 247.14 万人,城镇人口 129.18 万人,城镇化率 52.27%,农村人口为 117.96 万人,占城镇人口总数的 47.73%,见表 5-3。

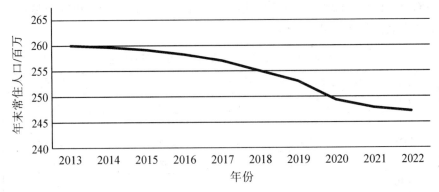

图 5-8　2013—2022 年安康市常住人口变化趋势

(资料来源:《安康统计年鉴 2023》)

表 5-3　2022 年安康市城乡人口分布情况

地区	常住人口总数/人	城镇人口/人	乡村人口/人	城镇化率/%
安康市	2 471 400	1 291 801	1 179 599	52. 27
汉滨区	893 372	533 564	359 808	59. 72
汉阴县	237 857	110 663	127 194	46. 53
石泉县	151 519	73 241	78 278	48. 34
宁陕县	59 099	29 143	29 956	49. 31
紫阳县	257 328	118 558	138 770	46. 07
岚皋县	133 167	62 203	70 964	46. 71
平利县	179 019	89 095	89 924	49. 77
镇平县	46 560	21 038	25 522	45. 18
旬阳市	352 223	178 486	173 737	50. 67
白河县	161 256	75 810	85 446	47. 01

资料来源:《安康统计年鉴 2023》。

②社会文化。

安康地区由于受到山地地形的影响,较为闭塞,农村的主要社会关系是以家族血缘为纽带联系起来的社会网络。这种以家庭关系共同生活而建立起来的社会网络,相对来说比较稳固,对共同文化的"认同感"也比较高。自然环境和移民历史共同形成了安康地区多元融合的文化,既兼具南北特色,又融合了秦楚文化。

第一,自然环境是安康地区社会文化的基础。安康地区位于陕西与川渝地区的交界处,独特的地理位置形成了安康多元的文化。安康地区水资源丰富,汉江贯穿其中,汉江流域属于黄河和长江的分界线,也是两河文化的过渡,这对安康南北兼具的文化系统的形成产生了重要影响。汉江以北的地区大多传承了秦文化,具有兼容并蓄、开拓进取精神;汉水西南地区以巴蜀文化为主,较为温婉,注重饮食;汉水东南地区以儒家、道教文化为主,注重礼仪,多种文化的交融,形成了安康地区独特的陕南文化。

第二,移民推动了文化的再一次融合发展。安康在历史上经历了两次大规模的移民,第一次是在明清时期,大量湖广地区的人移民到安康生活,这对安康的生态文化带来了影响,安康的生活习俗也融入了徽派、湖湘以及巴蜀地区的风俗文化。第二次移民出现于 2011—2015 年,由政府组织的大面积生态移民，首要是为了保护生态，更重要的是防范灾害，保障人民的生命财产安全。两次移民对安康的生态环境以及社会文化都产生了重要的影响，这也促使安康形成了集巴蜀文化、秦汉文化、湘潭文化于一体的多元文化。

源于特殊的地理位置，以及历史移民活动的影响，安康的多元文化也形成了安康文化的基础，并逐渐发展为安康的特色。安康文化主要受川渝文化影响，并融合了秦汉文化和儒家文化。安康的风俗文化也体现在各种文学作品以及手工艺品中，形成了安康主要的风俗文化。

（4）区域资源概况。

属于"秦巴腹地、汉水之滨"的安康，自然资源丰富，是我国生物多样性最为丰富、珍稀动植物最为集中的地区之一。陕南地区的土地资源曾经流失较严重，但通过移民搬迁以及土地治理，目前土地优良率有所提升；林木资源丰富且品种较多，水资源丰富但全年分布不均；矿产资源、旅游资源和生态资源丰富，见表5-4。

表5-4　安康地区资源概况

资源类型	概况
土地资源	耕地面积为 185 410 公顷，其中旱地 167 284 公顷；土壤富含硒元素，适合种植富硒产品；丘陵山地占地面积较多，且水土流失较多，耕地质量较差
林木资源	森林面积 160 万公顷，森林覆盖率达到 68%，森林植被丰富，林特产品种类多
水资源	水资源总量丰富，水力资源蕴藏量 468 万千瓦；全年平均降水量达到 781.6 毫米，其中 7 月和 10 月降水量丰富，但降水量浮动较大，年内分布不均
矿产资源	矿产资源丰富，其中重晶石、毒重石、天然石板瓦、矿泉水品种储存量占全国第一；汞矿、锑矿和锌矿占全国第二，目前发现的有 65 种矿产资源
旅游资源	自然资源和文化资源丰富，带动旅游经济的发展。目前有 15 个 4A 级景区、25 个 3A 级景区、2 个 2A 级景区，其中包括 4 个国家级森林公园；文化资源丰富，秦楚巴渝文化的相互交织，形成了安康独特的文化习俗，也成为安康的旅游资源
生态资源	丰富的森林资源带来了林特产品的发展；药材种类丰富，安康有 1 299 种药材，在陕西地区名列前茅；同时特殊的土壤环境，富硒产品遍布

5.1.2 安康乡村振兴的实践

5.1.2.1 产业兴旺：加强现代化产业发展

安康地区生态环境脆弱，是生态移民以及退耕还林的主要实施区，随着生态环境的不断改善，生态资源不断恢复，带动了安康地区生态经济的发展。目前，安康地区森林覆盖率达到68%，林产品种类丰富。安康地区的生态产业主要以"富硒+"为特色，带动茶叶、魔芋、柑橘、药材、菌类等一系列产业的发展。随着各项基础设施的完善，安康生态产品的市场也逐渐繁荣起来，产业发展也呈现出多元化的特征。良好的自然环境还带动了生态旅游业的发展，各种旅游景区成为开发热点，安康通过旅游业实现产业的融合发展，带动加工业的发展。安康独特的地理位置和气候条件适合茶叶的生产，尤其是平利县已经成为安康茶叶的主要产地。同时，安康丘陵地区和独特的气候环境非常适合桑蚕的生产，也为安康桑蚕业的发展打下了基础。总体来说，安康地区产业发展在政府政策的支持和经济发展的推动下，正在向生态和谐、多元化的方向发展。

（1）产业体系逐步优化。

第一，优化产业结构布局。安康市2022年的农林牧渔业总产值构成中，农业和牧业占比较大，农业"基本盘"地位稳固，见图5-9。2018年以来，安康集中发展茶叶、魔芋、核桃、生猪等特色产业，通过有机农业带动第一产业的发展。从安康市经济发展情况来看，农业带动经济发展的作用越来越大，通过加大农业的占比，可以推动种植业相关特色产业的发展。从各区县农林牧渔业发展情况来看，安康农业主要集中在紫阳县、汉滨区和旬阳市，渔业发展较好的是宁陕县，服务业发展较好的是汉阴县，见表5-5。整体来看，安康各区县的农业占比都比较大，基本形成了以农业为主的产业发展格局。

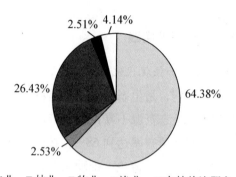

图 5-9 2022 年安康市农林牧副渔总产值构成情况

表 5-5 2022 年安康市各区（县）农林牧渔业总产值

地区	合计	农业		林业		牧业		渔业		农林牧渔服务业	
	总产值/万元	产值/万元	占比/%	产值/万元	占比/%	产值/万元	占比/%	产值/万元	占比/%	产值/万元	占比/%
安康市	3 104 572	1 998 788	64.38	78 571	2.53	820 756	26.43	77 814	2.51	128 643	4.14
汉滨区	769 454	519 991	67.58	15 064	1.96	186 630	24.25	12 631	1.64	35 138	4.57
汉阴县	344 735	206 264	59.83	15 521	4.50	98 063	28.45	8 994	2.61	15 893	4.61
石泉县	206 109	107 979	52.39	5 715	2.77	73 934	35.87	9 239	4.48	9 242	4.48
宁陕县	123 746	82 382	66.57	7 846	6.24	15 945	12.89	13 694	11.07	3 879	3.13
紫阳县	356 528	249 337	69.93	5 724	1.61	76 212	21.38	10 133	2.84	15 122	4.24
岚皋县	203 729	135 709	66.61	2 787	1.37	49 317	24.21	7 498	3.68	8 418	4.13
平利县	296 504	207 322	69.92	3 165	1.07	71 792	24.21	3 524	1.19	10 701	3.61
镇平县	100 791	53 193	52.78	7 109	7.05	34 508	34.24	2 178	2.16	3 803	3.77
白河县	242 751	171 825	70.78	4 604	1.90	57 288	23.60	1 171	0.70	7 863	3.24
旬阳市	460 225	264 786	57.53	11 036	2.40	157 067	34.13	8 752	1.90	18 584	4.04

资料来源：《安康统计年鉴 2023》。

　　第二，粮食产业稳步发展。受天气影响，安康秋季雨水多，粮食种植主要以秋粮为主，粮食产量处于稳定状态，见图 5-10。

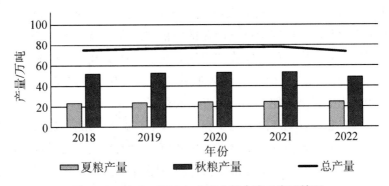

图 5-10 2018—2022 年安康市粮食产业发展情况

（资料来源：《陕西统计年鉴》）

第三，农作物多元化发展。近几年，安康市全面推进乡村振兴战略，构建现代农业体系，提出要以茶叶、魔芋、核桃、生猪、生态渔业为核心，大力发展药材、桑蚕、果业等产业的"5+X"发展模式，这也为安康的乡村产业发展指明了方向。安康地区在确保粮食生产的前提下，加大茶叶、水果等经济作物的种植，以多元化发展为农业经济注入活力。

2018—2022 年，安康市茶园面积、桑园面积、果园面积稳步增长（见表 5-6），这是因为安康自 2018 年以来，对茶叶、果园以及桑园进行重新规划，根据安康发展特色扩大茶叶种植，扩大以茶叶、蚕、魔芋为主的经济作物的发展。自 2018 年以后产业布局较为合理，并且茶园、桑园以及果园面积也在稳步增长，尤其是茶园面积的增长较快。

表 5-6 2018—2022 年安康市茶、桑、果种植情况 单位：公顷

年份	茶园面积	桑园面积	果园面积
2018	51 234	13 217	22 778
2019	56 608	14 252	25 591
2020	61 694	14 833	27 941
2021	62 862	15 018	29 215
2022	64 310	15 108	30 278

（2）农业的现代化发展水平稳步提升。

自从乡村振兴战略实施以来，安康市以建设西北生态经济强市为目标，探索农业产业现代化发展之路，持续深化农业供给侧结构性改革，发

挥农业"基本盘"作用，提升农业的综合生产能力。同时，安康市立足资源禀赋和产业基础，以安全重点产业链为依托，发展核心产业集群，打造高标准现代产业园区；创新实施"百园航母、千园提升、村村覆盖"三大工程，走出一条"产业引领、园区承载、科技支撑、龙头带动、品牌提效"的现代农业发展之路，为产业发展凝聚了新动能。

第一，农业综合生产能力稳步提升。农业综合生产能力是衡量农业现代化发展水平的重要指标。安康市人民政府加大农业技术的投资力度，实现粮食产量稳步提升，各种经济作物也在不断增产。2023 年，安康市农业机械总动力为 233.5 万千瓦，比 2018 年（开始实施乡村振兴）的 205.38 万千瓦增加了 13.69%，高于全省平均水平。以粮食旱涝保收、高产稳产为目标，安康市不断探索农业现代化发展的道路，加快推进高标准农田建设。

第二，现代农业园区不断发展。现代农业园区的主要目标是实现生产—加工一体化发展，这是整合资源要素，推进乡村产业振兴的重要探索。一方面，可以打破自然条件的限制，整合资源；另一方面，有助于做大做强特色产业，打造品牌优势。早在 2012 年，安康市就开始探索现代化农业园区建设道路，坚持规划引领、逐级创建、次第推进、持续发展的思路，因地制宜地开展上下联动的创建格局。目前，安康有国家现代农业产业园 1 个（平利县国家现代农业产业园）、省级现代农业产业园 36 个、市级现代农业园区 465 个、龙头企业 106 家、农业产业化联合体 27 个、市级以上示范农民专业合作社和示范家庭农场建设产业园 167 个。目前，安康市产业园区总数达到 1 533 个，占地 244.7 万亩。在产业园区运行中，安康市不断培育特色产业体系，以优势产业为核心，以现代化产业园区为抓手，推动特色产业集群化发展。

第三，电子商务逐步发挥作用。随着互联网的发展，电子商务日益成为现代农业经营的重要模式。安康市积极探索"互联网+现代农业"的路径，立足安康特色资源优势，加强电子商务与农业产业的融合发展，致力于打造农产品新型流通业态，实现农产品经营模式的转变。2023 年上半年，安康市网络交易额达 122.89 亿元，同比上涨 16.98%；网络零售额 29.92 亿元，同比上涨 21.56%。网络消费持续活跃，全市限额以上单位通过公共网络实现的商品销售 4.92 亿元，增长 37.5%。电子商务正在成为农业现代化发展的加速器，也为安康现代产业园区的发展提供了新的机遇和平台，延长了产业链。

（3）特色产业正在形成。

安康市以南水北调以及国家功能区划分为抓手，大力生产"生态有机产品"，再结合安康地区独特的资源优势，发展"富硒产品"，并以此为核心打造产业园区，形成一定的地域品牌优势。截至目前，安康市外销60多种生态富硒农产品，逐渐形成规模化发展。结合生态安康的建设目标，安康市以生态资源为优势，带动产业融合，形成安康特色优势产业。

第一，加大培育发展特色优势产业。安康立足生态资源优势，聚力实现"绿水青山"带动产业化发展；突出发展生猪、茶叶、魔芋、核桃、渔业五大特色产业，同时发展中药材、果业等生态产品；结合生态资源，发展生态旅游，以此延长产业链，推进一二三产业融合。安康围绕优质富硒农产品生产构建，打造全国富硒农产品供应基地。安康是目前天然富硒土壤覆盖地区最广、硒含量地层最厚，也最适合开发的地区，全域54.2%的土壤达到中硒以上的水平，因此也被称为"中国硒谷"，是"优质、环保、安全"的富硒区域。安康市人民政府立足资源优势，发展生态有机富硒产业，以五大特色产业建立产业园区，打造全国富硒农产品基地，见表5-7。

表5-7　2022年安康市五大特色产业发展情况

特色产业	产量	发展情况
生猪产业	1 985 445 头	以"公司+养殖场"（户）为主要发展模式，完善纯繁、扩繁、杂交利用生产体系，打造全省种猪繁育中心
茶叶产业	40 320 吨	依托自然资源和产业基础，打造地域品牌优势，形成以紫阳、平利、汉滨为核心的茶叶产业，紫阳、平利更是多次被评为全国茶叶百强县
魔芋产业	70.23 万亩	建立种植基地，提高种植技术，打造魔芋现代产业园区，并采用"公司+合作社+家庭农场+农户"的模式，带动农民就业。建立魔芋示范基地，发展特色产业
核桃产业	50 664 公顷	核桃是安康主要的林产品之一，安康市政府通过规划、政策支持和引导，对核桃进行规模化种植，同时提高科技含量，目前安康紫仁核桃、串串核桃已经形成安康特色，赢得市场口碑
渔业产值	77 814 万元	安康地区水域丰富，是陕南地区渔业产量最丰富的地方，以"绿色发展理念"构建渔业高质量发展，围绕"安康汉水鱼"建设一系列品鉴示范街、配送中心等设施，形成产品优势区

　　第二，发展多元县域农业产业。县域经济是连接城乡的重要经济带，与城市经济相互助推，互为依赖。县域具有较为完善的基础设施，是助推乡村振兴，发展城乡融合的关键，也是带动乡村产业发展的关键。安康市集中发展五大特色产业，大力发展县域经济，以县域为单元因地制宜开展多元特色农产品开发，围绕中药材、蚕桑、烤烟、蔬菜、食用菌、猕猴桃、拐枣、木瓜等开展县域富硒特色产业，见表5-8。在县域特色产业方面，安康市依据各县特资源，精准找定位，打造区域特色，带动县域产业经济的发展。

表5-8　安康市县域特色产业发展情况

地区	县域特色产业发展情况
汉阴县	立足自身资源以及财政支持，培育壮大以富硒粮油、猕猴桃、蚕桑、茶叶为主的特色产业，同时发展香菇产业、冷水鱼养殖、蔬菜种植以及脆李产业，多种产业齐头并进，带动乡村产业振兴
石泉县	立足石泉富硒资源优势和产业发展定位，发展以"蚕桑、畜牧、蔬菜、魔芋、中药材、富硒食品"六大支柱产业，同时培育和发展水果、茶叶、生态渔业、核桃等特色产业并进的农业产业
宁陕县	依托丰富的林业资源，发展林下经济；突出果、菌、药、畜四大主导产业，培育龙头企业；种植猪苓、天麻、五味子等中药材，发展核桃、板栗等林果产业，并发展食用菌、花椒、中蜂等农业产业
紫阳县	全国两大天然富硒区之一，茶叶、魔芋等富硒生物资源丰富，紫阳茶叶历史悠久，已经开发了绿、白、红、黑及调味茶等茶产品40余种，并以茶叶为主发展特色茶旅融合；建立金钱橘、果蔬、硒菇、药材等产业基地，探索富硒产品生产经营模式
岚皋县	被称为"中国魔芋之乡"，采用魔芋、茶叶、猕猴桃为主导的"3+X"特色产业发展模式，通过延长产业链，构建现代产业发展体系，同时发展烤烟、水产养殖、中药材种植等特色产业，逐步形成了集绿色生产、产业观光、科普教育、研学实践为一体的新业态
平利县	立足自身资源优势，围绕"硒茶""柑橘""稻米""秀水"四大名片，以茶饮产业为主导地位，做好特色主体产业的同时，发展中药材、林果、生猪、中蜂等特色产业，培育龙头企业
镇平县	利用当地中药材资源，以中药产业为核心，建立中药材基地，发展中药材17万亩，占全市中药材21%，并以中药材为首位产业，探索中药康养旅游带动山林资源转化，并与高校合作，研发一系列中药材产品，比如金丝皇菊饮，柴胡醒酒汤、石斛酒等

表5-8(续)

地区	县域特色产业发展情况
白河县	"中国光皮木瓜之乡",以木瓜种植为核心,建立健全木瓜产业链,建立木瓜工业园区,新建了木瓜观光广场、木瓜研发中心,研发"木瓜+"产品系列,增加产品附加值,目前有木瓜黄酒、木瓜月饼、木瓜饼干、木瓜果脯等一系列产品,同时带动发展其他种植业、林业发展
旬阳市	位于"中国硒谷"核心地带,以富硒+为核心,发展拐枣、林果(樱桃、黄桃、核桃)、茶叶、魔芋、生猪、烟草、渔业、桑蚕八大产业体系

第三,加强品牌建设,塑造县域特色产业发展新优势。产业品牌建设有助于增加产品知名度,形成区域优势,增加产品附加值,推动产业高标准高质量发展。安康市以"富硒+"为核心,构建特色产业链,形成区域优势。同时,安康市围绕茶、水、魔芋、生猪、渔业、核桃六大支柱产业,以及县域特色产业推进特色品牌建设,形成了一系列安康特色品牌。目前,安康共有全国名特优新农产品36个、特质农产品31个,地理标志保护产品15个,培育了紫阳毛尖、白河绿茶、岚皋猕猴桃等一批特色鲜明、品质优秀的地域品牌,有效提升了特色优质农产品品牌的知名度,也不断塑造和扩大"富硒+"的地域影响力。

第四,建立健全产业链,推动富硒产业融合。安康市立足资源和生态优势,把富硒产业以及生态产业置于乡村产业经济发展的首位,聚焦特色产业,建立健全产业链,推动富硒产业融合发展。首先,以"富硒+"为主要发展方向,建立现代产业园区,培育特色品牌。目前,安康市开发富硒产品300多个,建成了富硒产品供应基地;成立4个"国字号"科研机构、6个省级富硒产业科技创新平台、3个院士工作站、26个专家工作站,组建科研团队,进行产品研发;注册"硒"字商标,打造品牌效应,以"富硒+"和"康养""生态"发展生态旅游,进一步带动品牌产业建设,推动实现产业融合。目前,旅游业已经成为安康经济发展中的重要环节,全市有国家 A 级旅游景区46家,省级旅游度假区3家;全国乡村旅游重点镇1个,全国乡村旅游重点村5个;陕西省旅游特色名镇18个,陕西省乡村旅游示范村35个,国家旅游休闲街区1个,省级旅游休闲街区2个。"茶旅融合"茶园旅游、体验茶文化逐渐成为一种新兴旅游方式,带动安康市乡村产业的发展。

5.1.2.2 乡风文明:推动乡村文化发展

文旅融合是安康产业经济发展的重要支柱,文化发展也是安康乡村振兴的重要抓手。安康市以"美丽乡村·文明家园"作为乡村建设的主题。党的十八大以来,安康市以"诚、孝、俭、勤、和"为主题,加强乡风文明建设,并在全市范围内大力开展移风易俗活动,营造良好的乡风氛围。安康市以建立"美丽乡村 文明家园"示范点为引领,带动农村开启乡风文明建设之路,目前有 10 个村(社区)获批省级"美丽乡村 文明家园"建设示范点,见表 5-9。随着示范点的建设,精神文明建设在农村地区逐渐普及,安康地区的农村都开展移风易俗活动,并根据地方特色开展文化宣传活动,乡村文化事业取得了巨大的进步。

表 5-9 安康市省级"美丽乡村 文明家园"建设示范点

区(县)	村镇
汉滨区	县河镇红升社区
旬阳市	仁河口镇桥上村
汉阴县	双河口镇三柳村
石泉县	池河镇西苑社区
宁陕县	筒车湾镇海棠园村
紫阳县	蒿坪镇蒿坪村
岚皋县	四季镇天坪村
平利县	大贵镇儒林堡村
镇坪县	华坪镇尖山坪村
白河县	卡子镇陈庄社区

(1)民风水平不断提升。民风是一个地区精神风貌的体现,也是一个地区思想意识水平的体现,良好的民风对于提升乡村治理效能发挥着重要的作用。安康地区采取一系列措施,民风建设取得了重大的成果。

第一,农民的文明认知程度不断提升。农民对于文明的认知与接受度是与教育相关的,截至 2022 年年底,安康市常住人口 247.14 万人,其中拥有初中文化程度的人口为 103.79 万人,占 42%,学龄前儿童毛入学率达到 100%,拥有大专及以上文化程度的人数为 39.01 万人,居民受教育程度大幅提升。随着教育的普及和提升,农民的文化程度也在提升,对文化的认可度和对文明的认知度都在提升,农民整体的文化素质也得到提升。安康市利用文化墙、新媒体平台,统筹开展思想道德宣传教育活动,开展理论宣讲以及政策解读，同时加强对农民的理论教育与技能培训，提升农民的素质。安康市围绕乡村产业振兴的目标，培育认定高素质农民，截至2022年年底，安康市认定高级职业农民355人，中级职业农民939人，高素质人才的培育为乡村振兴带来了人才活力，并带动农村生活生产方式的转变。安康市始终将培育高素质农民作为乡村人才振兴的重点，获得2021年度高素质农民绩效管理评估省级优秀，并在全省排名首位。

第二，以良好家风带动文明乡风。安康地区山地较多，农村分布较分散，很多农村以家族为主要关系网络形成，家风对乡风的影响有着至关重要的意义。安康市以"家风+"为抓手，深入学习习近平总书记关于注重家庭家教家风建设方面的重要论述，深入开展新民风建设工程，弘扬和传承传统家风。安康市以传统美德带动良好家风，增强农民的文化归属感、认同感、自豪感；充分发挥榜样引领作用，以"培育好家风·建设新民风"为主题，每年开展"最美家庭"评选，同时根据农民生活特点开展"好婆婆""好媳妇""好妯娌"评选；通过典型案例带动农民建设美好家风的积极性。为更好地发挥家风的引领作用，传承中华优秀传统文化，安康市率先开展"家训进万家"活动，各县积极推进，将传统家训文化带入乡风文明建设工作，各地也开始建立特色家训展览馆。汉阴县是全国首个"家训文化之乡"，汉阴县池镇枞岭村沈氏家训展览馆是安康首个"陕西省家风教育示范基地"。安康市于2020年建立安康市家风家训馆，成为安康市开展家风教育，实现好家风、好民风、好社风的重要场所。

第三，持续推进移风易俗建设。安康市以"新民风道德评议"为抓手，持续深化推进移风易俗专项工作，深入整治陈旧习俗，以"诚、孝、俭、勤、和"为主题，在农村宣传新的婚恋观、家庭观，简化"红白喜事"，破除封建迷信，树立新型"丧葬观"和"祭奠观"。安康市引导农民养成文明的生活方式，实现和谐文明乡风，建立健全"一约四会"制度，将移风易俗写入村规民约，形成一种制度约束。各区县也积极参与到移风易俗专项整治工作中，因地制宜形成地方特色。比如，旬阳市金寨镇持续开展"说论亮"道德评议，扶正祛恶，扬善抑恶，推动乡风文明建设，并荣获"全省农村移风易俗工作先进镇""全国乡村治理示范镇""全国文明村镇"称号。宁陕县通过"善行义举榜"和"曝光台"，鼓励农民向优秀善举学习，改善自身的行为，推动形成文明乡风、良好家风、淳朴民风。为了鼓励更多人参与到移风易俗治理工作中，陕西省开展了"移风易俗·文明乡风百名优秀志愿者"评选工作,其中安康市有 11 人获得此项荣誉。

(2)乡村公共文化服务体系实现创新性发展。党的十八大以来,安康市积极创建公共文化服务体系示范区,提升乡村振兴文化"软实力",这是陕南地区乡村公共文化服务体系的实践探索和经验总结,在引领新民风,助力新乡风方面起到了重要的作用。

第一,健全公共文化设施。安康市推动完善文化馆、图书馆"两馆"总分馆制,并推动数字化发展。通过对基础设施建设的完善,安康市实现了图书馆、文化馆以及群艺馆的优化升级,并提供"安康阅读吧"24 小时阅读设施,全面对外开放。市、县(区)两级公共图书馆和文化馆建设实现全覆盖,并发挥"农家书屋"的有效作用,为群众提供良好的阅读基础环境。镇、村(社区)文化服务站实现全覆盖。截至 2022 年年底,安康市博物馆累计建成 13 个,参观人次 598 400 人;村史馆(社区博物馆)50个,并实现全面开放;广播电视台 10 座,县级广播电台有 9 个,村级广播室 290 个、广播点 1 621 个、广播综合人口覆盖率为 99.83%,电视综合人口覆盖率为 99.88%。安康市初步实现覆盖城乡的公共文化服务体系,基本文化服务设施实现全覆盖,公共文化服务供给质量和服务能力不断提升。

第二,提升公共文化服务供给能力。一是举办特色活动,丰富人们的业余生活。2022 年,安康市群众艺术馆、文化馆(站)举办 657 次展览,文艺活动举办 4 337 次,以艺术形式和丰富多彩的活动形式传递新思想、提倡新文明、带动新乡风。村(镇)综合文化中心是乡村文化发展的"最后一公里",也是满足人民精神文化需要,推动乡村文化振兴的主要阵地,是乡村社会治理的重要基础。二是开展非遗传承活动,提升文化认同感和凝聚力。安康的"汉调二簧""平利弦子腔""紫阳民歌""旬阳民歌"都是国家级非物质文化遗产传承项目,安康市将这些传统乐曲融入艺术表演中,同时还结合民众的需要以及时代的发展加以创新和改编,每年新创作各类文艺作品千余件。其中,新创民歌剧《闹热村的热闹事》入选国家艺术基金扶持项目并全国巡演。紫阳县、汉阴县、汉阴县涧池镇、旬阳市构元镇被列为"民间文化艺术之乡"。民间艺术文化的发展,在传承中华优秀传统文化的基础上,也带动人们的审美,影响人们对于生活的态度和方式。

第三，实现公共文化服务高质量发展。一是持续深化改革，建立健全农村公共文化服务体制机制。安康市以创建国家公共文化服务体系示范区为抓手，推动乡村文化建设观念、治理结构和供给侧结构性改革，培育乡村文化自组织能力、内生性发展动力、乡村文明生长点，并在实践过程中将乡村文化建设与脱贫攻坚、新时代文明实践、乡村学校教育相结合，即"三改革""三培育""三结合"，初步形成乡村文化发展的"安康样板"。二是开展公共文化试点工作，打造公共文化示范样板。安康市率先开展公共文化服务示范工作，总结经验，探索陕南地区乡村公共文化的发展。截至 2022 年年底，安康市创建示范镇 20 个、示范村（社区）36 个，安康市也成为第四批国家公共文化服务体系示范区，全市 8 个县（市、区）省级文化先进县创建达标，石泉县池河镇、汉阴县涧池镇、白河县城关镇被评为省级公共文化服务高质量发展示范镇。

（3）推动文化产业化发展，打造特色文化品牌。将地域文化打造成特色品牌，带动文化产业的发展是乡村文化振兴的重要抓手。安康市拥有南北交融形成的独特历史文化，也有丰富的红色文化资源。安康市以历史文化和红色文化为核心，以旅游业为主要产业，推动文化产业发展，带动经济发展的同时也进一步推进了文化的传播，提升农民对于文化的关注度，进一步推进了农村精神文明建设。

第一，发展历史文化产业。安康市历史文化资源丰富，目前有县级以上文物保护单位 1 010 处，其中国家级重点文物保护单位 3 处、省级文物保护单位 99 处。受历史因素的影响，安康市的历史文化呈多元化的特征，既有以汉水为核心发展起来的汉文化和汉水文化，也有秦楚文化交织形成的独特文化和饮食习惯。由于发展起步较慢，安康市的很多历史老街没有被改建，都很好地保留下来。安康市利用历史文化资源，打造古城文化、历史文化街区等，做大做强打造历史文化旅游产业，带动文化产业的发展。目前，安康市有 2 个省级历史名镇、1 个历史文化名村、10 个省级历史文化街区，见表 5-10。通过历史文化产业的发展，带动农耕文明的传播和创新性发展，可以推动传统文化礼仪的传播，促进和谐文明的乡风，为乡风文明建设注入历史特色和新声。

表 5-10　安康市省级历史名镇、历史文化名村、历史文化街区

历史文化名镇	旬阳市红军镇
	紫阳县焕古镇

表5-10(续)

历史文化名村	紫阳县向阳镇营梁村
历史文化街区	安康市汉滨区东关街区
	紫阳县焕古镇老街
	石泉县城关文化街区
	旬阳市蜀河镇街区
	汉阴县双河口镇老街
	旬阳市下城街历史文化街区
	旬阳市府民街历史文化街区
	白河县城关历史文化街区
	石泉县后柳老街历史文化街区
	安康市恒口示范区（试验区）老街历史文化街区

第二，发展红色文化产业。安康市作为陕南与川渝的交界地，有着丰富的红色文化资源。随着红色文化和旅游业的兴起，安康市积极推动以红色为主题的文化产业发展，一方面传播红色文化，带动民族凝聚力，推动新乡风的发展；另一方面，带动乡村经济的发展。目前，安康市有40个红色旅游革命遗址，红色旅游资源丰富。安康市依托红色文化资源，在乡村文化产业发展过程中充分发掘农村红色文化资源，传承红色基因。安康市积极开展红色美丽村庄试点，打造红色文化品牌，积极建立红色教育基地，统筹推进周边农家乐、村史馆、民宿等基础设施的发展，推动资源优势转化为发展优势。其中，平利县八仙镇获批国家级红色美丽乡村试点。安康市通过红色文化产业带动红色文化的兴起，推动爱国主义教育，用红色精神为乡风文明注入新的动力。

5.1.2.3 生态宜居：走生态优先绿色升级之路

安康是国家重点生态功能区，处于秦巴生物多样性发展的核心地带，在国家生态文明建设中发挥着重要的作用，也是国家生态发展重要战略布局地区。安康市深入学习贯彻习近平新时代中国特色社会主义思想，把高质量发展作为目标，坚定不移走生态优先、绿色升级之路，绘就天更蓝、山更绿、水更清的生态新蓝图。安康市通过一系列政策措施，突出净、绿、美，提升全市农村人居环境整体水平，全市农村人居环境整治"百千工程"示范村达到339个。随着国家低碳城市试点建设项目完成，安康市生态环境也在不断提升，相关制度体制不断完善，基础设施建设向高质量发展，生态资源转型稳步前行，正在向宜居安康的目标前行。

（1）扎实推进环境保护工作。生态宜居，自然环境是基础。安康市加大力度推进生态环境保护工作，通过退耕还林、完善制度和监督体系，恢复和保护生态环境。

第一，恢复生态环境，厚植生态底色。安康市以国家森林公园的建设和巩固为抓手，统筹规划乡村绿化美化工作，推进林业工作高质量发展。目前，安康市共有林地面积 3 014 万亩，森林覆盖率 68%，各种自然保护地达到 30 余处，推动林草资源质量持续提升。安康市坚持以改善水资源环境质量为核心，持续推进水污染治理工作。安康市对国控断面实行"一断一策"水质达标方案，坚决守牢水环境质量安全底线。安康市通过减少化肥使用以及改善水土环境，使土地环境不断提升，全市受污染耕地安全利用率达 92%，土壤污染得到有效治理，土地污染风险不断降级。通过减污降碳的一系列举措，安康市整体的环境指数、空气指数都在上升，空气质量提升，生态环境持续优化。

第二，建立健全环境保护制度体系。安康市将环境保护纳入"三项机制"，作为"三大攻坚战"的重要内容，并出台一系列政策方案，为安康生态治理规划蓝图、保驾护航，见表 5-11。

表 5-11　安康市环境保护相关政策

政策类型	政策内容
生态保护	《关于大力实施生态立市的指导意见》； 《安康市生态环境保护责任清单》； 《安康市秦岭生态环境保护规划（2018—2025 年)》； 《安康市环境影响评价审批正面清单改革试点实施方案》
水污染防治	《安康市汉江水质保护条例》； 《汉江流域安康段入河排污口排查整治工作实施方案》
地质环境	《安康市矿产资源总体规划》； 《安康市矿山地质环境保护与治理规划（2017—2025 年)》
空气质量	《安康市烟花爆竹燃放管理条例》

第三，完善监督体制。安康市招募护林员对森林环境整治进行监督，还发挥民间组织的力量，建立 38 支女子义务护河队，保卫汉水。安康市广泛发动志愿者加入环境监督与治理过程，同时建立水质监测站 14 座，空气

自动监测站 20 座，对环境质量进行监督，并进行及时有效的治理。安康市还持续开展秦岭生态治理工作，及时排查整改发现的问题，组织实施生态环境保护宣传进社区进农村，扎实开展环境保护宣传工作，改变人们的生活方式，培养人们的生态意识。通过一系列政策措施，安康市构建了生态环境保护的"四梁八柱"，为生态环境保护续航。

（2）村容村貌焕然一新。随着城镇化进程的深入，乡村生活格局发生了重大的变化，乡村"空心化"现象日益严重，乡村风貌也面临着艰巨的挑战。近几年，安康市认真贯彻乡村建设的各项政策方针，加强公共基础设施建设，统筹规划，有序推进村容风貌整治。目前，安康市农村公路畅通、各项水利设施、网络设施不断完善，农民的用水用电等需求也得到满足，同时村容整洁、生态优美、生活便捷的乡村风貌正在形成。

第一，农村各项基础设施不断完善。2018 年以来，安康市将"厕所革命"作为村容村貌整治的重点工程，加大力度改造农户厕所，每年改造数量增长约 5%。截至 2022 年年底，安康市农村厕所普及率达到 75%，农村地区如厕条件得到明显改善。安康市巩固提升农村用水安全保障，一方面加强水源治理，保障用水安全，另一方面加强自来水供应基础设施建设，保障用水便利。截至 2022 年年底，安康市农村自来水普及率达到 95%，农民的日常用水有所保障。安康市加强通村道路建设，目前全市公路里程总数 26 032.2 千米，其中县乡村道路 22 945.1 千米，全市通村路及道路硬化实现了全覆盖，村庄交通条件进一步改善。安康市保障住房安全，进一步推进农村住房安全建设，逐步建立健全长效机制，持续推进农村危房改造工作进度，截至 2021 年年底累计改造农村危房 18.4 万户，解决 64.2 万人的基本住房安全问题，保障了人民的基本生活。

第二，完善电力、通信、广播电视的整治。随着时代的发展，电力、通信、广播电视对村容村貌以及乡风文明也有着重要的影响。安康市加大农村电力线、通信线以及广播电视网络线，即"三线"工程的建设，结合乡村发展的实际需求，加强电网的规划与建设，实现电力入户全覆盖，目前农村电网供电用户达到 112.3 万户，户容量 2.09 千伏安，农村用电得到保障。安康市农村通信事业不断发展，宽带网络实现全覆盖，截至 2021 年年底，全市邮路总长度 5 221.00 千米，行政村快递服务实现全覆盖，全面提升农村的邮政业务质量，为实现乡村电商平台的发展提供基础；截至 2021 年年底，安康市互联网宽带用户 103.92 万户，互联网实现城乡全覆盖。互联网的发展也进一步带动了广播电视的发展，截至 2021 年年底，安康市广播人口覆盖率达到 99.62%，电视综合人口覆盖率达到 99.8%，基本实现了全覆盖。与时俱进的"三线"工程，也是提升农业农村现代化发展的重要工程。

第三，着力提升村容村貌。安康市坚持因地制宜，净化生态环境与保持传统民风相结合，坚持以农村污染治理为核心，打赢农村污染整治攻坚战。安康市统筹推进农村污染防治，实施乡村公共环境治理，管理好环境卫生，实现村容整洁、生态文明的新农村建设。安康市推进农村生活污水治理，因地制宜对农村污水进行统筹规划，开展污水治理工程。截至 2023 年 6 月底，农村污水处理率达到 38.3%，建成农村污水处理设施 441 套，对于 13 条黑臭水体，已经治理 6 条，治理率达到 46.2%。平利县入选陕西省首批农村污水治理"整县推进"试点县，对安康市农村水污染治理起到引领作用。安康市全面加快农村生活垃圾处理工作，以建设清洁乡村、生态乡村、美丽宜居乡村为目标，按照"源头减量、就地利用，无害处理、市场运作"的工作思路制定农村垃圾治理的政策，以农民便于理解的方式，将农村生活垃圾分为可就地转化为废料的垃圾、可回收再利用的垃圾和不可回收再利用的垃圾，方便农民的日常操作。安康市采用 PPP 模式（政府和社会资本合作模式），引入社会资本参与垃圾处理站的建设以及运营，社会资本的参与也加速了生活垃圾处理的进程。截至 2023 年年底，安康市农村生活垃圾处理率达到 93%，其中岚皋县和石泉县被评为农村生活垃圾和资源化利用示范县。安康市推进各项农业生产活动污染治理，生猪养殖取得重大成果，畜禽粪污综合利用率达到 85%。在农业种植上，安康市减少化肥使用量，提升废物利用率，截至 2023 年年底，安康市旧农膜回收率达到 83.33%，农作物秸秆综合利用率达到 90%。安康市围绕人居环境整治工程，以村容村貌、生活宜居为目标，整治农村污染，村容村貌发生了巨大的改变，向干净整洁美丽宜居村庄转变。

（3）推动产业的生态转型。

在国家功能区规划中，安康市被规划为限制开发区，安康市的工业发展必然受到影响，而安康市又有着独特的自然资源和山林资源，要实现经济的发展，就要充分发掘自身资源优势，发展生态经济。安康市依托自身资源优势，发展生态产业，以"生态经济化，经济生态化"发展为目标，发展山林经济、富硒产品以及生态旅游业，将资源优势转化为经济产业，带动经济发展的同时推动企业生产方式向生态友好型转变，实现"青山绿水"的致富之路。

第一，发展山林经济。安康市地处秦巴腹地，森林覆盖率超过 68%，"山"和"林"是安康最大的资源优势。丰富的水资源和适宜的气候，为安康市的生物多样性提供了自然基础。安康市是秦巴生物多样性重要生态功能区的核心区域，也被称为"秦巴物种基因宝库"。安康市将山林经济作为林业转型的起点，实现传统林业向生态林业发展，推动林业升级，带动山林经济的发展。安康市以建设产业园区、培育"龙头企业+农户"的模式，发展药材产业、林果经济（核桃、水果）以及桑蚕养殖业。安康市境内拥有中药材 1 299 种，独特的土壤优势和环境优势，安康的中药材质量较高。安康市根据药材生长特点以及地区条件，在各县建立人工养殖基地，提升中药材的产量，不断优化种植技术。同时，安康市推进县域生物医药产业园的建设，完善中药仓储物流以及加工等一系列工业园区，建立健全产业链发展。安康市加大林果产业扶持力度，建立林果经济产业园，以"产业园区+合作社+基地"的模式，带动农户种植特色林果，发展林业产业经济。截至 2021 年年底，安康市园林水果面积 45.42 万亩，增长 3.6%，产量 25.39 万吨，比上年增长 5.9%。通过统筹规划，安康市各地因地制宜发展果业，目前初步形成秦巴山区猕猴桃、汉江沿线优质柑橘、月河流域小杂果果业产业带，同时，各地针对地方特色种植拐枣、木瓜、桃、李、杏等产品，并结合林下药材以及魔芋产业发展综合性农业产业园区。安康市不断提高农产品质量以及品牌价值，白河木瓜、旬阳拐枣、旬阳狮头旬阳荷包杏以及吕河蜜橘已经成为安康规模特产水果。安康市依托自然资源发展桑蚕养殖产业，探索创新发展模式和路径，建立全国优质茧丝绸生产基地，加快实现产业转型。截至 2022 年年底，安康市桑园面积达 22.66 万亩，增长 0.6%，产量 1.88 万吨，增长 0.3%。除了扩展桑蚕养殖面积，安康市还拓展产业链，结合信息技术在生产基地运行"智慧蚕桑"，建立标准化桑园，提高茧质质量，持续发力把产业做大做强。

第二，做大做强富硒农产品。安康市是陕西天然富硒土壤覆盖地区最广、硒资源最丰富的地区。自 2020 年以来，安康市将富硒产业定为立市产业，以紫阳县为核心，将"富硒+"产业作为产业发展首位。安康市通过建立全国富硒产品供应基地，实现产业向生态友好型转化，带动农民走上了生态致富之路。安康市富硒食品产业链连续多年保持 30% 的增长速度，成为中国富硒产区之首。安康市以富硒茶为发展重点，同时发展富硒魔芋、富硒核桃、富硒粮油等产业，并建立富硒产业集群，培育规模富硒食品加工企业。目前，安康市已形成规模企业 30 家，涵盖茶叶、果业、魔芋、水、生猪、粮油等多个富硒产品，同时建立 3 个富硒产业院士工作站、26 个专家工作站，建立科研团队，提高富硒产品的研发效率和产品质量，见表 5-12。为了推动富硒产业的发展，安康市制定《安康市硒资源保护与利用条例》《安康市富硒产业发展规划》，为富硒产业的发展提供政策支持和保障。

表 5-12　安康硒产品主要目录

地区	企业	主要产品
白河县	白河县歌风春燕茶业有限公司	茶叶
	白河县逸酒酒业有限责任公司	木瓜果酒、白酒、配制酒
汉滨区	陕西巴山佳芋大健康产业开发有限公司	魔芋浓缩液产品
	安康市汉水韵茶业有限公司	茶叶
	安康龙王泉富硒矿泉水有限公司	富硒矿泉水
	安康市麦艺园富硒食品开发股份有限公司	面粉、挂面
汉阴县	安康汉阴华晔植物药业有限公司	以葛根、杜仲、桑叶以及小粒黑豆为主要原料开发功能型产品
	汉阴县新鑫米业有限责任公司	无公害富硒大米
	汉阴县嘉木田园生态农业科技有限公司	富硒茶
岚皋县	岚皋县竹山食业有限公司	魔芋食品
	陕西硒宝科技有限公司	天然富硒饮用水
	陕西省岚皋县御口韵茶业有限公司	天然富锌、富硒茶叶
平利县	安康秦汉古茶发展股份有限公司	茶叶
	平利县女娲银峰茶业有限公司	茶叶
	平利县神草园茶业有限公司	绞股蓝产品
	平利县盛丰源食品有限公司	畜禽养殖，猪肉加工
	平利县一茗茶业有限责任公司	富硒黑茶（茯茶）、绞股蓝茯茶、桑叶茯茶等以茯茶为主的茶叶产品开发

表5-12（续）

地区	企业	主要产品
石泉县	陕西石泉珍爱生态农业科技开发有限公司	蚕桑副产品加工
	石泉县雀山茶业有限公司	茶叶
旬阳市	旬阳市国桦农林科技开发有限公司	香菇、木耳等农林产品
	旬阳市天正酿造有限公司	拐枣深加工产品，如拐枣醋
	太极缘生物科技有限责任公司	拐枣深加工产品，如拐枣浓缩汁
	旬阳市铜钱关太极茶业有限公司	茶叶
镇坪县	镇平县硒源食品有限公司	淀粉及淀粉制品
	镇坪欣陕农业科技有限公司	高山富硒茶叶
	镇平县汉巴食品有限公司	腊肉
紫阳县	陕西硒谷产业发展有限公司	农副产品、富硒矿泉水、富硒饮料
	紫阳县开源富硒科技发展有限公司	富硒农产品
	陕西省紫阳县焕古庄园富硒茶叶科技有限公司	富硒农产品
	紫阳县宏威富硒农业科技有限公司	有机富硒茶叶

第三，茶旅融合带来新动能。安康市聚焦"六大特色农业"建立健全产业链，以"中国硒谷"结合生态资源带动产业融合。一方面，围绕安康的秦楚文化以及茶文化，结合旅游业发展文旅融合产业；另一方面，以独特的山林资源为优势，发展休闲康养产业。在带动生态文化旅游的同时，安康市也带动富硒食品加工产业的发展，实现产业的生态转型，为农民增收拓宽了渠道。安康市旅游资源丰富，有国家 A 级景区 46 家，其中 4A 级景区 15 家，全国乡村旅游重点村 5 个，全国乡村旅游重点镇 1 个，还有国家级森林康养基地、全国旅游示范县等旅游资源（见表5-13），2022 年国内旅游收入 130.67 亿元，第三产业增加值 554.02 亿元，在带动国民经济和乡村产业转型过程中发挥着重要的作用。

表 5-13 安康市国家级旅游项目

项目	区县	内容
全国乡村旅游重点村	旬阳市	仁河口镇水泉坪村
	石泉县	饶峰镇胜利村
	岚皋县	四季镇天坪村
	石泉县	后柳镇中坝村
	宁陕县	筒车湾镇七里村
全国乡村旅游重点镇（乡）	石泉县	后柳镇
全国休闲旅游街区	石泉县	秦巴老街
国家森林康养基地	宁陕县	以县为单位申报的森林康养基地

安康市实现产业融合主要是通过文化产业赋能的"文化+旅游"和生态产业赋能的"生态+旅游"的方式。文化赋能主要是指通过发展文化产业，带动旅游业的发展。生态赋能主要是指充分利用安康宜居的自然环境以及国家森林公园资源，结合中药产业发展康养旅游业。随着产业融合的不断深入，产业融合的范围也在不断扩大，现在更多的是文化+生态+旅游产业融合，属于多元产业的发展模式。生态+茶旅融合是安康地区产业融合发展的重要途径。比如，安康市紫阳县蒿坪镇以茶旅融合推动文化体验、休闲度假以及旅游健康融合发展的新业态，同时带动当地特色民宿文化艺术节的宣传和发展。汉滨区以"陕茶一号"为主要品牌，发展生态康养产业，建立茶旅融合示范村，带动茶旅融合新发展。平利县整合转化优势资源，一方面打造高质量茶叶产业链，另一方面整合生态人文资源，实现旅游资源价值转化。

5.1.2.4 治理有效：提升基层治理能力

乡村振兴战略实施以来，党中央高度重视基层治理能力的提升。为贯彻落实党中央精神，提升乡村振兴实效，安康市将基层治理作为政府治理能力的重要抓手，安康市下辖 10 个县（市、区），其中 135 个镇，1 673 个行政村，农村人口 119.95 万人，村"两委"在基层治理中发挥着关键作用，是提升乡村治理效果的基础。安康市通过加强组织覆盖率，完善行政村的体制机制，推动基层党委发挥政治引领作用，提升基层政府的治理能力，发挥村民自治，引领乡风文明实现"法治、德治、自治"三治融合的乡村治理新格局，推动乡村治理效能提升以及治理现代化发展。2019

年，农业农村部开展乡村治理示范建设，安康市汉阴县成为全国首批乡村治理体系建设试点单位，截至 2022 年年底，安康市共有全国乡村治理示范镇 2 个，全国乡村治理示范村 8 个（见表 5-14），省级乡村治理示范镇 3 个，省级乡村治理示范村 7 个，汉阴县"三线两化一平台"基层社会治理模式入选全国首批乡村治理典型案例，乡村治理取得重大进步。

表 5-14 安康市全国乡村治理示范镇、村

全国乡村治理示范镇	安康市旬阳市金寨镇
	安康市白河县卡子镇
全国乡村治理示范村	安康市紫阳县城关镇青中村
	安康市石泉县池河镇五爱村
	安康市宁陕县新场镇花石村
	安康市石泉县池河镇明星村
	安康市平利县城关镇龙头村
	安康市汉阴县城关镇三元村
	安康市平利县老县镇蒋家坪村
	安康市汉滨区县河镇牛岭社区

（1）完善组织建设，提升政治引领。

第一，加强基层组织建设。一是建立健全村"两委"。村"两委"是乡村基层治理的基础。目前，安康市下辖 1 673 个行政村，农村基层党组织建设实现全覆盖，并且都完成了村"两委"班子的换届工作，村"两委"班子成员高中及以上学历的比例提高了 27.16%，班子成员学历不断提升，进一步推动乡村治理能力现代化的提升。二是实现农村基层组织机构标准化建设。安康市推进乡村治理示范镇（村）的建设，截至 2023 年年底，成功创建 43 个省级乡村治理示范镇，逐步开展标准化乡村治理示范村镇的建设，全面提升基层党组织水平。三是开展常态化驻村帮扶工作。安康市选派第一书记和驻村工作队协助基层党组织建设、提升组织建设能力，截至 2022 年年底，共选派 1 189 名第一书记和 2 339 名工作队员，为基层党组织提供了人才支撑，带来了新的活力。

第二，推动基层党组织工作有效覆盖。安康市创新性推行党建引领基层治理"321"模式，即以基层党组织为核心，以"党员联系群众、人大

代表联系选民、中心户长联系村民"的三线联系为纽带，以"管理网格化、服务精细化"的两化管理为路径的"核心+纽带+路径"构建一个服务网络，实现基层治理全方位、全过程、全覆盖。此项工作取得了巨大的成效，极大提高了基层的治理效能，并被评为全国加强和创新社会治理典范案例以及全国首批乡村治理典型案例。同时，安康市依托"支部联建、产业联盟、资源联享"的"三联"机制，提升农村党建引领工作，推动乡村在党建引领下实现资源整合，优化发展。目前，安康市集体经济"空壳村"的情况完全改变，农村居民可支配收入持续增加。

（2）提升基层政府的治理能力，夯实治理堡垒。

第一，提升基层政府的治理效能。一是加强培训，提升基层治理能力。安康市以乡村治理示范村建设为抓手，依托石泉县"乡村振兴学院"、平利县"两山"理论学院提升基层治理的理论基础，同时采用外派学习的方式对干部以及基层政府工作人员进行理论知识和专业技能的培训。二是实施"五同"机制，提升基层治理效能。为提高政府效能，实现资源的有效整合，安康市积极推进政府治理的协同工作机制的运行，即组织同建、阵地同管、要事同办、环境同治、效果同评的"五同"机制，推动社会力量参与到社会治理中，形成党建引领，基层治理以及社会参与的一个协同治理机制，实现资源整合、服务整合、工作整合，实现基层治理的网格化。目前，安康市推动实现106家机关企事业单位党组织与83个社区党组织达成"契约协议"，大大提升了治理效能。安康市顺利完成退耕还林以及植树造林工作，截至2023年年底，安康市森林蓄积量累计7 700万立方米，森林覆盖率达到68%。自2011年实施移民搬迁工程以来，安康市累计建设安置小区1 364个，搬迁群众26.84万户、94.1万人，实现近百万人等额搬迁工程。随着治理能力的提升，安康市生态环境治理取得了重大的进步，农村基础设施不断完善，公共服务能力不断提升。

第二，实现数字化乡村治理。随着"互联网+"理念的不断发展，安康市抓住数字经济发展的机遇，积极投入网络基础设施建设，新建农村宽带光网端口1.7万个，覆盖行政村1 520个，农村光网覆盖率达到了93.2%，新建农村5G基站87个，实现5G县域重点区域基本覆盖和4G网络行政村全覆盖。安康市在农村发展电子商务，带动乡村产业经济发展，同时创造性开展乡村信息惠民服务和乡村治理数字化建设。安康市将数字化与乡村治理相结合，推动"互联网+政务服务"向乡村延伸覆盖，实现信息化管理，有效缓解乡村监管效率低、乡村产业发展不充分、信息不平衡的问题。针对乡村产业、基层治理、信息惠民、公共服务等重点领域，安康市构建以产业发展为核心的"1+3+N"数字乡村云平台，为基层治理赋能，提升基层治理效能，走出一条集约化、数字化、智慧化的乡村振兴之路。同时，安康市积极打造数字乡村试点区，建立健全数字化乡村发展体系，2021 年，汉阴县入选陕西省首批数字乡村试点地区，2022 年，安康市数字乡村大数据平台入选陕西省数字乡村建设优秀成果和陕西省数字经济典型示范案例。

（3）发挥群众自治的作用，突出农民主体性。

安康市村民委员会实现全覆盖，在村党支部的带领下，农民充分发挥主体作用，完善基层群众的自治制度，实现村民自我管理、自我监督，并积极参与到乡村治理中。一是建立健全村民自治组织，形成群众广泛参与的长效机制。安康市成立道德评议委员会、乡村调解委员会、村民议事会、红白理事会即"四会"，成为村民实现自治的基本制度。安康市还充分发挥道德评议会的有效作用，把群众中存在的不足以及优秀典范进行评议，明确要解决的问题和要学习的榜样，实现农民群众自我约束，自我监督、自我成长，推动自发式文明乡风的形成。二是完善村规民约，为村民自治提供制度保障。安康市以简洁务实、规范有效为原则，1 673 个行政村根据当地实际情况，征集农民意愿制定适合当地发展的村规民约。各县级单位组织对 1 673 个村规民约进行修订，截至目前已经实现了 3 轮修订，村规民约不断完善，助力移风易俗以及乡风文明，也为农民自治提供了制度基础。三是鼓励农民参与公共事务，提高农民的积极性。安康市建立健全村民委员会和村民代表大会制度，畅通农民发言的渠道，鼓励农民参与乡村治理，为乡村治理建言献策。同时各基层组织自觉接受群众监督，做到财务公开、政务公开，并定期采纳农民的意见、改进不足，提升农民参与村级事务的积极性，实现农民自治与乡村法治、乡风德治相结合，提升乡村治理的效能。

5.1.2.5　生活富裕：农民生活质量显著提升

生活富裕既包括物质生活富裕也包括精神生活富裕。党的十八大以来，安康市以产业发展为经济发展核心，依托自然资源优势发展生态经济、实现产业转型，带动乡风文明，打造宜居乡村，既有效带动农民经济收入提升，也推动生活质量的提升。随着乡村振兴战略的持续推进，农民的生活也发生了巨大的改变，2022 年安康市农林牧副渔业总产值达到310.46 亿元，同比增长 4.2%，农村居民可支配收入提升，精神文明以及生活质量也在提升。

（1）农民物质生活水平提升。

安康市依托自然资源发展优势产业，依托优势产业建立产业集群，实现资源整合。产业转型带来了经济的发展，也为农民致富带来了新的动力。特色产业的发展极大地推动了农村劳动力就业。安康市人民政府积极推动经济发展，提高农民的生活水平，2018 年以来，安康市农民物质生活水平持续提高。

首先，人均可支配收入持续上升。2022 年，安康市农村居民人均可支配收入为 13 368 元，比上年增加了 904 元，增长 7.3%。由表 5-15 可知，乡村振兴战略实施以来，安康市农村人均可支配收入呈持续上升状态，在2021 年增速最快，城乡差距也在逐渐缩小，人民生活得到持续改善。

表 5-15　2018—2022 年农村收入变化情况

年份	人均可支配收入/元	比上年增长/%	城乡差距
2018	9 504	9.4	2.76∶1
2019	10 475	8.2	2.58∶1
2020	11 288	7.8	2.50∶1
2021	12 464	10.4	2.45∶1
2022	13 368	7.3	2.39∶1

资料来源：《安康统计年鉴 2023》。

从收入结构来看，2022 年，安康市农村居民工资性收入 5 321 元，与上一年相比增长 7.4%，占农村居民收入的 39.8%；经营性收入 2 745 元，增长 6.4%；财产性收入 62 元，增长 8.8%；转移性收入 5 240 元，增长7.6%，占可支配收入的 39.2%，见图 5-11。工资性收入以及转移性收入占比较大，财产性收入较少，资本带动能力不足。工资性收入和转移性收入占比较大，这也说明政府政策的支持在保障民生中发挥着重要的作用。

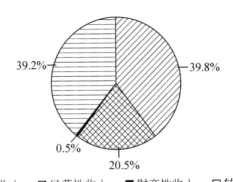

图 5-11 2018—2022 年安康市农村居民可支配收入构成情况
（资料来源：《安康统计年鉴 2023》）

从消费来看，2018 年，安康市农村居民恩格尔系数（食品支出总额占个人消费支出总额的比重）为 30.1%，生活整体步入小康阶段，2021 年安康市农村居民恩格尔系数为 32.7%，恩格尔系数稳定保持在 30%~35%。随着收入的提升，人们的生活理念也在发生变化，除了生活必需品以外，也会注重精神文化的需求。2022 年，安康市农村居民人均消费支出 15 647元，比上一年增加 1 553 元，增长 11.0%。教育文化娱乐类消费增速较快，城乡差距有所减少。

（2）乡村基础设施不断完善。

党的十八大以来，安康市以"美丽乡村建设"为主题，开展人居环境整治工作，以"厕所、垃圾、污水"三大革命为抓手，实现乡村人居环境焕然一新。安康市目前实行全年村庄清洁行动的行政村已经达到全覆盖，垃圾处理、污水处理也实现了跨越式发展，公路、水利设施、国家电网等基础设施逐渐完善，人居环境改善明显。除了人居环境基础设施的完善，安康市还加强完善农村基本公共服务体系，建立健全医疗体系，加强教育文化的发展，推动城乡基本公共服务均等化。

第一，基层医疗整体状况有所提升。为进一步落实基本医疗即公共卫生服务规范与要求，提升农村基本公共卫生服务的质量，安康市人民政府加大对乡村健康卫生机构的投资，不断提高基层医疗卫生服务的能力。一是完善基础配备。截至 2021 年年底，安康市共有卫生健康机构 2 788 个，其中乡镇卫生院 166 个，村卫生室 2 081 个，行政村几乎实现全覆盖。目前，安康市乡镇卫生院基础设施配备齐全，均达到省定基本标准，卫生应急能力不断提升。安康市95.3%的乡镇卫生院建立了国医馆，74.9%的村卫生室能够运用中西医方法防病治病，基层防病治病水平不断提升。二是深化医疗体制改革。安康市加强县域医疗体系合作，形成县域医疗体制共同体，完善药物供给平台，目前县级基本药物供给达到68.8%，乡镇基本药物供给有效保障达到80.9%。三是强化人才支撑。截至2021年年底，安康市通过"三支一扶"政策为县级以及县以下的医疗机构招聘医学本科生1 430名，依托"十百千万"医疗卫生人才培训工程，加强对乡镇医务人员的培训，通过集中培训，提升乡镇医疗服务水平。

第二，全面提升乡村教育质量。一是完善基础设施。安康市以提升义务教育质量为抓手，完善教育基础设施，着力提高农村中小学办学条件，逐步缩小城乡差别，实现城乡教育资源均等化发展。从2012年开始，安康市开展全面实施义务教育学校标准化建设工程，按照"整体规划、分步实施、统筹安排、逐年推进"的思路，软硬件同步推进，经过十年的努力，义务教育硬件设施达到标准化，教学质量明显提升。二是深化教育体制改革。安康市严格实施义务教育阶段公办学校划片区免试入学制度，深化"三区一体化"大学区制改革，逐渐打破地域限制，实现教育资源互通，城乡优质资源共享。安康市还加强体育教育发展，补齐农村教育的短板，引入社会资本参与到乡村体育教育事业的发展中，完善体育器材、体育场地的建设，积极推进体育教育发展。三是"互联网+"为教育赋能。随着乡村网络基础设施的不断完善，安康市积极将数字化引入教育体制改革中，实现远程教育，从而实现优质教育资源的城乡共享。

（3）农民生活质量不断提升。

安康市高度重视民生工程，截至2022年年底，安康市农村有低保户73 122户，农民161 807人。安康市不断提高最低生活保障标准，保障农民的基本生活，提高农民的转移支付收入。安康市还不断提升农村医保体系以及养老服务质量，不断增加居民养老金和医疗费用，解决农民看病贵的问题，实现老有所养，病有所医。

第一，完善医保体制。一是建立健全医疗保障体系。截至2022年年底，不断增加医疗保险参保人数272.78万人，农村参保率实现全覆盖，基本医保基金运行平稳，解决了农民看病贵的问题，提高了农民的生活质量。二是深化医保体制改革。安康市高度重视市县镇村四级医疗保障体系的建设，统一规范机构以及窗口设置，设置标准化流程，方便群众办事，全市各行政村全部成立并规范设置医保服务站、医保服务室，有效实现了"家门口"办公，为群众提供更优质的服务，实现城乡医保服务的同步提升。

第二，养老保障日趋完善。安康市以"民生"为核心，加快完善农村养老体系，目前参与城乡居民社会养老保险162.76万人，实现基本养老全覆盖。为解决农村老龄化、"空心化"的问题，安康市探索出文化养老品牌"艺养天年"，即将社区养老、农村互助幸福院以及社会养老机构联合起来，组织老年人开展各类文化艺术活动，提升老人生活的幸福感。"艺养天年"项目从2019年开始试点，在2020年全面开展，体现了新时代养老方式的转变，也吸引了更多社会资本投入到农村养老保障，为农村养老提供了"安康实践"。

5.1.3　安康乡村振兴的实践案例

5.1.3.1　平利县"绿叶子"带动产业升级

平利县位于安康市的东部，被誉为"女娲故里"，森林资源丰富，截至2022年年底，全县森林覆盖率为71.59%。平利县境内有1个4A级旅游景区和4个3A级旅游景区。平利县气候适宜、降水量充足，适宜种植茶叶以及发展山林经济，茶叶种植历史悠久，是全国主要的茶叶产区之一，被誉为"中国名茶之乡""中国十佳最美乡村""中国美丽乡村建设示范县""中国最美乡村旅游目的地""中国名茶百强县"等诸多国字号头衔。目前，茶叶和绞股蓝种植已经成为平利县支柱产业的重点方向，在带动县域经济发展中发挥着重要的作用。平利县是全国绞股蓝生产第一县和西北名茶大县，目前"平利女娲茶"获得国家地理标志商标，并成为全国名特优新农产品名录，被誉为"迄今为止发现的最古老的秦汉古茶"，平利县连续三年荣获"中国茶业百强县"。随着美丽安康的建设，平利县依托优美的生态环境、丰富的林木资源结合茶叶产业发展，带动生态产业转型。平利县把茶叶置于产业发展的首位，加强产业基地建设，建立健全产业链，提升产品价值，打造区域品牌优势，带动产业经济发展，基本形成了完整的产业链，走出了一条特色的"茶叶致富"之路。平利县通过产业园区带动，龙头企业引领，发挥品牌效应、文化效应、生态效应，推动产业融合高质量发展，实现"因茶致富、因茶兴业"。

（1）加强产业基地建设，提高茶叶生产质量。

平利县结合自身生态优势，借助苏陕合作带来的机遇，与江苏常州经济开发区共建茶基地，打造示范样板，积极推进产业标准化现代化发展。截至目前，平利县累计建成富硒高效茶园 20 万亩，万亩以上茶叶基地镇 10 个，千亩以上茶叶基地村 65 个，市级以上茶叶农业现代园区 22 个，正在建设国家现代产业园区。首先，积极推进标准化茶基地建设。平利县培育现代标准化茶叶园 3.5 万亩，并获批建设国家现代农业产业园区，积极打造茶叶产业示范园区，发挥产业带动效应。比如，平利县蒋家坪村女娲凤凰茶业现代示范园已经建成 1 000 平方米的茶叶标准化加工厂，积极引进现代生产技术，将传统工艺与现代技术相结合，在引进现代生产技术和设备的同时，继承传统的制茶工艺，不仅提升了产品质量，还增加了产品的附加值，带动农民致富。其次，向绿色生产方式转型。技术人员对园区进行技术指导，通过采取"改土、改水、改树、改园、改肥、病虫害防治"等综合管理技术措施，指导农户采用绿色生产方式种植茶叶，减少化肥使用量，提升茶叶的有机水平。平利县通过与高校、企业合作对农民开展培训，指导有机种植技术，加强标准化茶园建设，同时对茶叶园区开展有机认证，通过"生产+加工+科技"一体化发展，聚焦现代生产要素，推进生产方式的转型。最后，提升园区科技水平。平利县加强智慧茶园建设，实现生产方式科技化、标准化，建设"水肥一体化"智慧茶园 350 亩，充分发挥科技的引领示范作用，打造样板基地、示范产业园区，推行绿色生产方式、机械化管理模式。平利县还提升农业园区机械化水平，低能耗、易操作、方便灵活、智能控制的农机作业、生物防治等设备，全面提升茶园机械化、现代化管理水平。

（2）发展龙头企业，助力产业发展。

首先，按照"扶大、扶强、扶优"原则，通过贷款、落户等政策支持，以及人才、资源的支持培育龙头企业。截至目前，平利县已经培育国家级龙头企业 1 家、省级龙头企业 13 家、市级龙头企业 36 家。平利县通过培育壮大龙头企业，推广机械化生产方式，加大科技创新研发力度，利用电商平台，带动茶叶产业的发展。平利县以茶叶为主导产业，带动其他产业，比如绞股蓝、魔芋等产业发展，提升企业的综合生产能力。其次，成立平利县茶叶协会和绞股蓝产业协会，通过完善协会体制机制，发挥协会在商户和农户之间的桥梁作用，建立健全产业监督机制，整合产业发展资源，形成产业发展凝聚力。最后，成立社会化服务组织，通过发挥社会力量，多方参与，推动茶叶产业的健康稳步发展。平利县依托园区管理、机械维修保养、技术推广、茶叶采摘、病虫害防治等茶叶生产的一系列环节，成立相应的社会化组织，推广农业产业托管模式。一方面，凝聚生产力量、降低生产成本；另一方面，带动农民参与到茶叶生产过程中，解决农民的就业，带动农户增收。

（3）打造区域品牌，实现茶叶产业增值。

平利县集中优势特色产业，打造区域品牌特色，通过品牌建设，提升产品附加值。此举进一步推动了区域文化传播，有助于发展地区旅游业。"平利绞股蓝"是平利茶叶产业的特色优势，也是平利首个特色茶叶品牌之一，是平利地域特色品牌，也是国家地理标志农产品和国家原产地域保护产品，入选中国驰名商标以及全国名特优新农产品名录，被誉为"东方神草"，位列全国中药材品牌声誉第八位。"平利女娲茶"是国家地理标志产品，入选全国名特优新农产品名录，是平利茶叶产业的金字招牌之一。"平利女娲茶"结合平利"女娲故里"的文化背景，成为平利的地域特色产品。"秦汉古茶"是继承和发展传统制茶工艺的实践探索，是平利茶叶产业的文化招牌。技术人员通过对汉代制茶工艺的恢复和继承，借鉴传统绿茶、白茶、黑茶的技术工艺，形成了特殊的制茶工艺，这是对传统文化的发展。"秦汉古茶"以"金银相间色、清醇甘甜味"的品质为特征，这种制茶工艺也获得了国家发明专利。平利通过发掘地方特色、打造地区优势品牌，并结合历史文化，推动传统技艺的传承和发展，实现茶叶产业品牌价值增值，平利县也因此被评为乡村振兴示范县。平利县修订申报"平利女娲茶""平利绞股蓝"省级地方标准，为企业种植技术、加工工艺、质量要求、包装运输提供技术指南，为执法部门提供执法指南。平利县规范平利女娲茶、平利绞股蓝地理标志证明商标使用与管理，做强做大"区域公用品牌+企业品牌+产品品牌"品牌体系。

（4）结合生态旅游发展"茶旅"文化。

平利县以生态自然风光为基础，以女娲故里为文化底蕴，以"茶旅"为主线建设茶园景区，推动茶叶园区观光、茶楼休闲景观以及休闲生态旅游的发展。平利县通过"茶乡风情游"，建立长安硒茶小镇、马盘山农业生态观光园、龙头茶旅新村、蒋家坪现代农业示范园等3A级茶旅游景区4处、三里垭贡茶新村入选全国美丽乡村示范村、老县镇蒋家坪村被评为中国美丽休闲乡村。依托茶叶产业的发展，以及旅游业的发展，平利县通过茶叶产业与地域特色相结合，坚持保护、传承与开发弘扬并举，深度发掘秦楚文化，打造一批茶旅特色小镇、休闲小镇。其中，长安镇成为安康市第一个国家级特色小镇。同时，平利县不断做深茶文化，以美丽乡村建设为契机，依托古茶文化、巴山风景，发展茶旅融合，打造精品茶旅路线，培育了一条涵盖老县镇蒋家坪村、三里垭贡茶新村、马盘山生态观光园、龙头茶旅新村、长安硒茶小镇的百里生态产业示范带，打造了一条"古茶之源安康秦汉古茶美丽乡村游""品茶+观光+体验"的生态旅游线路。平利县凭借平利女娲茶、平利绞股蓝、秦汉古茶这三张地域名片，构建"茶旅+民宿""茶旅+研学"等新型复合业态，建设茶文化创意体验中心3个，生态休闲茶庄园10个，茶研学基地5个，一方面，带动乡村基础设施建设，带动美丽乡村建设，推动生态宜居乡村的建设；另一方面，走茶旅融合之路，为农民实现"家门口就业"提供便利，带动经济发展，书写平利生态产业发展的新篇章。

5.1.3.2 安康市石泉县以"中医养生文化"带动产业融合新发展

石泉县森林覆盖率75.8%，林地资源丰富。石泉县依托丰富的林地资源，将中药材产业作为经济发展的支柱产业之一，建立药材种植基地，通过"党支部+企业+合作社"的机制培育龙头企业，带动农民投入生产，提高药材的生产率以及生产质量，扩大药材种植面积，发展规模产业。石泉县引进3家中药材龙头企业，在发展中药材产业上起到了引领示范作用，目前种植中药材4万余亩，中药材种类丰富，包括金银花、天麻、杜仲、五味子等20多种药材。石泉县现有中药材产业村20个，中药材专业合作社12个，并积极建设中药材康养产业基地，大力发展中药材产业。2022年，石泉县实现中药材产业综合产值8 389万元，中药材产业正在成为石泉经济发展的新支柱，以中药材为核心的加工种植以及旅游服务业不断发展。

（1）加强产业园建设，带动产业融合发展。

石泉县积极引入社会资本参与中药材的种植加工过程，并将先进的种植技术带到农村，带动农民积极种植药材。随着药材产业的发展，石泉县人民政府加强农业产业园的建设，通过农业产业园的建设，建立健全产业链，构建产业集群，并推动中药技术与中药养生文化相结合，实现生产与文化康养产业相结合，推动产业融合。石泉县中药材黄精科技示范基地被认定为陕西省药用植物科技示范基地，安康市本草溪谷示范园是陕西省农村产业融合发展示范园典型案例，也是省级中医药健康旅游示范基地，也是安康市以中药材种植为核心，包括乡村田园休闲体验、乡风民俗体验、休闲康养度假等多项生态文旅产业复合发展的示范园。石泉县通过发展种植业，实现第一产业的发展；通过拓展药材的加工、研发、销售实现了第二产业的发展；依托交通优势以及自然环境优势，集中优势资源打造休闲旅游和中医药健康服务业、以文化为主的研学体验等，实现第三产业的发展。

（2）依托生态优势，发展生态产业。

石泉县北依秦岭，南接巴山，山地资源丰富，汉水贯穿全域，提供了丰富的水资源。石泉县森林覆盖率为 75.8%，林地保有量为 181.8 万亩，湿地公园总面积 1.4 万亩。其中，鬼谷岭森林公园属于国家级森林公园，是国家 4A 级旅游景区。第一，依托得天独厚的自然生态资源，将"生态+"与产业园建设相结合，实现生产、加工的有机生态化，探索生态有机种植技术，实现中药材产品向生态、健康的方向转变，增加产品的生态价值。比如，园区基地引进技术人员，研发五味子的有机套种模式，实现"一地两用，一季双收"的循环经济效益，带动农民致富。第二，依托生态优势，打造森林康养基地，并结合中医健康产业，发扬中医文化，打造医疗、养生、休闲的康养休闲产业融合基地。第三，依托丰富的旅游资源，实现"绿水青山"到"金山银山"的转变。目前，石泉县是全国乡村旅游重点镇，陕西省全域旅游示范县，有 2 个全国乡村旅游重点村、1 个全国休闲旅游区，旅游资源丰富。石泉县通过发展旅游业，实现产业融合，打造品牌效应，进一步带动中药材产业的发展。

（3）发展集体经济，带动村民致富。

石泉县坚持党建引领，把发展壮大集体经济作为产业振兴的重点。石泉县坚持以党建引领，打造示范样板，引进人才、培育发展龙头企业实现产业融合发展。石泉县持续探索集体经济发展新思路。创新实施"三有四服五带动"的产业帮扶模式，发挥集体经济链接企业与农户的作用，带动企业经济。

石泉县通过充分利用闲置宅基地和闲置住宅，发展集体经济。石泉县鼓励村集体经济组织有效利用闲置资源，对旧村部、老校舍、废弃厂房以及闲置宅基地等资源，落实补贴政策，对闲置资源进行升级改造。石泉县落实产业政策补贴制度，大力实施产业振兴"十百千万"工程，对村集体经济进行财政补贴，调动各村发展集体经济的积极性。

石泉县坚持把发展集体经济作为产业发展的重要推动力，坚持党建引领，引进企业等优质社会资源，以党组织+企业+合作社的模式将党的政治优势转化为引领集体经济发展的"强引擎"，同时引入企业，尤其是引入先进的人才、设备以及技术支持，利用企业的资源优势为乡村产业发展带来更多的效益。为实现分配效益，石泉县制定《石泉县村级集体股份经济合作社发展及收益资金分配管理办法》，坚持分配与积累并重，实现共建共享。截至 2022 年年底，石泉县全面完成消除收入 5 万元以下的薄弱村的目标任务。

5.2 乡村振兴的汉中探索

5.2.1 汉中情况概述

5.2.1.1 自然地理概况

（1）地理位置。

汉中市位于陕西省南部，东临安康，北部与宝鸡和西安接壤，南部与四川广元、巴中相连，地处中国版图地理几何中心。在地理位置上，汉中北依秦岭，南依巴山，地势南北高中间低，具有"两山夹一川"的地貌。自古以来，汉中就是连接西北与西南、东南的通道和辐射川陕甘鄂的主要物资、信息集散地之一。汉江贯穿汉中全域，横贯汉中盆地，嘉陵江水系分布在汉中的西部和南部，汉中是陕南地区水资源最为丰富的地区，也是陕南地区平原最多的地区，适宜发展种植业和养殖业。汉中地处南北地域文化的交汇带上，是汉文化和楚文化的交接地，也是汉楚文化的融合地。

汉中的地域特征兼具南北特色，既有南方的温婉清秀，也有北方的粗犷神韵。汉中有着秦巴山区最大的盆底面积，这为汉中发展生态经济提供了良好的基础。汉中还是旅游胜地，两汉三国文化的发源地，连接南北的交汇地，在历史上和现代经济的发展中有着重要的地位。

（2）气候环境。

汉中属于亚热带季风气候，受到秦岭和巴山的影响，可以阻挡寒流，形成了四季温润的气候环境。汉中市雨水充足，2022 年年降水量 986.7 毫米（见图 5-12），雨水主要集中在 6～10 月，有利于粮食种植，尤其是秋粮。2022 年，汉中市年平均气温 14.5℃（见图 5-13），月均最低气温 4.1℃，最高气温 29.5℃，四季分明，气温适宜。2022 年，汉中市平均日照时间 1 339.3 小时，降水量丰富，南部米仓山最为丰富，成为陕西之冠。汉中全域相对湿度 77%。总体来说，受地理因素影响，汉中四季温润，温差起伏不大，四季分明，气候适宜。截至 2022 年年底，汉中森林覆盖率 63.81%，丰富的森林资源也为汉中带来了优美的生态环境，推动乡村产业的生态转型。

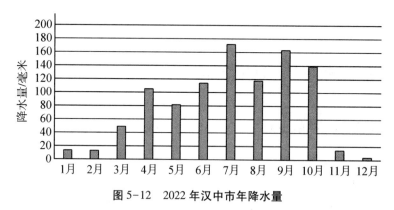

图 5-12　2022 年汉中市年降水量

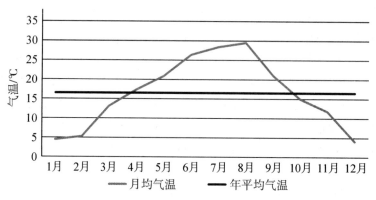

图 5-13　2022 年汉中市气温情况

（资料来源：《陕西统计年鉴 2023》）

（3）生态环境。

汉中是长江最大支流汉江的发源地，素有"西北小江南"的美称。党的十八大以来，汉中加大森林资源保护力度，实施退耕还林、造林工程。目前，汉中市森林覆盖率达到 68%，生态环境修复成效明显。汉中位于秦巴山区生物多样性生态功能区，生物物种丰富，境内有陆生野生动物618种，国家一级保护动物28种，包括大熊猫、羚牛、金丝猴、朱鹮等珍稀物种，这四种动物也被称为"秦岭四宝"。其中，汉中市留坝县处于秦岭生物多样性优先保护区，被誉为"秦岭大熊猫繁衍生息的希望所在"。

汉中的生态资源丰富，其中，植物资源、动物资源、矿产资源、水能资源全国闻名。广袤的平原地区为汉中发展种植业提供了有利条件，植物种类繁多，也为汉中提供了丰富的中药材资源。汉中有高等植物3 000余种，被称为"天然药库"，其中天麻、杜仲、枣皮、西洋参全国驰名。汉江水质优良，是"南水北调"的首选水源。生态资源正在成为汉中发展的名片底色，目前汉中有世界人与自然生物圈1处、国家级自然保护区8处、国家森林公园4个、国家水利风景区3个、国家农业旅游示范点12个、省级风景名胜区7个。汉中正在释放生态红利，推动经济发展生态转型。

汉中处于秦岭褶皱带和扬子准地台两个地质构造单元的接合部，成矿条件优越，矿产资源十分丰富。目前，汉中已经发现矿产资源4大类12个小类90多种，探明储量列入储量表的有37个矿种、152个矿区，潜在经济价值1 558亿元。

5.2.1.2 经济发展概况

（1）经济发展水平。

受地理位置因素影响，汉中形成了"北依南托、三圈交汇"的经济发展特色，这是由汉中几何中心的地理优势带来的经济发展红利。汉中位于关天经济圈（关中—天水经济带）、成渝经济圈（以成都、重庆为中心的经济圈）、江汉经济圈（汉中以南的长江经济带）的交汇点，区位优势显著。长江经济带的发展和"一带一路"倡议的推进为汉中的发展带来了新的活力。快捷、便利的交通使得汉中发挥着交通枢纽的作用，区位优势显著，也为汉中带来了更多的接受投资的机会，带动汉中经济发展，尤其是旅游业的发展。2022年，汉中市固定投资增长13.3%，其中，第一产业增幅5.6%，第二产业增幅9.7%，第三产业增幅16.3%。旅游业在汉中经济发展过程中发挥了巨大的带动作用。党的十八大以来，汉中地区生产总值实现大幅度上升，见图5-14。2018年乡村振兴战略实施以后，汉中地区生产总值涨幅进一步增加，再一次体现了政策给经济发展带来的红利。

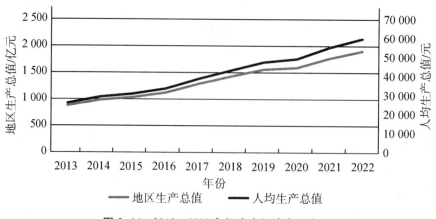

图 5-14   2013—2022 年汉中市经济发展水平

（资料来源：《陕西统计年鉴 2023》）

从发展水平来看，汉中市整体经济发展逐年上升，从县域发展来看，城固县、洋县、勉县经济发展较好。2022 年汉中市产业发展情况见图 5-15。从产业结构来看，第一产业占比 15.34%，第二产业占比 43.47%，第三产业占比 41.19%，第二产业和第三产业占比较大。第三产业主要集中在汉台区，并且与其他地区发展水平差异较大，第二产业主要集中在南郑区和城固县。从产业结构占比来看，城固、洋县、勉县形成了"二三一"产业结构，工业为主导。

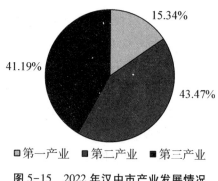

图 5-15   2022 年汉中市产业发展情况

2022 年，汉中市社会消费品零售总额与经济发展情况成正比，达到 643.88 亿元，相比于 2018 年的 469.3 亿元增加了 174.58 亿元，增加幅度 37.20%，消费水平不断增加，内生动力进一步增强，见表 5-16。从汉中市经济发展的整体情况来看，农业基础地位巩固，工业和旅游服务业发展向好，工业经济持续发展并加强，产业分布合理。

表 5-16 2022 年汉中市国民经济发展情况　　　　单位：亿元

地区	地区生产总值	第一产业	第二产业	第三产业	社会消费品零售总额
汉中市	1 905.45	292.30	828.38	784.77	643.88
汉台区	426.51	21.17	160.98	244.36	235.47
南郑区	247.57	42.85	114.65	90.07	60.90
城固县	310.42	62.24	150.20	97.98	66.90
洋县	212.61	41.08	101.63	69.90	45.54
西乡县	147.21	29.94	56.79	60.48	57.90
勉县	200.54	30.15	99.75	70.64	60.88
宁强县	139.13	22.71	66.52	49.90	36.30
略阳县	77.41	11.78	32.69	32.94	29.67
镇巴县	105.36	23.71	35.81	45.84	37.98
留坝县	24.41	4.21	6.59	13.61	8.02
佛坪县	14.28	2.46	2.77	9.05	4.32

资料来源：《汉中统计年鉴》。

（2）农村经济发展水平。

汉中处于秦岭和大巴山之间，森林资源丰富，林特产品丰富，这为汉中加工业的发展提供了基础。从地貌上来看，汉中平原广袤、气候适宜，适合发展种植业。随着"美丽乡村建设"的推进，汉中生态环境不断改善，为农村经济发展带来了新契机，汉中市结合生态旅游业，推动庭院经济的发展和完善。汉中市下辖 9 个县，县域面积占全市面积的 88%，9 个县发展情况各不相同（见图 5-16），其中城固县、洋县、西乡县、勉县、宁强县、镇巴县的地区生产总值达到 100 亿元以上，这几个县也是汉中市县域经济发展的主力。其中，城固县的发展最为迅速，目前在全省县域排名中居第 9 位。目前，汉中市县域产业形成了以环保、有机、品牌为重点发展特色的现代农业产业，汉中市以生态产业转型为产业发展方向，推动现代旅游服务业发展。随着县域经济三次产业结构的不断调整，农业增加值比重下降，第二产业、第三产业不断提升，城固县、洋县、勉县形成了"二三一"产业结构，工业为主导（见图 5-17）。

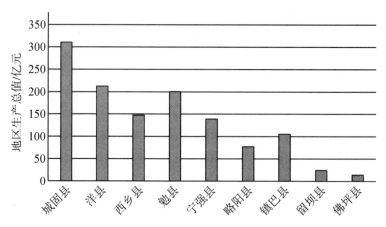

图 5-16　2022 年汉中市县域经济发展情况

（资料来源：《汉中统计年鉴》）

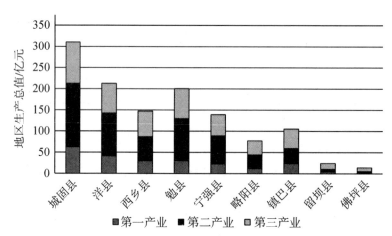

图 5-17　2022 年汉中市县域产业结构

（资料来源：《汉中统计年鉴》）

　　从收入来看，随着经济的增长，汉中市城乡收入稳步增长，农村居民可支配收入不断提升（见图 5-18），农民收入和生活质量得到改善。2023年农村居民可支配收入 15 367 元，比上年增加 7.2%，相比 2017 年的9 231 元，增加了 66.47%，农民收入实现飞跃式上升。

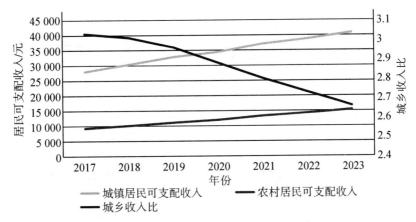

图 5-18 2017—2023 年汉中市城乡收入水平

（资料来源：《汉中市统计年鉴 2023》）

总体来说，自从乡村振兴战略实施以来，汉中市农村地区经济出现持续增长的趋势，尤其是县域工业经济的发展对农村经济发展起到了重要的推动作用。随着乡村旅游业的发展，生态+旅游开始推动汉中市县域第三产业的发展。

5.2.1.3 人文生态概况

（1）人口概况。

2022 年年末，汉中市户籍总人数 378.98 万，其中，常住人口 318 万人，城镇化率 52.78%。从年末常住人口变化来看（见图 5-19），2012—2016 年汉中市人口呈持续增长状态，自 2016 年以后，汉中市常住人口持续减少，2016—2017 年减少幅度最大。从城镇化发展来看（见图 5-20），随着乡村振兴战略的实施，汉中市城镇化率稳步上升。

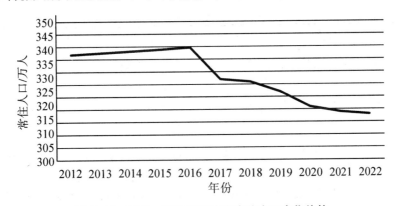

图 5-19 2012—2022 年汉中市常住人口变化趋势

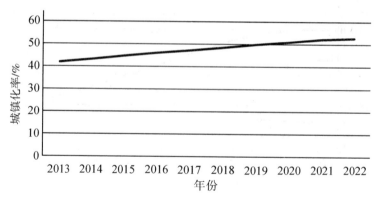

图 5-20　2013—2022 年汉中市城镇化率变化情况
（资料来源：《汉中市统计年鉴 2023》）

（2）社会文化。

血缘关系和地缘关系是农村社会的基本关系，具有先天性①。汉中的农村地区也是依靠血缘与地缘形成一种人际依赖，从而组建起来的社会网络。以家庭为单位建立起来的社会关系，也成为汉中发展以家庭为核心的庭院经济的基础。

在地理环境的影响下，汉中形成了多元文化的基础。汉中的地形复杂，既有秦岭、巴山地区形成的山地，也有汉中盆地及川道地形，地貌复杂多变，形成了"十里风土不一"的自然景观。汉中的水源充足，平原山谷较多，种植业以水稻为主。汉水流域介于黄河流域和长江流域之间，临近"秦岭—淮河"分界线，是南北过渡的重要纽带，也是汉中的主要水系。这种特殊的区位优势决定了汉中的自然环境、社会、文化、政治、经济等方面都具有南北兼容的特点。

随着民族的融合，形成了汉中现在多元发展的风俗文化。移民不仅改变了汉中的人口构成，也改变了汉中的饮食文化、风俗习惯。长期的文化交流碰撞形成了以汉文化为核心，兼容南北特色独特的汉中文化。汉中文化中既有着北方人的慷慨豪迈，又有着南方人的内敛沉静，汉中文化在中国文明发展史上有着重要地位，是中华文明的重要遗产，体现着中华美学精神。

汉中虽属于陕西，但由于受秦岭山脉的影响，也形成了不同的民俗文

---

① 付振奇. 家户关系视角下传统农村社会治理的机理与价值 [J]. 华南农业大学学报（社会科学版），2021（4）：111-121.

化。比如陕西关中以面食为主，而汉中是"鱼米之乡"，饮食也偏酸偏辣。这是因为汉中与四川接壤，随着交流的增加，风俗文化接近蜀地，与四川形成了"既同风，又同俗"的民俗文化，饮食偏辣，民歌也与川调相似，这也是汉中文化的独特之处。

（3）区域资源概况。

汉中自古以来就被誉为"天府之国""鱼米之乡"，受地形地貌以及气候的影响，四季温润，生态环境良好，生物资源、矿产资源、水资源、旅游资源丰富（见表5-17），这为汉中实现生态产业发展提供了基础。汉中实施"绿色循环 汉风古韵"战略，以绿色有机、文旅融合、康养产业等不断释放生态红利，打造研学、康养、旅居、产业等经济发展的四大支柱。

表5-17 汉中市资源概况

资源类型	概况
土地资源	汉中位于秦岭以南，巴山以北，耕地面积为393.31万亩，76%的耕地分布在南郑区、洋县、宁强县、勉县、西乡县、城固县6个区（县）
生物资源	自然环境优越，森林覆盖率68%，生态修复程度较好。位于南北分界带，生物具有南北共生的特点，位于秦岭生物多样性地带，素有"生物资源宝库""天然物种基因库"之称，也被誉为"地球同一纬度生态环境最好的区域"。有药用植物1 300多种，野生动物有280多种，其中大熊猫、朱鹮、金丝猴、羚牛等42种物种列为国家和省级保护的珍稀动物，生物资源十分丰富
水资源	水资源总量丰富，有嘉陵江和汉江两大水系，全年降雨量较多，水能资源蕴藏量260万千瓦，可开发量87万千瓦，是西北地区水资源最丰富的地区之一
矿产资源	矿产资源丰富，铁、锰、镍、钛、锌、磷、蛇纹岩、大理石、石膏、石棉等矿产储量位居全国前列，略阳、勉县、宁强也是中国五大黄金产区之一
旅游资源	自然资源和文化资源丰富，带动旅游经济的发展。目前有国有博物馆8家，国家4A级景区11家、3A级景区4家、2A级景区1家。作为汉文化的发源地，文化旅游资源也非常多，其中列入国家级文物保护单位的有武侯墓、褒斜道石门及其石刻，列入省级文物保护单位的有18处。还有一处世界级地质遗迹天坑群

5.2.2 汉中乡村振兴的实践

5.2.2.1 产业兴旺：生态产业发挥优势

汉中地形复杂，有山地有盆地，但工业发展缓慢，难以发展大规模产业集群。丰富的林地资源、生物资源以及良好的生态环境是汉中地区发展产业的最大优势。随着交通网络的不断完善，汉中凭借极佳的地理位置，依托生态环境以及汉文化的基础，以"绿色循环·汉风古韵"为定位，立足生态优势和特色农业，发展有机农业、品牌农业、设施农业、智慧农业、观光农业，即"五大工程"，发挥土特产和生态观光优势，延长产业链，实现有机农产品开发。汉中加大力度实施农产品优培工程，实现农产品高质量发展；加强品牌建设，放大"土特产"优势，发展加工制造业，提升汉中地域品牌影响力，比如"汉中大米""汉中仙毫"等具有汉中地域特色的品牌。五大产业工程都是以生态产业为核心，汉中集中发挥生态优势，实现产业结构持续优化，聚焦智能化、绿色化、融合化的发展方向，实现以绿色为底色的产业经济高质量发展。

（1）优化产业体系。

第一，调整产业结构。从 2022 年汉中农林牧副渔业总产值构成来看（见图 5-21），农业和牧业占比较大，农业始终处于产业体系的基础。自从乡村振兴战略实施以来，汉中依托生态资源，以"有机"为特色，持续扩大有机农业规模，构建有机绿色农业产业集群。目前，有机农业已经成为汉中产业振兴的基础，累计认证有机农产品 16 大类，112 种。立足生态和有机，发展五大农业工程，大力发展有机农业培育工程，是汉中农业发展的主要方向。汉中通过种植粮油作物，发展现代农业，推动特色农业高质量发展。因此，在汉中的地区生产总值构成中，农业占大比重（见表 5-18），农业也是带动乡村各方面经济发展的基础。从各县域经济的农林牧副渔总产值构成来看，农业集中在城固县和洋县，为汉中农业发展做出了巨大的贡献；牧业发展较好的是西乡县、城固县和洋县；林业集中在城固县、宁强县和镇巴县；渔业集中在西乡县和城固县；农林牧渔服务业集中在城固县和勉县。总体来说，各县发展差异较大。

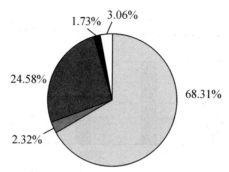

图 5-21　2022 年汉中市农林牧渔总产值构成情况

表 5-18　2022 年汉中市各区(县)农林牧渔业总产值

地区	合计	农业		林业		牧业		渔业		农林牧渔服务业	
	总产值/万元	产值/万元	占比/%	产值/万元	占比/%	产值/万元	占比/%	产值/万元	占比/%	产值/万元	占比/%
汉中市	5 149 684	3 517 969	68.31	119 491	2.32	1 266 026	24.58	88 851	1.73	157 347	3.06
汉台区	378 212	271 100	71.68	879	0.23	75 190	19.89	14 230	3.76	16 813	4.45
南郑区	756 555	535 892	70.83	20 556	2.72	156 200	20.65	19 607	2.59	24 300	3.21
城固县	1 093 445	856 646	78.34	16 587	1.52	173 056	15.83	14 052	1.29	33 104	3.03
洋县	720 492	515 014	71.48	11 648	1.62	173 277	24.05	11 334	1.57	9 129	1.28
西乡县	526 729	295 368	56.08	8 069	1.53	193 501	36.74	12 850	2.44	16 941	3.22
勉县	534 549	336 706	62.99	8 130	1.52	153 890	28.79	11 873	2.22	23 950	4.48
宁强县	403 408	244 307	60.56	17 545	4.35	125 179	32.65	31.03	0.53	14 265	3.54
略阳县	205 563	121 468	59.09	10 086	4.91	67 020	32.60	839	0.41	6 150	2.99
镇巴县	413 871	267 996	64.75	19 707	4.76	116 446	28.14	337	0.08	9 385	2.27
留坝县	74 046	44 919	60.66	5 016	6.77	21 479	29.01	379	0.51	2 253	3.04
佛坪县	42 814	28 553	66.69	1 268	2.96	10 788	25.20	1 238	2.89	967	2.26

资料来源:《汉中市统计年鉴 2023》。

　　第二,粮油产业稳步发展。汉中生态环境较好,雨水充足,四季气候温润,秋季雨水多,适宜发展种植业。2018—2022 年,汉中市粮食产量稳步增长(见图 5-22),基本没有大幅度的波动,保障了粮食的稳定供应。汉中以种植油菜闻名,油料产业发展稳定(见图 5-23)。

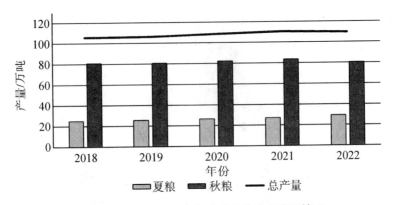

图 5-22　2018—2022 年汉中市粮食产业发展情况

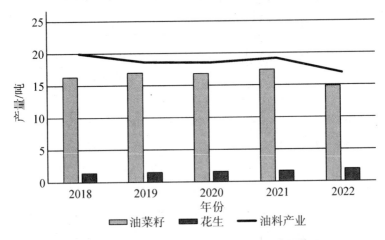

图 5-23　2018—2022 年汉中市油料作物发展情况

（资料来源：《汉中市统计年鉴 2023》）

　　第三，构建现代农业产业体系。汉中以农业现代化为目标，以粮油和 "3+4+N" 现代农业产业体系为重点，即打造茶叶、中药材、食用菌三大产业规模效益，实现全省第一的单项冠军产业；将蔬菜、畜牧、水果、水产四个产业作为区域主导产业，打造区域品牌；培育黑米、乌鸡、魔芋、中蜂等地方特色产业，构建起以核心产业为引领，区域主导产业带动探索产业多元化发展的现代农业体系。汉中集中人力物力，建立健全产业链，同时发挥地域特色，实现农村要素全方位发展，实现农业多元化发展。

　　截至 2022 年年底，汉中市农林牧副渔业总产值为 514.97 亿元，比上年增长 6.26%；蔬菜产量 300.87 万吨，比上年增长 3.93%；茶叶产量 5.6

万吨，比上年增长 7.69%，各项主要产业都实现一定程度的增长。2018—2022 年，汉中主要产业茶叶、蔬菜、中药材以及水果从种植面积到产量都实现稳步增长，水果品种也实现多元发展，农业特色水平明显提升（见表 5-19）。

表 5-19　2018—2022 年汉中市茶、蔬菜、中药材、水果种植情况

年份	茶叶		蔬菜		中药材		水果	
	面积/万亩	产量/万吨	面积/万亩	产量/万吨	面积/万亩	产量/万吨	面积/万亩	产量/万吨
2018	106.96	4.2	93.45	247.24	118.43	16.02	51.25	55.7
2019	110.79	4.5	95.78	263.46	126.26	17.66	52.07	60.08
2020	112.53	4.9	101.48	278.09	128.42	19.11	52.44	63.58
2021	114.48	5.2	101.54	289.50	129.09	20.75	53.03	67.65
2022	116.02	5.6	104.21	300.87	129.66	23.20	53.39	69.85

资料来源：《汉中市统计年鉴 2023》。

（2）发展现代农业，种出好"钱"景。

乡村振兴战略实施以来，为加快发展农业农村现代化，汉中以五个农业为核心，建立健全现代农业体系。汉中通过有机农业、品牌农业、设施农业、智慧农业和观光农业构建汉中特色现代农业体系，发挥地域特色优势，推进"土特产"加工生产以及销售，集中优势资源，建立健全产业链，实现农业特色产品的价值增值，推动现代农业的转型升级。同时，汉中大力发展粮油产业，以"3+4+N"为农业产业发展的重点，积极拓展地域特色，拓展农业多种功能，挖掘乡村多元价值。在延长产业链的同时，汉中推动一二三产业的融合发展，推动全市特色农业高质量发展，谱写汉中乡村发展的新篇章。

第一，发展有机农业，打造地域"土特产"。

生态环境是汉中最大的优势，也是汉中实现乡村振兴的最大优势，因此，发展有机农业也是汉中农业的最大优势。汉中以生态有机为核心目标，做大做强粮油、茶叶、蔬菜、畜牧以及水果五大产业，通过调整农业产业布局，提升农业科技水平，扩大农业生产规模，建立标准化产业园区等一系列工作，推动农业实现循环发展，做强做大特色生态农业。2022年，汉中市蔬菜产量为 300.87 万吨，增长 3.9%；生猪出栏 261.30 万头，增长 2.6%；茶叶产量 116.02 万吨，增长 1.35%；园林水果产量为 69.85

万吨，增长 3.3%；中药材产量为 23.20 万吨，增长 1.6%。可见，2022 年汉中市主导产业发挥区域优势，实现生态化、绿色化、低碳化生产。

截至目前，汉中累计认证有机农产品 16 大类 112 种，有机农业基地面积达到 20 万亩以上，有机农业规模持续扩大。汉中通过发展"仿生态种养""畜—沼—菜（果）循环""稻渔综合种养"等生产模式，实现农产品的生态有机生产。同时，汉中制定严格的标准，提高有机产品的质量，加快农产品质量安全县创建，确保有机农产品可追溯覆盖率 100%。汉中培育和壮大龙头企业，发挥龙头企业引领作用，建立健全产业链，加大技术研发，改进生产设备，实现生产的标准化和产品多元化。汉中拥有有机大米、有机茶叶、有机魔芋等一系列生态有机产品，目前全市有 231 家龙头企业，其中 102 家取得了有机产品生产资格，有机农业总产值 17.8 亿元。

第二，培育品牌农业，打造汉中品牌特色。

汉中依托"生态+"建立了农业生产体系，农产品种类丰富，包括茶叶、粮油、果业、林特产品等一系列特色农产品，受地理位置和气候的影响，产品品质较好。为了改变农产品多而不强的问题，汉中坚持走品牌强农之路。

首先，以"汉"字号为招牌，打造区域公共品牌，构筑汉中品牌体系。2020 年，"味见汉中"区域公共品牌成立，成为汉中首个全品类开发的区域公共品牌。目前有汉中木耳、汉中天麻、汉中腊肉等一系列"汉"字号农产品，共计 15 大类，82 家企业和 162 个产品获得品牌授权。品牌体系建设提升了农产品的附加值，带动农民增收。汉中目前已经培育 6 个中国驰名商标、7 535 个涉农品牌，成功打造了地域特色品牌，比如"略阳天麻""留坝西洋参""城固柑橘""略阳乌鸡""洋县黑米"等特色农产品。"汉中仙毫"入选 2023 年中国地理标志农产品区域公用品牌声誉100 强。汉中以区域公共品牌为核心，带动企业品牌和产品品牌的发展，品牌体系正在逐步形成。

其次，加强品牌运营管理。汉中规范准入标准，实行定期审核与监督机制，以"环境有要求、生产有标准、准入有门槛、过程有管控、全程可溯源、品质有保障、消费可查询、投诉有回应"的原则构建信用体系，提升品牌的标准化、规范化，增强品牌的认知度和公信力。同时，汉中通过严选品质优秀的产品作为特色农产品，提升产品质量，将品牌的影响力不断扩大，从而带动产品的销量。汉中利用线上线下多种方式，宣传推广品牌。一方面，利用互联网的影响力，线上宣传推广农产品，比如与淘宝、天猫等签订协议，同时利用各大电商平台，实现直播带货等；另一方面，参与线下农产品交流会，在线下开设农产品专卖店等，扩大品牌的宣传力度。汉中通过实施品牌农业培优工程，以"汉"字招牌为特色，融入地域特色和文化特色，以"龙头企业+政府+农户"的模式，集中优势资源打造区域公共品牌，实现品牌兴农、品牌助农、品牌强农。

第三，完善设施农业，提升特色产品质量。

党的二十大报告指出，全面推进乡村振兴，强化农业科技和装备支撑，发展设施农业，拓宽农民增收致富渠道。汉中市以党的二十大精神为指引，加快建设设施农业，以科技发展为支撑，加快构建现代产业体系。设施农业可以有效抵御自然因素的限制，实现农产品供应的季节性均衡，还可以消除自然灾害对农产品产量的影响。通过建立产业示范园区，完善配套设备，培养科技人才，完善设施农业，可以为农产品品牌发展保驾护航，提升农产品质量。

首先，打造农业示范园区。现代农业产业园是在集中优势资源，发展规模化种植养殖基础上，引进设备、科技等现代化生产要素，创新体制机制建设而成的现代化农业发展平台。一方面，现代农业产业园可以集中区域优势以及人力物力资源，实现生产规模化；另一方面，现代农业产业园可以引进先进设备、资金等现代化生产要素，为设施化农业提供物质和技术基础，促进生产要素集聚，建设现代技术与装备集成区。目前，汉中建成各类现代农业产业园321个，其中，省级现代农业产业园5个，省级现代农业园区33个、市级现代农业园区154个、县级现代农业园区129个，覆盖农林牧副渔多种产业，实现核心产业粮油、茶叶、蔬菜、畜牧以及水果"五大产业"全覆盖，建设总面积50.41万亩。现代农业园区采取"园区+企业+合作社+农户"的模式，在推动农产品生产加工销售的同时，积极探索农业生产的科技水平，加大科技成果的转化与应用，建设温室大棚、水肥一体化、机械化等为重点的设施化产业基地，大力发展设施农业。比如，汉台区梧凤村乡村振兴现代产业融合示范园的鱼菜共生、无土栽培设施农业，既实现了生态有机的生产方式，也节省了成本，提高了农产品的质量。

其次，完善配套设施。汉中严格规划耕地用途，加强耕地保护与规划，保障4 327.56万亩耕地用于农业生产，尤其是粮食生产。汉中还投资建设现代化高标准农田，积极打造高标准农田示范区，提升农产品品质。截至 2022 年年底，汉中累计建成高标准农田 182.4 万亩，整治排查 7 653.93 亩荒地。同时，汉中大力推进农业机械化生产，截至 2022 年年底，汉中农机装备总动力达 198.5 万千瓦，全市主要农作物耕种收综合机械化水平达 52.6%。汉中完善水电以及信息网络等基础设施，为农业现代化发展提供基础保障，完善物流网络建设，加强保鲜仓、冷链物流中心建设。目前，汉中已建成褒河物流园公用型保税仓库和出口配送型监管仓库，成为陕南地区唯一拥有"两仓"的地区。汉中进一步完善产业园区的功能，为外向型经济发展提供重要支撑。汉中发展农村寄递物流，建立县域为核心的仓储分拣中心、冷链仓储基地等，为乡村产业振兴赋能。

最后，强化科技支撑。汉中推进绿色生态健康种植养殖业，实现连续多年化肥使用量零增长。汉中大力推广绿肥种植技术，截至 2022 年年底，全市绿肥种植面积达到 17.6 万亩，土壤改良面积 51.1 万亩。汉中加强与高校联合，依托重点产业创新项目，开展土壤修复技术研发，比如陕西科技大学在勉县和西乡县开展土壤重金属污染修复技术实验。汉中还组织专业技术人员向农民开展科学种植知识的讲解，在各区县积极建立实验基地，配合科研工作，提升汉中农业发展的科技含量，集中精力解决"卡脖子"的技术难关。汉中建设耕地地力提升与化肥减量技术综合示范基地，加快科技种田、科学养殖知识的传播。

第四，实施智慧农业，实现资源优化整合。

随着数字网络技术的发展，数字化已经成为推动产业发展的重要工具，数字化程度也是实现现代化发展的重要指标。数字技术赋能农业的新模式已经成为农业现代化发展的主要方向，也是提升农业智能化水平的基础。汉中市积极加快科技赋能现代农业产业的步伐，大力发展智慧农业产业园区，夯实数字农业发展的物质基础，实现种植养殖、生产加工到物流运输全过程全方位数字化、智能化发展的目标。目前，佛坪县建成全国数字乡村试点县，城固县、略阳县建成省级数字乡村试点县，宁强县建成全国"互联网+"农产品出村进城工程试点县，100 余个智慧农业示范项目，2 000 多条特色产业智能化生产线正在发挥智慧农业的积极效应，将科技与农业相结合，带动农业农村现代化发展。

首先，建设智慧平台。汉中通过建设集数据分析、自动种植、自动养殖以及物流网络、电子商务于一体的智慧农业大数据平台，实现农业生产监管的全自动化，提升农产品产量和质量。比如，物联网云平台的应用，使得农民可以通过手机实时查看农作物的生长情况，改变了以往"靠天吃饭"的局面，既提高了农业生产的产量，又解放了大量的劳动力。汉中还加快建设电商平台，发展电子商务，实现特色农产品线上销售。截至2022年年底，汉中网络零售额达到10.65亿元，电子商务的兴起，拓宽了农产品的销售渠道，为乡村产业发展注入了新的动力。

其次，发展智慧种养。汉中通过建设标准化智慧产业园区，建成了一批智能化、标准化的智慧种植设施，实现播种、管理、收割以及病虫防治的智能化、数字化。科学的种植减少了农业化肥的使用量，实现了农业生产的生态有机。智慧种养通过对室内环境、土壤湿度等的自动调整，可以打破自然环境对种植的限制，确保农产品产量的稳定。比如，传统蔬菜一年最多5季，而智慧大棚可以实现蔬菜一年10季，打破了季节的限制，一年四季都可以实现农产品的稳定供应。

最后，开展智慧服务。汉中建立健全智慧农业配套服务体系，助力智慧农业的发展。一是完善数字网络服务，加大基础设施的建设力度。目前，汉中市已经实现网络全覆盖，推动建立以县域为核心的电子商务物流体系。二是加强与高校以及科研机构的合作交流，助力科技成果转移转化。比如，陕西理工大学与镇巴县签订合作协议，助力镇巴产业科技创新、成果转化；城固县与西北农林科技大学开展校地合作，促进龙头产学研示范基地建成，推动产业发展的科技升级。三是建立健全各项配套设施。目前，汉中市已经建成5个全程机械化+综合农事服务中心，协助开展农机作业服务供需对接、作业监测等信息化服务，同时加快无人驾驶、遥感技术以及大数据监测技术的推广与应用，服务智慧农业。

第五，实施观光农业，推进产业融合发展。

汉中生态环境优越，自然资源丰富，四季温润，气候适宜，是历史文化城市、国家历史文化名城、中国名茶之乡、国家生态建设示范试点地区，这为汉中发展观光农业提供了自然环境基础。汉中农业独具特色，以粮油、药材、水果、渔业等为主，以有机农业为主要生产方式。汉中是汉文化的发源地，农耕文明历史悠久，民风淳朴，这为汉中发展观光农业提供了人文基础。汉中依托资源优势，以"绿色循环·汉风古韵"为定位，大力发展观光农业，以旅游业为支柱产业带动乡村产业融合发展。

首先，立足县域资源优势，发展地域特色观光农业。受地理位置和地形地貌的影响，汉中各区（县）生态资源以及产业发展各有不同，汉中市实施"一县一策"计划，鼓励各区（县）充分发掘生态资源，加快构建优势突出、特色鲜明、效益明显的观光农业发展格局。通过打造"中国最美油菜花海"观光旅游品牌，汉中各区（县）充分发挥地方特色发展特色农业观光旅游业，推动建立乡村民宿和农家乐集群，打造"汉家乐"品牌民宿，见表5-20。

表5-20　汉中各县特色优势资源

县域	县域特色优势资源
城固县	位于汉中盆地腹地，生态环境优美，拥有世界文化遗产张骞墓、世界灌溉工程遗产五门堰、杨填堰；以种植柑橘闻名于世，有中国柑橘生态观光第一园橘园，有国家级水利风景区南沙湖；生态资源和文化资源丰富，也被称为中国柑橘之乡、生物资源宝库，荣获陕西省首批历史文化名城的称号；适宜发展生态观光、文化旅游以及康养产业
洋县	陕西省唯一建有两个国家级自然保护区的地方，也被誉为"朱鹮之乡""观鸟之乡"；依托生态资源优势，发展特色观光农业，同时带动"洋县黑米"等特色有机产业发展；初步形成了朱鹮农业观光园、朱鹮湖风景区、朱鹮梨园景区等富有地域特色的农业观光旅游园区，并结合蔡伦墓祠发展文旅融合，带动地域产业发展
西乡县	国家生态文明建设示范县，依托生态优势，以茶叶为主导产业，同时发展中药材、菌类产业、粮油产业以及果业，是全国著名茶乡、樱桃之乡、生态旅游之乡；以茶旅融合带动乡村生态观光农业的发展，目前有省级茶叶示范镇4个、省级标准化示范茶园28个，创建国家生态农业旅游示范点1个、省级旅游示范村4个、旅游特色名镇1个，推动茶旅融合向纵深发展
勉县	三国文化发源地，拥有丰富的历史文化资源，以非物质文化遗产为依托，弘扬三国文化以及红色文化，推动文旅融合发展；生态环境优美，中药材、金矿资源丰富；依托生态环境优势，打造一批开心农场、共享菜园等农业观光科普基地；依托精品果园、茶王山生态茶园等打造一批农旅融合观光基地
宁强县	以中药材产业、食用菌产业以及茶叶产业为支柱产业，其中茶叶产业发展较快；依托"中国名茶之乡"的定位，围绕茶叶产业，推动茶旅融合的发展；以茶文化为主建立起集旅游、康养、度假、亲子休闲、茶家乐等为一体的核心景观区、生态度假区和市民农庄区，发展观光农业
略阳县	以略阳天麻、略阳杜仲、略阳乌鸡三大产业为主导产业，发展家庭农场；发挥地域特色，建设农旅产业融合示范园，目前创建省级略阳乌鸡农村产业融合发展示范园，省级乡村旅游示范镇村2个；略阳县安山茶园获评全省"十佳最美茶园"，打造一批农业观光旅游示范点

表5-20（续）

县域	县域特色优势资源
镇巴县	通过立足生态优势，积极探索"茶园+民宿体验""田园+红色文化""药园+自然景观""苗酒+苗乡文化""活动+民风农品"五种产业发展体系，发展观光农业，多种模式推动产业融合
留坝县	地处秦岭南麓腹地，森林覆盖率达到91.23%，位居西北地区前列，素有"绿色宝库""天然氧吧"之美誉；依托生态文化，以旅游业为支柱产业，带动食用菌、中药材产业发展，大力推进产业融合；先后荣获中国县域旅游之星、全省首批旅游强县、全省首批旅游示范县、全国休闲农业与乡村旅游示范县等荣誉称号
佛坪县	森林覆盖率达到91.19%，大熊猫自然分布密度居全国之首；依托良好的生态优势和大熊猫品牌，以建设中国秦岭自然生态休闲度假目的地为目标，加快文旅重点项目建设，成功创建省级森林旅游示范县、陕西省全域旅游示范区

其次，发展多元业态。汉中以优势产业为核心，带动农业观光旅游实现多元化发展。比如，通过汉文化以及三国文化，发展研学+旅游观光的文旅融合产业；通过生态采摘，以田园风光为特色，发展"农耕体验型"农业观光旅游，建设农耕体验基地；依托茶叶特色产业，发展"茶旅融合"，打造集茶文化传播、生态体验以及风景观光的茶旅融合园区和茶旅文化旅游精品路线11条；依托食用菌、果业、稻渔基地等，开发种养体验、休闲垂钓等项目，发展"种养结合型"观光农业；依托生态旅游以及中药材产业发展"休闲康养"产业，打造集住宿餐饮、会展培训、健康养生于一体的农业康养综合体。目前，汉中已经打造国家级"一村一品"示范镇村22个，实现农业观光产业多元化发展（见表5-21）。

最后，推动融合发展。汉中市聚焦"基础、运游、文旅、产旅、信息"五个融合，打造立体交通网络和优质便捷出行圈，发展文旅融合，实现产业+生态融合发展模式，聚焦信息融合，实现观光农业智慧化发展。汉中加快城乡融合，依托城市的"虹吸效应"，带动县域经济的发展，从而进一步带动村级产业经济的发展。同时，汉中依托城市完善的基础设施，配套建设特色餐饮、特色民宿、购物娱乐等服务设施，积极推进观光农业的发展。目前，汉中市已经建成全国休闲农业示范点12个，中国美丽休闲乡村8个，精品乡村旅游线路20条，4A级景区15个，3A级景区13个，2A级景区2个。

表 5-21　汉中旅游资源

项目	地区
陕西省全域旅游示范区	南郑区、宁强县、佛坪县
陕西省全域旅游示范县	汉台区、洋县、勉县、留坝县
国家农村产业融合发展示范园名单	汉中市洋县有机产业农村产业融合发展示范园
省级历史文化街区名单	汉中东关正街历史文化街区、 汉中西汉三遗址历史文化街区
全国休闲农业重点县	留坝县
全国美丽休闲乡村	陕西省汉中市宁强县高寨子街道肖家坝村、 陕西省汉中市留坝县火烧店镇望星台村、 陕西省汉中市汉台区武乡镇吴庄村、 陕西省汉中市城固县原公镇青龙寺村、 陕西省汉中市西乡县城南街道办事处五丰社区、 陕西省南郑区瓦石溪村、 陕西省留坝县堰坎村

5.2.2.2　乡风文明：文明新风沁润人心

汉中聚焦"美丽乡村·文明家园建设"，以打造生态美丽乡村、建设文明乡风为目标，多措并举加强农民精神文明建设。生态文明是汉中乡村的底色，而乡风文明就是汉中乡村的重要名片，也是社会主义精神文明建设的基础"阵地"。汉中通过理论宣讲、教育服务、文化服务、科技与科普服务提升公共文化服务能力，综合利用农家书屋、理事会、院坝说事会、惠民演出等一系列公共文化服务资源，结合积分制、奖补政策，展开"十星级文明户""美丽家庭""好婆媳"评选等一系列活动，充分发挥家风建设在文明乡风建设过程中发挥的重要作用，进一步提升乡村精神文明建设。汉中围绕陕西省民风建设"十个一"为抓手，加强民风建设，累计评选县级以上文明镇 91 个，文明村 1 171 个，文明家庭 410 户，十星级文明示范户 7 434 户，争取奖励资金 800 余万元。汉中还积极参与"美丽乡村·文明家园"建设，并打造示范点 11 个（见表 5-22），并结合"弘六德·展六美·建三市"的公民道德教育，开展乡村文明建设，提升文明素质，建设文明乡风，助力美丽乡村建设。

表 5-22 汉中市省级"美丽乡村 文明家园"建设示范点

区（县）	村（镇）
汉台区	河东店镇河东店村
南郑区	汉山街道汉山村
城固县	莲花街道莲花池村
洋县	龙亭镇平溪沟村
西乡县	城北街道枣园村
勉县	周家山镇留旗营社区
宁强县	高寨子街道肖家坝村
略阳县	徐家坪镇徐家坪社区
镇巴县	长岭镇九阵坝村
留坝县	留侯镇营盘村
佛坪县	西岔河镇银厂沟村

（1）营造文化氛围，强化乡风文明意识 。

第一，营造良好的氛围，提升农民的认知程度。汉中市人民政府高度重视农村精神文明建设，充分利用乡村公共设施，以农民画、浮雕墙、文字标语等形式在乡村设置随处可见的宣传标语，宣传社会主义核心价值观、汉中传统文化以及文明乡风内容，将文明乡风的理念融入农民的生活场景，营造建设精神文明的氛围。汉中通过宣传墙，以直观形象的方式将精神文明建设相关内容展示在农民日常生活的地方，以图画的形式向农民展示社会主义核心价值观、村镇美丽传说、两汉三国的历史等内容，更加通俗易懂，易于接受。汉中依托当地特色，在各个行政村打造乡风文明一条街，比如在龙亭镇龙亭村展示蔡伦的首创精神，在马畅镇东湾村建设家风家训文明一条街，进行乡风文明的宣传，起到"润物细无声"的作用，在农民的日常生活中以直观形象的方式，直接影响农民的生活。

第二，开展弘扬传统乡贤文化，发扬榜样带动作用。汉中以弘扬传承乡贤文化为重要抓手，在农村创新实施"百镇千村乡贤文化促进会"工程，在各行政村成立乡贤文化促进会，通过严格的标准，倾听群众的意见，选拔一批"品行良好、处事公正、为人正派、遵纪守法、威信较高、群众口碑好"的新乡贤。汉中在继承传统乡贤文化的基础上，结合新时代的发展需要，发挥榜样带动作用，通过树立乡贤典型，在乡村文明建设中发挥引领示范作用，带领农民传承美德，并协助处理农村矛盾纠纷，形成和谐文明乡风。汉中积极成立乡贤宣讲团，深入基层，对农民进行理论宣讲，发挥乡贤自身的优势，为乡村建设献智出力。乡贤能人还起着带头弘扬传统文化的积极作用，汉中通过积极组织乡贤文艺宣传队、曲艺演出队、科普协会等，利用传统节假日以及二十四节气等，开展民俗演出以及文化宣传活动，丰富农民的精神世界，弘扬传统文化。除了发挥乡贤的价值引领、道德教化、文化传承的作用，新时期的乡贤能人还有重要的历史使命，那就是带动农民致富。乡贤能人通过自身能力以及优势资源，为农民普及专业知识，分享致富心得，实现"先富带后富"，带领农民实现致富。汉中市通过发扬乡贤文化，发挥能人效应，为建设美丽乡村凝心聚力，推动形成文明乡风。

第三，持续推进移风易俗工作，形成良好家风氛围。汉中以家风建设为重要抓手，通过以家风带乡风，持续推进移风易俗工作，并通过评优树模，发挥榜样带动作用，在各行政村广泛开展"十星级文明户""最美家庭""好媳妇""好婆婆"等一系列评选活动，充分发掘孝老爱亲的优秀事迹，通过树立典型，以身边人带动四邻八方，发挥道德引领作用。各行政村结合自身实际，完善"一约四会"，将群众反映过多的问题，如大操大办婚丧喜事、封建迷信等，写入村规民约，为移风易俗工作提供制度保障，并定期对村规民约进行修订。汉中将移风易俗教育与传统节日相结合，组织开展与传统节日相关的文化礼仪活动，发扬新时期文明乡风；定期开展道德评议，并进行道德积分制，建立道德银行，通过实行"道德评议+爱心超市"挂钩机制，组织开展道德评议 4 484 场次；设立"自强红黑榜"，表扬自强红榜，对自强"黑榜"进行批评教育，引导农民形成正确的价值导向和文明的乡风。

（2）打造文化阵地，提升公共文化服务能力。

第一，完善基础设施，发挥公共文化的作用。汉中市不断提升基层公共文化服务设施，实现基层综合性文化服务中心全覆盖，全区镇（街道）"两馆"分馆全覆盖，文化器材配送全覆盖。截至2022年年底，汉中市共有公共图书馆 12 个、文化馆 12 个、文化站 177 个，村（社区）群众文化服务机构 189 个，图书藏量 192.28 万册，基本实现文化服务基础设施全覆盖，"两馆一站"免费开放率达 100%。为营造良好的文化氛围，汉中还加强建设城市书房、24 小时自助书柜，以及全国首个"钱学森书屋"，为群众提供更好的文化服务。汉中发挥"农家书屋"以及村（社区）综合性文化服务中心的积极作用，为农民提供更加便利的公共文化服务。汉中大力发展广播电视事业，截至 2022 年年底，拥有广播及电视发射台 10 座，发射机 60 部，电视人口覆盖率 99.94%，广播人口覆盖率 99.89%，实现文化传播全覆盖。汉中推进县级融媒体中心和智慧广电建设，完成 10 座县级广播电视台与县级融媒体中心整合工作。随着公共文化基础设施的完善，汉中公共文化服务效能不断提升，为文明乡风保驾护航。

第二，开展多种活动，提升公共文化服务的效能。汉中充分发挥农家书屋、村镇文化站、乡村舞台以及健身广场等公共文化服务设施的有效作用，开展多种多样的社区活动，丰富农民的业余生活，传播文明乡风。汉中利用村广播室定期播放时政要闻，讲述农村典型人物事迹，发扬典型案例。汉中充分利用百姓宣讲、院坝说事等形式进行政策讲解以及理论宣讲，用正确价值观引领农民的思想。汉中充分发挥文化站、村级文化活动室、农家书屋和村广播室的作用，依托乡贤骨干组织文艺宣传队、曲艺演出队、文艺科普协会等，用文艺作品将乡风文明建设传递到群众中去，带动引领积极向上的乡风民风，丰富农民的业余生活，在娱乐的同时宣传积极向上的价值观，在丰富农民业余生活的同时，丰富农民的精神文化思想。汉中通过原创文艺节目《婆婆妈妈娇娇娃》《王大懒》等，以接地气的方式呈现积极向上的思想。2022 年，汉中充分利用文化广场、群众大舞台举办文艺基层惠民演出 6 000 多场次，为农民带来了精神盛宴。汉中建立富有地域特色的村史馆，传承地域历史文化，将农村的历史文化以具体的形式呈现出来，为农民的生活增添一份"故乡情"，比如，镇巴县以苗族文化为核心建立起村史馆，发扬民族文化；董家营镇湖广营村村史馆反映了移民搬迁的历史，橘园镇刘家营村村史馆以柑橘文化为特征，反映了农村种植柑橘实现致富的历程。

第三，打造试点示范，推动公共文化服务高质量发展。汉中深入挖掘各地特色文化资源，建立线上线下一体化文化服务平台，创新公共文化服务管理体制机制，形成一批富有地域特色且具有推广示范价值的试点示范工程，探索公共文化服务高质量发展的经验，为提升乡村整体公共文化服务起到引领示范作用。目前，佛坪县、汉台区获批省级公共文化高质量发展示范县创建县；汉台区龙江街道、略阳县徐家坪镇、佛坪县西岔河镇入选省级公共文化高质量发展示范乡镇（街道）；汉台区龙江镇龙江龙舞荣获"中国民间文化艺术之乡"称号。随着一批试点示范工程的成功建设，一批公共文化基础设施承载力强、文化艺术创新性强、公共文化服务质量高的公共文化服务示范县、示范村形成，正在推动汉中农村公共文化服务质量的提升，更好地为农民的精神文化建设服务，为乡风文明建设提质增效。

（3）发展乡村文化产业，带动文化发展新活力。

汉中是国家历史文化名城，有着以"两汉三国"为基础的历史文化，生态环境优美，是秦岭自然保护带的核心区，以"朱鹮"为 IP 的生态文化也是汉中的地域特色。同时，汉中是川陕革命根据地的重要组成部分，红色文化资源丰富。汉中以"汉风古韵"为基础，形成了厚重的历史文化、独特的民俗文化、特色的生态文化以及交融的红色文化。汉中通过"生态+"的方式结合历史文化、民俗文化以及红色文化，推动文旅融合产业的发展。

发展历史文化产业。作为汉文化的发源地，汉中有着百万年的人类史、5 000 多年的文明史、2 300 多年的建城史，历史文化资源丰富。受地理因素的影响，汉中的民俗文化兼具南北特色。汉中还有着丰富的非物质文化遗产资源，有世界级文化遗产 1 处、全省首批文化遗址公园 1 处、国家级文物保护单位 20 处、省级文物保护单位 83 处，国家级非遗代表性项目 8 项、省级名录 64 项，国家级代表性传承人 4 人、省级代表性传承人 21 人。近年来，汉中持续开展历史文化名城、名镇、名村和街区的申报工作，目前有省级公共文化服务高质量发展示范县 2 个、示范镇 6 个，"民间文化艺术之乡" 3 个。汉中通过大力发展"文化传承+旅游"的文旅产业，推动文化产业的复兴，在全社会形成一种良好的文化氛围，一方面带动乡村致富，另一方面将文化产业与农民的经济发展相联系，提高农民对于文化发展的意识，推动农民的文化意识，形成良好的乡风。目前，留坝县已经入选全国文化产业赋能乡村振兴试点，为汉中市的县域文化产业发展起到了引领示范作用。

发展红色文化产业。汉中属于川陕革命根据地的重要组成部分，红色文化资源丰富。汉中市以传承优秀红色革命文化为目标，发掘和保护文化资源，建立红色文化体验基地，红色文化旅游馆以及红色文化遗址等，结合旅游业，发展红色文旅产业。目前，汉中有红色旅游精品景区（点）12

处，革命遗址、革命纪念地 113 处，其中不可移动革命文物 76 处，国家级文物保护单位 1 处，省级文物保护单位 20 处，市级文物保护单位 1 处，县级文物保护单位 17 处。汉中红色文化资源丰富，围绕"红色革命文化+"的发展模式，推动红色文化与研学、旅游等深度融合，带动乡村红色文化的发展。随着乡村振兴战略的持续深入，汉中大力发掘民间留存的文化遗址遗迹，加大对乡村民间红色文化的保护力度，发展红色文化旅游产业，实现"红色+生态+历史+民俗文化"的文旅融合模式，大力发展秦巴山区农村经济，巩固脱贫攻坚成果，全面推进乡村振兴。

5.2.2.3　生态宜居："生态+"建设美丽宜居乡村

生态是汉中的亮眼名片，汉中拥有巴山和秦岭两个天然的屏障，气候温润，森林资源丰富。汉中水系丰富，也是长江最大的支流汉江的发源地，被誉为"西北小江南"。在经济发展过程中，汉中也曾受到工业化发展的影响，环境遭到破坏。自从美丽乡村建设开始，汉中采取一系列措施恢复生态环境，森林覆盖率显著提升，生物多样性也在不断恢复和发展，水治理效果明显，良好的生态环境，为汉中生态宜居的发展奠定了基础。党的十八大以来，随着农村人居环境整治的开始，汉中坚持以人民为中心的发展思想，继续深入学习推广浙江"千村示范、万村整治"工作经验，扎实稳妥推进农村"厕所革命"、生活污水垃圾治理、村容村貌提升等重点工作，将重点突破和综合整治、示范带动和整体推进相结合，"一户一处景、一村一幅画、一镇一风景、全域大花园"的格局正在形成。

（1）做好生态治理，激活生态价值。

第一，以水治理为核心，推动生态环境高质量发展。汉中作为汉江源头，水源质量不仅关系汉中的生态发展，更关系整个陕南地区的生态发展。随着生态文明建设的推进，汉中生态环境建设取得了重要的成果，森林覆盖率达到 68%，生物资源丰富，汉江流域水质均达到 III 类标准，14个县级集中式饮用水源地水质检测达标率 100%。随着人们对生态环境需求的增加，为了更好地打造宜居宜游城市，汉中持续深入推进碧水保卫战，实施"5+1"治水三年行动，实行一水一策制度。汉中继续深化森林治理，保护秦巴山区生态环境，打造碧水蓝天，深入开展污染整治攻坚行动，抓土壤污染防治、重点行业分类管控和污染土地修复治理这三个重点环节，守护秦巴山区净土。截至 2022 年年底，汉中受污染耕地安全利用率达到 90%，土壤环境安全可控。通过紧扣"绿色循环"的定位，汉中紧抓生态环境治理，充分发挥生态战略优势，不断提升生态环境质量，推动社会经济发展绿色转型。汉中按照"两山"理论，为乡村生态振兴打好环境基础。目前，汉中生态环境发展取得了巨大的进展，特色生态农业蓬勃发展，生态旅游业实现"生态+"的经济效应。目前，汉中有3个案例入选全国生物多样性保护优秀案例，5个县获"两山"实践创新基地命名，生态创建成效全省第一。

第二，以"生态+"为抓手，建设宜居宜游生态城市。汉中依托良好的生态环境，打造"生态+""有机+"的特色名片，以"生态+"发展全域旅游，建立健全配套基础设施，发展民宿经济、农业休闲体验经济、健康养生经济，同时借助"油菜花"打造汉中IP，带动全域旅游的发展。目前，汉中有7个县（区）创建为全省全域旅游示范县，"旅居在汉中"品牌效应凸显，以"油菜花"为主题的旅游项收益颇丰，带动特色民宿、"汉家乐"发展。汉中以绿色、有机、生态为主要方向，做大做强汉中"有机+"生态农产品品牌，打造以"味见汉中"区域公共品牌为核心的农产品品牌体系，建设生态农产品生产基地，推进粮油、茶叶、食用菌、中药材、养殖业为主的生态农产品发展，构建以特色农产品、有机食品、功能食品为支撑的绿色有机食品产业体系，打造"汉"字号特色。同时，汉中通过以"生态+"为核心，发展生态农业实现"生态环境+有机农产品+全域旅游"的产业融合模式。目前，汉中被评为国家历史文化名城、中国优秀旅游城市、中国最美油菜花海、全国生态示范建设试点地区、中国休闲城市，旅游资源丰富（见表5-23）。

表5-23　汉中旅游资源

项目	数量/处
世界人与生物圈保护区	1
国家级自然保护区	8
国家级森林公园	4
国家地质公园	1
国家水利风景区	3
国家湿地公园	2
中国传统村落	1
全国休闲农业与乡村旅游示范县	1

表5-23（续）

项目	数量/处
全国特色景观旅游名镇	1
全国休闲农业与乡村旅游示范点	3
中国最美休闲乡村	3
中国美丽田园	5
全国农业旅游示范点	12
省级森林公园	2
省级风景名胜区	7
国家4A级景区	17
国家3A级景区	16
国家2A级景区	1
陕西旅游文化名镇	6
世界遗产	1
世界灌溉工程遗产	3
国家重点文物保护单位	19

生态、有机已经成为汉中的标签，丰富的旅游资源也进一步带动了汉中旅游业的发展，从而推动生态环境保护和生态农产品向更高质量发展，助力生态资源实现价值转化，推动乡村振兴。

（2）持续深化人居环境整治工作。

农村人居环境整治是美丽宜居乡村建设的重要组成部分，生态美丽汉中的建设，离不开整洁、干净、美丽的人居环境。人居环境的建设，也是留住人才的环境基础，只有不断完善基础设施，完善公共服务，美化村庄环境，才能为乡村留住更多的人才。2018年全国农村人居环境整治工作召开以后，汉中高度重视农村人居环境整治工作，积极推动"厕所革命"、村庄清洁、农村污水处理、垃圾处理等一系列工作，以绿色循环为核心，以改善农民生活条件为根，以良好生态为支撑，在农村开展清洁行动，实现人与自然和谐共生的乡村发展新格局。随着农村人居环境整治三年行动的完成，汉中农村面貌发生了新的变化，生态环境不断改善、村容整洁有序、基础设施不断完善，农民的生活也发生了巨大的变化，生活质量明显提升。

第一，持续推进"厕所革命"。"厕所革命"是乡村振兴战略的一项具体工作，也是农民生活质量提升的第一步，自 2015 年各地开展"厕所革命"以来，汉中采取有力措施，推动农村厕所改善工作有条不紊地进行，并因地制宜鼓励有条件的地区推动卫生厕所改造与生活污水治理一体化建设，因地制宜推进厕所粪污分散处理、集中处理与纳入污水管网统一处理。汉中加大资金投入，建设无害化户厕，并在全市农村推行三格化粪池、粪尿分集、区域性集中处理等三种不同类型的农村厕所改革模式，根据农户实际情况，选择厕所改革的类型。汉中通过张贴横幅标语，利用村广播站播放广播以及召开院坝会、村民会议，以及发挥乡贤的作用，宣传讲卫生、讲文明的好习惯，提升农民的卫生意识和生活观念。汉中还注重做好农村"厕所革命"后期管护工作，建立专项资金用于管护工作，切实加强农村厕所管护工作，助力"农村厕所革命"，解决农民生活最实际、最需要的困难，推动人居环境整治深入人心。汉中建成"厕所革命"整村推进村 216 个，新改建卫生厕所 65.7 万座，其中，无害化卫生厕所 28 万座，截至 2022 年年底，汉中农村无害化户厕普及率 90% 以上，有效解决了农村"旱厕"带来的生活污水以及环境问题。

第二，提升村容村貌。村容村貌是生态宜居的关键，是人们看得见的农村环境，是可衡量的。汉中以生态宜居为核心，通过生活污水处理、生产生活垃圾分类处理，并在农村设立公益性岗位，协助进行村容村貌的监督管理工作。一方面可以实现农民的就业，也使得村民认识到，村容村貌管理离我们每个人很近，进而自觉加入维护乡村村容整洁、环境优美的工作中。汉中持续深入推进农村污水治理，将农村生活污水治理作为重要的民生工程，将水源保护区、黑臭水体集中区域、中心村等六类村庄作为治理重点，因地制宜对农村生活污水进行处理，并提高科学技术水平，提升农村生活污水处理能力。截至 2022 年年底，汉中累计实施生活污水治理行政村 666 个，占比 31.6%，建设集中式生活污水处理设施 189 个，分散式处理设施 249 套，建成农村污水处理设施配套管网 10 373 千米、污水处理设施 127 座，农村生活污水处理率明显提高，农村生活污水治理能力显著提升。汉中还积极推动县（区）引入第三方专业机构，保障农村生活污水治理设施运行管护专业化、规范化，实现农村生活污水处理可持续化发展。汉中加快推进农村生活垃圾分类工程，在各行政村建立垃圾集中处理设备，减少垃圾出村处理量。截至目前，汉中共清理农村生活垃圾处理点 10 271 处，共计 18 232.88 吨，建设农村生活垃圾收集处理系统 254 套，建成镇（街道）垃圾填埋场和焚烧厂 72 个、垃圾转运站和压缩站 33 个，90% 以上的行政村生活垃圾得到有效治理，并增加资金投入，提高农村生活垃圾处理能力、处理效率，比如，汉中市首个农村生活垃圾热解气化处理项目在城固县桔园镇投入运营。

第三，完善基础设施，打造宜居农村。汉中将农村基础设施建设作为一项重要的民生工程来实施，加大投资力度，完善农村用水、用电、公路、网络等基础设施，加大财政投入和政策支持，农村饮用水安全得到保障、用电更为便利、网络实现全覆盖、公路实现全覆盖，还实现了质量上的提升。汉中加大力度保障农村用水便利，推进城乡饮水工程一体化，农村自来水普及率、水量、水质、用水方便不断提升。2020 年，汉中新建改扩农村供水工程 2 155 处，修建蓄水池 5 000 余个，截至 2021 年年底，汉中农村自来水普及率已经达到 99.3%，饮用水源地质水质达标率实现 100%，全域行政村实现饮用水安全，保障农民的基本生活条件。党的十八大以来，汉中市人民政府以及国网汉中供电公司以"乡村振兴，电力先行"为主题，不断升级改造农村电网，增强农村用电保障能力，为农民增收、为农业发展助力。截至目前，汉中已经实现电力供应全覆盖。汉中山大沟深，受地形因素影响，电力改造十分困难，因此汉中的电网长期以来处于落后状态。近几年，汉中将电力改造作为重点工程持续推进，加快电网改造，保障稳定供电。2021 年，汉中电网 35 千伏及以上输电线路长度和变电容量都比 2012 年增长了 1.51 倍和 1.57 倍，如期完成西乡县 330 千伏变电站的修建工程，乡镇电网设施得到极大优化，为乡村现代化发展、产业振兴新局面助力。除此之外，完善公路设施也是乡村产业发展的重中之重，截至 2022 年年底，汉中通硬化路比例达 86.43%。汉中深入贯彻落实"四好农村路"，加快实施农村公路高质量发展的政策，加快推进农村公路联网、补网、强链工程，"四好农村路"建设水平不断提升，农村公路总里程达到 20 935 千米，农村客运线路达到 365 条；全省首个农村公路建养一体化 PPP 项目，即西乡县茶碥路为解决资金供应问题提供了"汉中经验"；建立市、区（县）、镇、村设四级管理队伍进行公路的日常管理，并实施路长制，实现农民自己管理好公路，建立长效管理机制。汉中全面推进示范创建工作，创建"四好农村路"国家级示范县 1 个、省级示范县

6个、市级示范镇27个、市级示范路52条。公路是乡村发展的基础建设，道路通了，乡村也就发展起来了。随着汉中"油菜花海"IP效应提升和公路设施的完善，越来越多的游客前往汉中旅游，推动实现产业融合发展。

（3）着力提升农民群众环保意识。

汉中结合"美丽乡村"建设的目标，以习近平生态文明思想为指导，深入贯彻落实"两山"理论，以"绿色循环、生态宜居"为目标，坚持"三生"融合的发展道路，通过一系列政府投资和政策支持，改善生态环境、提升基础设施，建设宜居汉中。为了提升农民对宜居乡村建设的积极性，汉中采取一系列措施，宣传环境保护的重要性，提升农民的环保意识，改变农民的生产生活方式。

第一，加强环保宣传。汉中通过农村文化墙、文化站以及乡村舞台，组织多种形式的活动，增强与农民的互动宣传，并结合"六五"环境日、世界地球日等重要的时间节点，深入学校、社区、机关、企业举办环保讲座，组织演讲比赛、绘画比赛等丰富的活动，调动农民参与活动的积极性，从而将环保理念深入人心。比如，西乡县举办环保知识科普，并采取观看视频、互动问答等形式，向农民普及环保法律知识，以及日常生活中如何做到生态绿色的生产生活。汉台区武乡镇组织"村庄清洁行动"，全民参与共同维护村庄的清洁。镇巴县组建工作队进村入户，通过发放倡议书、告知书以及宣传车宣传等多种形式，宣传焚烧秸秆的危害，提升农民的环境保护意识，并通过服务指导，鼓励农民实现秸秆再利用。汉中市各地积极开展"最美庭院"和"星级卫生户"的评选工作，调动农民参与环境保护的积极性，选出优秀案例进行分享，带动农民向优秀典范学习，在农村形成积极参与环境保护的浓厚氛围，让绿色理念融入农民日常生活，改变农民的生活生产方式，推动生态环境保护的可持续发展。

第二，努力建设环境优美、绿色低碳、宜居宜游的生态城市。为了实现"宜居宜游"城市的目标，汉中以"生态+"为主要抓手，发展生态产业，推动产业融合的发展。随着生态产业经济效益的提升，汉中进一步完善基础设施，保护生态环境，实现宜居宜游美丽乡村，从而带动乡村民宿经济、休闲农业经济以及休闲康养经济的发展。随着生态产业的发展，汉中深入贯彻"两山"理念，实现生态资源价值化，同时提升农民的环境保护意识，结合美丽乡村建设，推动农村人居环境不断改善。汉中市以生态旅游、有机农业、林下经济为主要产业，发展生态产业，实现生态产业转型，发展文旅融合，打造一批示范试点。目前，汉中累计创建省级生态村镇 95 个，市级生态村镇 42 个，建成国家级休闲农业与乡村旅游示范县点、中国美丽休闲乡村、中国美丽田园等旅游资源，同时建设产业融合示范园，实现生态产业发展，带动农民致富，提升农民的生活幸福感、获得感。目前，汉中有 30 个省级美丽宜居示范村，宜居汉中正在成为地域名片，深入人心。

5.2.2.4　治理有效：善治善为促振兴

（1）完善基层党组织建设。

首先，完善治理体系。汉中创新性构建基层党建引领的"一网四化三统一"基层治理体系，即坚持党的领导，以社会治理网格化、综合执法属地化、便民服务精细化、监督指挥信息化为目标，实现所有信息、力量、指令统一的治理体系。汉中以为民服务、保障民生为根本，划分各部门职责，实现乡村治理网格化管理，完善市县镇三级综治机构全覆盖，在各县设立实现社会治安综合治理中心，助推实现综合治理体系健全。其次，加强组织建设。汉中市 152 个镇，1 894 个行政村均设有基层党组织机构，实现基层治理全覆盖。2022 年，汉中市开展干部人才助力乡村振兴"十百千"活动，首批选派 100 名乡村振兴指导员、551 名乡村振兴助理员到镇村任职，吸纳年轻人才充实村"两委"班子成员，实现基层治理队伍年轻化，优化基层政府干部队伍。再次，严格监督机制。汉中各级村组织严格执行"四议两公开"制度，即将村级重大事项经过党支部会提议、村"两委"商议、党员大会审议、村民代表大会或者村民会议进行决议，同时坚持决议公开、实施结果公开。汉中推动实现基层治理的公开透明化，实现全过程监督，结合庭院问政、院坝说事会等线下平台，广泛邀请村民代表参加会议，确保制度落实。最后，发展集体经济是党建引领的基石。汉中构建以党建为引领，以自治、法治、德治、智治"四治"融合为核心，以壮大集体经济为支撑的"141"乡村治理模式，即"一个指挥室，党建统领、经济生态、平安法治、便民服务四个平台，一个网格"，推动党建引领乡村振兴的试点建设。截至 2023 年年底，汉中有全国乡村治理示范村 10 个，省级乡村治理示范镇 4 个，省级乡村治理示范村 10 个，留坝县入选全省党建引领乡村治理试点县建设以及第三批全国乡村治理典型案例。

（2）提升基层政府治理能力。

第一，提升基层政府治理效能。一是优化提升干部队伍。汉中通过召开县（区）干部交流座谈会，围绕乡村治理的重点问题进行相互交流，借鉴好的做法和经验，推动工作交流、经验借鉴和相互学习。汉中举办各种评比工作，在基层干部队伍中形成一种争先创优的氛围，调动提升基层治理能力的积极性。汉中采用"外出实训、示范观摩、集中轮训"等方式，每年分批次开展全覆盖教育培训，提高基层干部的治理能力，培养一支治理能力高、学习能力强、自身素质硬的干部队伍，扎根基层，服务基层。二是创新开展"五星创建、双强争优"活动。汉中推动基层治理与乡村发展的深度融合，充分利用"进知解""院坝会""红黑榜"等平台，评选"十星级文明户""好婆婆""好媳妇"等各类先进典型，推动乡风文明建设。同时，汉中通过大力发展集体经济，带动"五个农业的发展"，提升农民的收益，调动农民参与乡村事务的积极性。三是壮大治理力量。汉中以"三统一"为核心，构建乡村治理网格化体系。汉中采用"全科网格+专业队伍+协同力量"的工作模式，加强网格化管理，将社区工作者纳入网格员的范围，实现乡村治理"最后一公里"，做到"零距离"服务、经济化管理。同时，汉中扩大治理体系的范围，将协管员、护林员、巡河员、社区专职工作者等服务力量纳入治理，提升服务效能。汉中大力拓展社会组织参与乡村治理的程度，发挥志愿服务功能，真正实现治理效能全覆盖，通过发挥基层治理效能，带动乡村振兴新的发展。汉中近20年来实施退耕还林333万亩，每年涵养水源3.7亿立方米，生态建设取得巨大成果，并实现生态效益；新建改建农村公路1 420千米，新建5G基站351座，实现行政村快递服务全覆盖；实施生态移民搬迁工作，截至目前累计搬迁19.46万户、63.74万人，并推动实现3.7万人就近就地就业，有效保障人民生活安全，提升人民生活质量。

第二，发挥平台作用，搭建乡村治理平台机制。一是发挥数字化治理平台的作用。汉中持续推动数字化与乡村治理相结合，构建乡村治理网格化体系。汉中通过数字网络对各级网格区域进行统一管理，对网格区域内的农户进行集中信息采集，有助于网格员迅速精准掌握信息，提升乡村治理的精细化水平。比如，老君镇金星村通过搭建"数智乡村"管理平台，实现看家护院、智慧联防、智慧广播，构建可视化信息平台，推动乡村治理"人治"与"智治"相结合，由传统向现代转变。二是发挥村级议事协商平台。汉中充分利用院坝会、村民议事会、道德讲堂等载体，使议事从会议室走向"家门口"，将议事协商贯穿乡村治理全过程，实现议事"小平台"发挥"大合力"的效应。佛坪县利用"新风院坝会",通过讲理论、诵经典、传善行、倡新风、兑积分以及聚民意这六个环节,广泛收集民情民意,调动农民参与村级事务管理的积极性,提升农民的凝聚力,共建美好家园。勉县温泉镇通过妇女议事,发挥妇女在乡村治理中的重要作用,围绕妇女儿童权益保护、乡风文明建设等展开交流和培训活动,组织巾帼志愿者、女能人、新农人等优秀妇女代表参与议事,服务妇女儿童和家庭事务。

第三,发挥新乡贤作用,助力基层治理。近几年,新乡贤在乡村治理过程中发挥着重要的积极作用,为乡村发展奠定了人才基础,他们既具备传承传统乡村文化的能力,也具备传播现代文化的知识体系。同政府治理的不同,他们依靠"乡情"全力支持乡村经济发展,在村民中具有一定的威望,发挥着柔性治理的作用,是政府治理的补充。汉中市以有德望、有品格、有端行、有学识、有善举、有热情为标准,选举乡贤,发挥新乡贤在乡村经济发展过程中的重要作用,建立健全自治、法治、德治相结合的乡村治理体系。城固县熊家村发挥"乡贤说事大院"的作用,采取"群众提、大家议、支部评"的形式,由院落主家主持,村"两委"配合,群众积极参与,进行政策宣讲、矛盾调解、带动经济,为村"两委"实施乡村治理助力,带动乡风民风持续向好。镇巴县清水镇组织召开回村新乡贤座谈会,围绕村庄发展、项目建设、集体经济发展、招商引资等一系列乡村发展的重要问题开展座谈,为乡村发展提供意见,共谋乡村发展。汉台区探索"乡贤+"模式,在全区建立 147 个文化促进会,实现行政村全覆盖,并建立健全乡贤参事会组织构架和规章制度,引导 1 100 余名新乡贤在基层治理、乡风文明、经济发展等多方面发挥重要作用,通过"乡贤+党建引领""乡贤+道德评议""乡贤+产业就业""乡贤+环境整治"等机制,发挥乡贤的带动作用,为乡村发展献计献策。汉中还积极评选"最美乡贤",树立典型,带动更多能人回到乡村支援家乡建设。

5.2.2.5　生活富裕:村美民富幸福来

汉中依托生态资源,大力发展"五个农业",充分挖掘生态资源,加快农村一二三产业融合,推动乡村经济高质量发展。同时,汉中加快基础设施建设,完善乡村医疗、教育以及养老体系。随着农民收入上升,精神文明提升和生活方式也随之发生改变,农村经济发展,村容整洁,生态环境不断提升。党的十八大以来,汉中农业农村现代化步伐不断加快,第一产业发展迅速，农业产值从 2012 年的 150.77 亿元上升至 2022 年的 351.80 亿元，建设高标准农田 83 万余亩，农业发展迅速。汉中粮食生产连续十年实现丰收，农林牧副渔业总产值从 2012 年的 274.66 亿元上升至 2022 年的 514.97 亿元，实现翻倍增长。"米袋子""菜篮子"产品稳定供应，物价保持稳定，民生富裕，农村发挥了"压舱石"的重要作用。

（1）农民收入提升，物质生活逐渐改善。

农村居民收入持续上涨（见表 5-24）。2022 年，汉中农村居民人均可支配收入为 14 224 元，较上年增加 950 元，同比增长 7.2%，增速快于全省平均水平。2022 年，汉中人均可支配收入比 2018 年相比上涨 4 136 元，涨幅 41%。自从乡村振兴战略实施以来，汉中农村人均可支配收入持续上升，城乡收入差距逐渐缩小，从 2018 年的 3.01∶1 缩小到 2022 年的 2.73∶1。2022 年，汉中农村人均可支配收入增长幅度位居全省第二，陕南地区第一。

表 5-24　2018—2022 年汉中市农村收入变化情况

年份	人均可支配收入/元	比上年增长幅度/%	城乡差距
2018	10 088	9.3	3.01∶1
2019	11 098	10.0	2.96∶1
2020	11 937	7.6	2.88∶1
2021	13 274	11.2	2.80∶1
2022	14 224	7.2	2.73∶1

资料来源《汉中市统计公报》。

从农民收入构成来看（见表 5-25），四项收入均保持增长态势，其中工资性收入增长是推动农民可支配收入持续增长的主要动力，也是实现农民生活稳定的重要基石。汉中市大力发展生态产业，推动农民实现"家门口就业"，推动农村就业高质量发展，为更多的农民提供就业岗位。财产性净收入占比较低，对农村经济发展的贡献率最小，对经济的拉动作用也不强，但增幅较大，后续潜力有待于进一步激发。经营性收入增幅最小，但相对比较稳定。转移净收入同比增长 12.6%，对农村居民收入增长贡献较大，养老金、退休金、最低生活保障等福利的提升，也推动了转移净收入的增长。

表 5-25　2022 年汉中农村居民人均可支配收入构成

指标名称	收入/元	同比增长幅度/%	占比/%
工资性收入	6 088	4.9	42.8
经营净收入	3 135	3.1	22.0
财产净收入	142	19.3	1.0
转移净收入	4 859	12.6	34.2

资料来源:《汉中市统计年鉴 2022》。

从农村居民消费来看,2022 年汉中农村居民人均生活消费支出 11 419元,比上年增加 4.0%,城市居民人均消费支出 20 728 元,比上年减少0.5%,农村市场潜力上升。农村居民生活消费支出占可支配收入的80.3%,比上年下降 2.4%。从农村居民人均生活消费支出构成来看,服务、教育文化娱乐、医疗保健支出上升。其中居住支出上升较快(见图 5-24),居住支出占比 23.4%,居住支出增长是促进农村居民生活消费支出增长的最主要因素。随着生活条件的提升,农村居民开始注重提升住房环境,装修和维修费用增加,带动农民消费增长。食品烟酒支出占比最高,占比最低的是衣着和其他用品及服务。总体来说,农村消费提升,消费潜力有待于进一步释放。

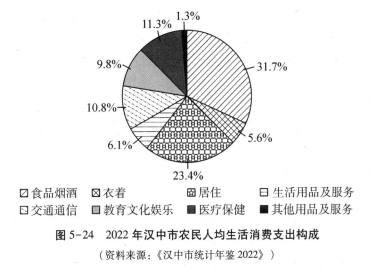

图 5-24　2022 年汉中市农民人均生活消费支出构成

(资料来源:《汉中市统计年鉴 2022》)

(2)公共基础设施及公共服务提升。

近年来,农村物质生活水平不断提升,随着物质生活水平的提升,农民对于教育、健康、养老的需求也越来越高。农村公共服务均等化是推动城乡融合的重要因素之一。近几年，汉中不断推动公共服务向农村延伸，加大农村教育投入、健康服务投入、养老体系投入，提高农村公共服务的便利度，推动基本公共服务资源向农村流动，进一步完善农村社会保障体系，提升基本公共服务。通过近几年的努力，汉中农村的教育质量、健康服务质量、养老服务质量都有所提升，初步满足农村居民的基本需求。

（3）提升教育质量，赋能乡村人才振兴。

首先，完善基础设施。汉中目前有幼儿园788所，小学457所，初中177所，高中29所，特殊教育学校8所，基本实现基础义务教育全覆盖。汉中市加大教育投资力度，修缮教室、操场、图书馆等基础设施，实现农村教育基础设施大幅度提升。汉中还大力实施基础教育保障工程，推进基础教育高质量发展。2022年，汉中投资65.9亿元完成基础教育新建扩建项目，净增学位5.8万个，资助学生41.45万人。其次，积极推进农村美育教育，补齐农村教育的短板。汉中通过积极推进音体美教师走教，通过结合县域教育资源，启动中小学美育教育。例如，城固县通过"一校一品"的创建，发展乡村音乐、艺术教育事业，以美育带动乡村中小学教育优化升级，提高乡村美育教育的深度和底蕴，培养有理想、有担当、有信念的新时代接班人，进一步推动美丽乡村建设。最后，推动教育信息化发展。汉中结合数字网络技术的发展，完善通信设备、多媒设备等网络基础设施，建立城乡资源共享数字化平台，实现城乡教育资源共享，发展智慧教育，推进教育信息化建设。例如，西乡县以"智慧教育赋能应用融合"为重点，推进教育信息化发展，通过构建"网络联校、课堂互动"的城乡资源共享平台，实施以"远程互动在线课堂"为主的优质资源共享传播机制，将优质教育资源带到乡村，实现城乡教育资源共享，推动义务教育高质量发展。

（4）提升健康质量，提升生活幸福感。

第一，完善医疗基础设施。为解决农民就医问题，保障民生，汉中加大投资力度，完善农村医疗服务基础设施。截至2022年年底，汉中有基层医疗卫生机构3 431个，基本实现全覆盖；村卫生室2 525个，基层卫生技术人员7 919人（见表5-26）。在保障基础设施建设的同时，汉中市也在加紧对于专业技术人才的引进和培养，还通过政策引导保障基本医药供给，切实保护农民的健康生活。

表 5-26　2022 年汉中市基层医疗卫生机构情况

基层医疗卫生机构	机构数/个	实有床位/床	卫生技术人员/人	其他技术人员/人
基层医疗卫生机构合计	3 431	4 964	7 919	116
社区卫生服务中心（站）	19	63	238	9
卫生院	189	4 901	5 225	104
村卫生室	2 525	0	971	0
门诊部	6	0	27	1
诊所，卫生所，医务室	692	0	1 458	2

资料来源：《汉中市统计年鉴 2023》。

第二，深化对口帮扶，实现医疗资源下沉。汉中通过组织医疗服务队下乡等活动，将城市医疗资源带到农村，推动城乡医疗资源实现共享。12家省内三级医院、19 家省级医院支援汉中 9 县 1 区 17 家县级医院、3 家乡镇卫生院，通过技术指导、专业知识指导等提升乡村医疗公共卫生的质量。受援医院还选派医务人员定期到江苏和省内帮扶医院进修学习，不断提升专业技术基础知识。

第三，提升基层医护人员的待遇，吸引更多人才资源扎根汉中。2022年，县医院人均工资较上年增长 1.37 万元，镇卫生院人均工资上涨 0.62万元，依托"三支一扶"招录大学毕业生赴一线卫生医疗机构，支援乡村建设。

（5）健全体制机制，保障民生基本工程。

社会保障是事关民生的重要工程，由表 5-25 可知，2022 年转移性收入占到了汉中农村居民人均可支配收入的 34.2%，仅次于工资性收入，是农民收入的重要来源之一。社会保障收入是最常见的转移性收入，是乡村振兴的"兜底"工程。党的十八大以来，汉中不断完善社会保障体制、城乡保障体制，实现保障体量由小到大，保障方式由传统到现代的变化。截至 2022 年年底，汉中市享受农村低保的人数有 13.06 万，发放保障金6.36 亿元。汉中不断提高最低生活保障标准，保障城乡困难群众的基本生活。2023 年，汉中农村最低生活保障标准由 4 860 元/人·年$^{-1}$ 提升到5 400 元/人·年$^{-1}$，增幅 11.11%。农村特困人员基本生活标准提高到 7 070元/人·年$^{-1}$，增幅 6.36%，保障水平不断提升，做好共同富裕兜底保障。

同时，汉中完善养老保障体系和医疗保障体系，推动城乡各项保障的同步发展，实现病有所医、老有所养，提升农民的生活水平。

第一，完善养老保障体系，实现老有所依。汉中的农村同很多地方的农村一样，老人与妇女较多，青年人外出打工，使得养老变成一项非常重要的民生工程。汉中以社区养老为核心，推进农村互助幸福院等养老基础设施的完善和建设，为老年人提供更便利的服务，打造"没有围墙的养老院"。虽然乡村养老体系发展较晚，很多地方有待于进一步完善，但随着一段时间的努力，也取得了一定的成果。汉中有序推进农村互助幸福院建设，全市 1 894 个行政村有 1 516 个互助幸福院，覆盖率 80.04%，为农村养老提供了基础保障。汉中建成农村特困供养服务机构 65 所，床位 9 599 张，特困对象、失能半失能特困对象集中供养率分别达到 36% 和 66%，位居全省第一。汉中利用互联网技术，发展智慧养老，搭建"一个智慧养老中心、多个居家养老服务站点、N 个农村互助幸福院"三级养老服务网络的智慧养老平台，构建农村养老服务体系，大幅提升农村养老服务质量和效率。各区县也在积极探索农村养老的道路，比如褒城镇建立"党建+养老"的新模式，通过党建引领，为老人搭建养老服务平台，提供生活照料、膳食供应、文化娱乐、精神慰藉、医疗检查等多项服务。汉中通过建设互助幸福院、日间照料中心、特困供养服务机构、分散养老协议、构建智慧养老平台等机构，做到了农村养老的全覆盖，初步形成了"兜底保障、普惠养老、高端服务立体式、全方位"的养老体系，为农村养老体系提供了"汉中经验"。

第二，完善医疗保障体制，解决看病贵问题。首先，提升医疗保障质量。汉中统筹考虑城乡医疗保障体系，不断提升城乡医疗保障的比例，实现城乡医疗保障水平的提升，2023 年，汉中城乡医疗保险人均财政补贴标准提升到 30 元。同时汉中完善困难群众的参保率，实现应保尽保，科学设定医疗标准，加强防范与预测，防范因疾病而产生的返贫风险，汉中农村居民参加新型农村合作医疗稳定在 98% 以上。其次，持续深化医疗保障体制改革。汉中持续关注医疗保障政策制定和落实情况，建立"4+X"多重医疗保障体系，加强医保基金监管和绩效管理，确保医保基金服务人民所需。最后，提升医保服务水平。汉中建立医保数字化平台，实施医保信息统一管理，医保办理更加便捷，深化医保电子凭证、移动支付等便民服务，推进医保数据基础制度建设，提升医保服务能力。汉中是全省第一个上线国家医保新信息平台，实现医保"一码通"的地区，依托"健康汉中"信息系统数据监测掌握新增人员的身体情况，建立信息数据核查机制。汉中根据"农村低收入家庭"患病情况、医疗救治情况，建立健康帮扶台账，实施区、镇、村三级帮扶体制。截至 2021 年年底，汉中所有行政村建立基层医保经办服务网点，实现医保"家门口"办理，偏远地区智慧门诊上门服务，落实医保惠民政策。

5.2.3 汉中乡村振兴的实践案例

5.2.3.1 留坝——绿色绘就产业融合新画卷

留坝县地处秦岭南麓腹地，被称为"秦汉咽喉"，是秦汉文化交融发展的地区。留坝县地势北高南低，东邻城固、洋县，南毗汉台区，西接勉县，北与太白县、凤县相连。随着退耕还林政策的有效实施，留坝县的生态环境不断发展，森林覆盖率达到 92.03%，位于全省之首。丰富的森林资源和良好的生态环境也给留坝县带来了得天独厚的生物资源。留坝县素有"绿色宝库""天然氧吧"之称，这也为留坝县积累了生态产业发展的基础。留坝县野生动物达 410 余种，被列为国家一、二类的保护动物有大熊猫、羚牛、大鲵等 25 种，药材资源丰富，良好的生态环境是留坝旅游业发展的基础。留坝县以创建国家全域旅游示范区为抓手，以"生态立县、药菌兴县、旅游强县"为目标，以旅游业为核心产业推动旅游产品提档升级，带动县域经济的发展。截至 2022 年年底，生态旅游已经成为留坝的地域名片，全县地区生产总值达到 24.41 亿元，涨幅 6.5%，人均地区生产总值达到 70 291 元。其中，第三产业增加值 13.61 亿元，同比增长 4.6%，增速全市排名第三位。生态旅游正在成为带动留坝实现乡村振兴的支柱产业，旅游业的发展也带动了民宿经济、中药材产业以及各种生态农业的发展。留坝县确定了"四养一林一旅游"的产业体系，即以林下经济为核心的四养：土鸡、土猪、代料食用菌、中蜂养殖；以板栗、中药材为核心的林业产业，即一林；还有旅游产业的发展，即一旅游。近几年，留坝县依托得天独厚的生态资源，成为农旅、文旅深度融合的县域样板，在青山绿水中实现经济发展。

（1）中药材产业赋能乡村产业振兴。

留坝境内可开发的中药材资源有 1 300 多种，是全国西洋参规范化种植三大基地之一、全国猪苓种源基地县。留坝县立足丰富的中药材资源，种植以西洋参、猪苓、天麻、黄精为主，其他适宜林下种植的中药材为辅的中药材产业，培育中药材品牌，发挥生态+品牌的带动效应。同时，留坝县加大科技创新力度，持续进行产品的推广和研发，以适应多元化的市场需求，带动乡村产业振兴。一是建立生产基地，延伸产业链。留坝县围绕西洋参、天麻、猪苓为主的药材产业，建立药材产业示范基地，通过基地建设达到规模化、标准化的生产方式。留坝县还依托基地建设，引进加工企业，同时进行政策、物质、人才方面的支持，加大产品开发力度，延长产业链，目前开发有西洋参多肽片、冲剂、含片、参果保健酒等一系列产品。留坝县依托基地建设，开展中药材产业的绿色认证、有机认证，提升产品的质量，建立健全产品的产业链，推动地域品牌建设。二是发挥品牌效应。留坝县通过引进先进企业，培育当地龙头企业，初步形成"公司+基地+科研+农户"的中药材产业模式，做特做优中药材产业，留坝猪苓已经成功注册为地理标志产品。目前留坝有两家龙头企业，其中，佳仕森中药开发有限公司是一家以西洋参深加工为主的龙头企业，通过资金以及技术指导，带动留坝西洋参产业的发展。三是依托中药材产业，推动产业融合。留坝县森林覆盖率为92.30%，地表水质达到国家二类标准以上，温度适宜，空气中负氧离子平均浓度达到每立方厘米8 000个，空气优良率高。留坝县中药材品种丰富，非常适合发展休闲康养产业。留坝县利用林地优势，以中药材为主发展林下经济，将林下经济与旅游业相结合，发展"林下经济+森林康养+药材研学"的新模式，通过中药材产业的发展优势，发展传统中医文化，结合独特的地理位置和气候，将中医文化与森林康养相结合，推动产业融合，带动农民增收。农民通过流转土地、基地打工、入股经营等方式增加收入，实现产业带动农民增收。

（2）发展"四养"为主的林下经济。

留坝县通过对留坝的自然资源进行分析，结合实际情况，确定了全县发展以养土鸡、土猪、代料食用菌、中蜂养殖为主的林下经济。截至2022年年底，留坝县共计发展食用菌2 951万筒、中蜂3.9万筒、土鸡2.8万只、生猪2.8万头。留坝县鼓励以家庭为单位发展庭院经济，建立家庭农场，积极探索土鸡、土猪、食用菌以及中蜂等林下经济复合发展模式，发挥集体经济的优势，带动"四养"产业的发展。留坝县发挥龙头企业的重要作用，以龙头企业为带动作用，建立产业基地，完善基础设施，提升农产品的生产质量和生产规模。留坝县通过"政府+龙头企业+扶贫社+农户"的"订单农业"模式，实现农业生产与市场需求之间的供需耦合，以香菇为主，发展农业体验项目，并不断开发产品，推动特色农业转型升级。留坝县通过引进农业技术人员深入实地解决技术问题，指导农民养殖种植技术，通过线上+线下的相互交流，构建农业技术支持平台，为"四养"产业提供技术支持。目前，留坝香菇、木耳、中蜂等 11 个产品入选国家地理标志产品，"留坝棒棒糖""留坝土鸡""秦岭味道"等品牌入选名特优农产品品牌，其中留坝土鸡是留坝首个有机认证产品，留坝县江口镇（食用菌）被评为首批国家农业产业强镇。留坝县林下"四养"产业取得了一系列成果，下一步将继续推动以食用菌为主的秦岭特色农业产业转型升级，持续促进三次产业融合发展。

（3）农旅融合，打造秦岭生态旅游品牌。

留坝县依托生态产业的发展，利用独特的地理资源禀赋，通过积极探索，形成农业产业拓展型融合发展模式。留坝县以打造全域旅游示范县为抓手，推动生态农业、农产品加工业和乡村旅游业有机结合；通过文旅融合、民宿经济、休闲康养等特色旅游产业，实现生态+旅游的农旅融合发展，推动生态产业的转型。一是打造秦岭 IP，发展民宿经济。留坝县地处秦岭腹地，依托秦岭的 IP，打造秦岭民宿体验品牌，发展民宿经济以及秦岭养生产业；通过引"进秦岭宿集""隐居·乡里"等民宿品牌企业，打造留坝品牌民宿经济；通过引进企业，带动农民学习民宿产业的经营方式，推动集体经济的发展。留坝县还结合秦岭生态禀赋、地域文化特色，以"未来乡村·以村民为主体"的乡村建设思路，通过政府引导集体经济的发展，带动农民利用闲置房源改造精品民宿，目前核心区有 15 家民宿，100 户民宿，带动民宿经济的发展，推动实现产业融合。目前，留坝民宿已经成为秦岭生态旅游的品牌，走出了一条乡村文旅的留坝特色，也为汉中农村发展民宿经济提供了经验。二是打造全域旅游品牌。留坝县利用自媒体平台开展"秦岭红叶节""房车露营季"等一系列特色活动，红叶节已经成为留坝县的地域标志活动，每年吸引众多游客前来拍照打卡。目前"诗画秦岭·最美留坝""全域旅游·四季旅游"已经成为留坝县的旅游品牌，2022 年全县接待游客 379.57 万人次，实现旅游综合收入 20.37 亿元，成为带动经济发展的重要推动力。三是文化赋能乡村产业振兴。留坝县充分发掘留坝民俗文化、非遗文化、红色文化，大力发展民俗体验，研学产业。"紫柏巧姐妹工坊"以非遗传承苗绣为工艺的手工制品，发扬传统刺绣手艺，也带动更多妇女走向就业岗位；建立老街非遗文创手工坊，展示竹编、打草鞋、刺绣等非遗传统项目，留坝厅老街入选全国旅游休闲街区，发扬老街文化，讲述老街故事，带动老街文化旅游、住宿、餐饮等产业的发展，同时也宣传了传统文化。留坝县以秦岭文化、张良文化、栈道文化等历史人文资源，开展"时代文化记忆"研学项目，与民宿产业互为支撑，带动当地产业发展，实现农民增收。通过近几年的发展，留坝县入选中国最美乡村旅游名县、全国避暑旅游优选地、省级全域旅游示范区、全国旅游精品目的地、森林旅游示范县。

5.2.3.2 花果村——柑橘带动产业发展

花果村位于汉台区河东店镇东部，依秦岭南坡，傍褒河流水，生态环境发展较好。花果村依托秦岭南入口的环境优势，大力发展柑橘产业，并依托"褒姒故里"这一地域文化，带动观光休闲农业和旅游业的发展，带动农民创办农家乐、休闲农园、打造农业体验旅游项目。通过"生态+农业+旅游"的融合发展，花果山被认证为国家3A级旅游景区，发展庭院式农家乐72个，采摘果园56个、休闲农园1个，带动花果村生态产业经济的发展。花果村先后被评为"全国一村一品示范村""全国文明村""中国最美休闲乡村""全国乡村旅游重点村""全国民主法制示范村"，省级"乡村旅游示范村""乡村振兴示范村"，成为汉中产业发展的名片之一。

（1）打造品牌，做大做强柑橘产业。

花果村依托地域优势，大力发展柑橘产业，成立柑橘专业合作社，打造"褒河蜜橘"品牌，建立农业生产园区，不断做大做强柑橘产业。花果村通过积极引进新品种，对农户进行分片区专业技术知识的指导，实现果园产品的升级，提升产品的产量和质量，同时形成品牌效应。"褒河蜜橘"成功入选国家地理标志农产品认证、有机认证，形成"三品一标"的认证格局。花果村研发新产品，延长产业链，拓展农民增收渠道。通过研发特色鲜果啤酒实现农业生产、特色加工、观光旅游产业深度融合发展，填补了"褒河+"农副产品的空白。花果村围绕"褒河+"做大做强地域品牌，带动产品附加值增加。为了扩大褒河蜜橘的知名度，花果村每年组织举办柑橘技术培训会、金秋品尝会、采摘节等，吸引游客前来观光旅游，提升产品的品牌影响力。

（2）产业融合，带动农民致富。

花果村围绕蜜橘种植，发挥"褒河蜜橘"的品牌优势，带动生态旅游、休闲农业、采摘体验等特色产业，推动实现产业融合。第一，大力发展农业观光产业。花果村围绕蜜橘果园，建设格桑花园、薰衣草园等一系列观景园，提升旅游观光的吸引力，带动农业产业融合的发展。第二，文化赋能，带动文旅融合。花果村立足本地特色，依托"褒姒故里"，修复"古褒国城墙"，发展古褒国文化，同时举办多种特色文化娱乐活动，比如国际动漫马拉松、陕西省第二届全民健身运动会登山比赛、啤酒龙虾节等一系列特色的农业和文化旅游体育活动。第三，发展特色休闲农业。花果村鼓励发展农家乐，带动庭院经济发展。花果村成立农家乐行业协会，带动当地消费，通过田园采摘、鲜活加工等建成自产自销型农家乐，吸引城市人来体验农村生活。同时，花果村还推出蜜橘采摘、体验农家生活等一系列特色活动，带动当地特色产业发展。花果村通过建立"股份经济合作社+专业合作社+农户""企业+合作社+农户"等多种形式，发展壮大集体经济，带动农民参与产业开发和发展，目前成立村级股份经济合作组织1个，扶持培育专业合作社3个，新发展家庭农场5个。随着乡村旅游的发展，花果村人均年收入提高到2.7万元，带动了农民增收。

（3）数字赋能，发展智慧旅游。

花果村结合数字网络技术的发展，利用各种新媒体账号进行品牌宣传，开通"醉美褒河"公众号，持续宣传花果村文旅产品，扩大品牌影响力。同时，花果村加强网络基础设施建设，实现室内外网络全覆盖，实现"互联网+营销+现代园区"的模式，建立产品溯源平台，提高产品的安全性、可靠性，扩大品牌效应。花果村还建立村级电商服务站，利用电商平台扩大产品的销售范围，每年网上销售柑橘20吨，通过数字赋能，带动产业融合发展。

5.3　乡村振兴的商洛探索

5.3.1　商洛情况概述

5.3.1.1　自然地理概况

（1）地理位置。

商洛市位于陕西省东南部，秦岭南麓，与鄂豫两省交界，因商山洛水而得名。商洛位于秦岭东南段，横跨长江、黄河两大流域，地域文化兼具南北特色。商洛东与河南接壤，南与湖北相邻，西南与陕西的安康、西安、渭南相连。受地理位置影响，商洛自古以来就是连接西北与东南的交通要道，也是南北文化的交融地带，继承秦楚文化。秦岭抵挡了寒流和灾害，使得商洛的气候环境温和适宜。受秦岭的影响，过去很长一段时间，交通发展缓慢，相对闭塞，工业发展缓慢，但这也保护了商洛脆弱的生态环境，为商洛发展生态产业打下了基础。

从地形地貌上来看，商洛位于秦巴山腹地，依靠秦岭这一生态安全屏障，商洛地区温度适宜、生态环境优越，素有"秦岭最美是商洛"的美称。商洛地区水流丰富，境内有丹江、洛河、金钱河、乾佑河、旬河五大河流，纵横交错，支流密布。商洛的川垣、丘陵地域面积占71%，山地面积占16%，素有"八山一水一分田"之称。商洛的地势高低差异较大，河谷交错，气候多样，生物资源丰富，生态环境优越，森林覆盖率达69.6%，空气质量排全省第一，正是因为优越的自然环境，商洛也被称为"康养之都"，这为商洛打造康养旅居产业提供了环境基础。

（2）气候环境。

商洛位于秦岭腹地，横跨"亚热带""暖温带"两大气候，属于半湿润性气候。受多变的地形影响，商洛具有显著的山地森林小气候特征，气候垂直变化明显，也呈现出"一山有四季，十里不同天"的景象。丰富的森林资源为商洛带来了良好的空气质量，商洛也被称为"中国天然氧吧""四季康养之都"。2022年，商洛市降水量为641.6毫米（见图5-25），雨水充足但分布不均，雨水集中在7~9月，干湿分明。商洛气候宜人，冬暖夏凉，2022年年均气温13℃（见图5-26），夏季平均气温22℃，为康养产业提供了良好的气候条件。气候也是商洛发展康养产业最大的优势，商洛依靠自身气候条件，以气候疗养为核心，发展康养产业，成为中国首个"中国气候康养之都"，也被称为"美丽中国·深呼吸之都"，还被誉为"国家级全域森林康养试点建设市"。

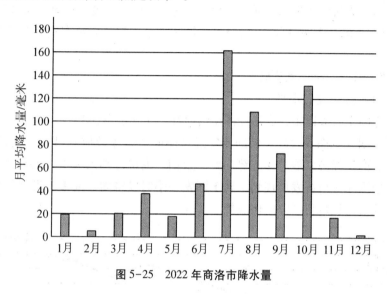

图 5-25　2022 年商洛市降水量

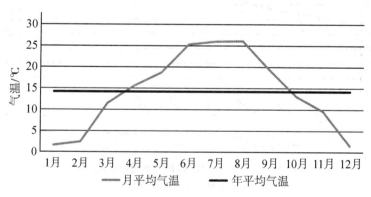

图 5-26　2022 年商洛市年平均气温情况

（资料来源：《陕西统计年鉴 2023》）

（3）生态环境。

商洛深刻贯彻落实"两山"理念，抓好生态建设，将秦岭生态环境保护工作作为生态环境保护的重点。经过多年的努力，生态环境已经成为商洛引以为傲的名片，全年空气质量优良天数超过 330 天。商洛市位于暖温带和北亚热带的过渡地带，气候温和，雨量充沛，四季分明。商洛生物资源丰富，中草药种类达到 1 119 种，列入国家"中草药资源调查表"的有286 种。独特的地理和气候条件，赋予商洛良好的生态环境和丰富的矿产、生物和旅游资源。比如，商南金丝峡、柞水牛背梁、山阳天竺山等旅游资源，已经成为商洛生态景观的名片，具有一定的知名度。目前，商洛有 4A级景区 7 个，3A 级景区 2 个，5A 级景区一个，都是以生态资源为优势的景区。

5.3.1.2 经济发展概况

（1）经济发展水平。

党的十八大以来，商洛经济持续向好，尤其是在 2013—2017 年处于快速增长期（见图 5-27）。借助西安经济圈的"虹吸效应"，以及生态资源优势，商洛经济发展总体态势向好。目前，商洛已纳入关中—天水经济区和关中平原城市群发展规划，属于西安一小时经济圈，迎来了发展的新机遇，经济发展取得了阶段性成果。

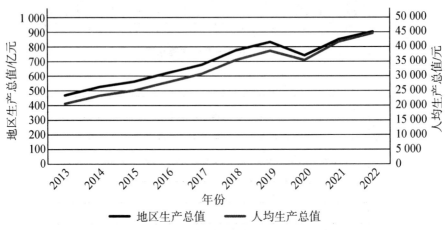

图 5-27 2013—2022 年商洛市国民经济水平

（资料来源：《商洛年鉴 2023》）

从产业结构上来说，2018—2022 年，商洛市产业结构不断优化，第一产业占比较少，但是在逐年增加，第二产业和第三产业的占比较大（见表5-27）。目前看来，商洛市第一产业占比 13.93%，第二产业占比 39.84%，第三产业占比 46.23%（见图 5-28）。从固定资产投资比例来看，2022 年商洛市第一产业投资增长 30.9%，第二产业投资增长 0.9%。第三产业投资增长 25.9%，第一产业和第三产投资和发展占主导地位。

表 5-27　2018—2022 年商洛市产业发展情况　　　　单位：亿元

年份	地区生产总值	第一产业	第二产业	第三产业	社会消费品零售总额
2018	824.74	94.56	441.67	288.51	214.95
2019	837.21	103.40	376.91	356.90	230.67
2020	739.45	114.49	265.94	359.02	172.80
2021	852.29	118.50	339.77	394.02	191.57
2022	902.56	125.77	359.55	417.24	206.03

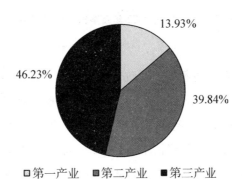

□第一产业　■第二产业　■第三产业

图 5-28　2022 年商洛市各产业结构情况

从区域发展和消费来看，相比于安康市和汉中市，商洛市的地区发展差异较大，整体发展差异不大。从社会消费情况来看，消费有差异但不大，社会消费水平比较稳定，这也与商洛地处山区有关。

（2）农村经济发展水平。

近年来，商洛始终坚持立足生态资源，以建设特色农业强市为目标，持续推进特色农业产业的发展，十年间农业始终保持稳步发展，从 2017 年开始农业实现大幅度增长（见图 5-29），农业经济形势稳中向好。随着生态环境的改善，人们对生态有机产品的需求越来越高，"生态""有机"为商洛农业的发展带来了新的生机。从以前的自给自足式生产，到以集体经济带动的规模生产，商洛发挥区域优势，做好"土特产"，借助国家农产品高质量安全市的东风，打造全省农产品质量安全示范样板，并被授予"全国名特优新农产品高质量发展样板市"的荣誉称号，农业发展前景较好。

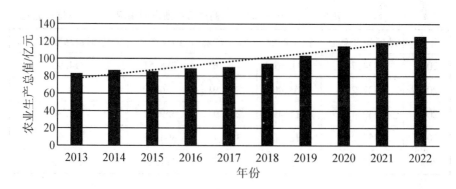

图 5-29　2013—2022 年商洛市农业发展情况

（资料来源：《陕西统计年鉴 2022》）

从农民收入来看，随着国家财政转移性支出的增加和农村产业经济的发展，商洛市农村人均可支配收入稳步提升，城乡收入比也在逐年缩小（见表 5-28）。总体来说，商洛市的城乡差距正在逐渐减小（见图 5-30），农村发展水平潜力较大。从经济上看，2022 年商洛市地区生产总值 902.56 亿元，比上年增加了 3.3%，虽然经济总量还不高，但是经济始终保持增长的趋势。

商洛地区农村较多，农村发展起步较晚，整体发展水平较为落后，但依托生态资源的优势，农村发展潜力较好，城乡差距也在不断缩小，但缩小速度缓慢。农业是商洛的基础产业，随着生态资源优势的不断挖掘和利用，农业发展也在不断提升。

表 5-28　2018—2022 年商洛市城乡居民收入差距

年份	城镇居民可支配收入/元	农村居民可支配收入/元	城乡收入比
2022	29 931	12 781	2.34：1
2021	26 655	11 969	2.4：1
2020	26 616	10 773	2.47：1
2019	25 503	10 025	2.54：1
2018	23 419	9 112	2.57：1

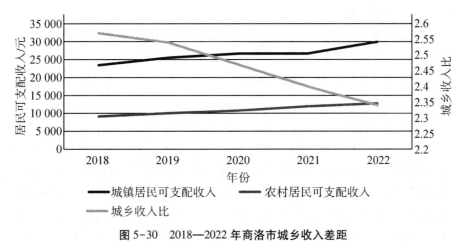

图 5-30　2018—2022 年商洛市城乡收入差距

5.3.1.3　人文生态概况

（1）人口概况。

与陕南其他地区一样，近十年间，商洛市常住人口持续呈现负增长的状态，且从 2017 年开始人口减少的速度加快（见图 5-31）。人口减少一方面受生育率降低的影响，另一方面受西安都市圈的影响，西安中心城市的"虹吸效应"越来越强，以及交通和基础设施的不断完善，更多人选择定居在西安，既可以享受中心城市的红利，也方便经常回家探亲，这也是商洛人口减少幅度增加的原因之一。2022 年，商洛市年末常住人口 202.06 万人，常住人口城镇化率 49.98%，比上年提高 0.56%。随着乡村振兴战略的实施，商洛市城镇化进程也在不断加速。

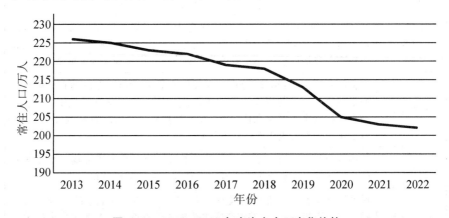

图 5-31　2013—2022 年商洛市人口变化趋势

（资料来源：《2022 年商洛市国民经济和社会发展统计公报》）

（2）社会文化。

随着经济的发展以及交通的发展，越来越多的年轻人开始走出大山，也就形成了现在农村社会"空心化"的状态，乡村社会网络也开始发生变化，传统的"熟人社会"模式被打破，开始呈现出"无主体的熟人社会"的状态。

商洛既有着丰富的生态资源，也有着悠久的历史文化。商洛是洛河、丹江的发源地，地处鄂豫陕三省交界处。受地理位置影响，商洛文化也兼具南北特色，是黄河文明和长江文明的融合，地理位置的影响以及历史上的几次移民搬迁，也进一步推动了商洛多元文化的发展，形成了以秦楚文化为代表的商洛文化。商洛文化的代表主要有：仓颉造字阳虚山，商鞅变法封之商於、四皓隐居文显山、秦楚文化、崖墓文化，以及独具特色的诗歌文化等。

5.3.1.4 区域资源

商洛位于秦岭腹地，自然资源丰富，也是中国南北地理和气候分界线，年平均气温 12.9℃，自然环境优越。目前，商洛森林覆盖率达到 65%，富氧离子含量高。依托悠久的历史文化是商洛最重要的文化资源。总体来说，商洛是集自然资源和文化资源于一体，自然与历史人文相呼应的地区。长期以来的工业发展缓慢导致商洛的经济发展较为落后，但是也为商洛的生态转型提供了自然基础。商洛市资源情况见表5-29。

表 5-29　商洛市资源情况

资源类型	概况
土地资源	耕地面积 177.02 万亩，其中坡度为 25° 以下的耕地面积 127.64 万亩，占耕地面积的 72.1%，耕地以旱地为主。由于山地较多，部分耕地坡度较高，耕地面积较小，耕地分布不均，难以实现大规模种植
林木资源	森林面积达到 2 436.26 万亩，森林覆盖率69.56%，是陕西省植被最好的地区之一，森林资源优势显著。成功创办"国家森林城市"，有 17 个农村被认定为国家森林乡村，6 个县被称为"省级森林城市"，森林资源也是商洛发展生态产业的优势之一
水资源	境内沟壑纵横，河流密布，水资源丰富，受自然环境影响，河流水质较好。主要河流有洛河、丹江、金钱河、乾佑河以及旬河
矿产资源	矿产资源丰富，目前已经发现各类矿产 61 种，占全省的 43%。其中铁、银、石墨等 21 种类矿产资源储量居全省首位，有亚洲最大的单体石煤钒矿和陕西省最大铁矿

表5-29（续）

资源类型	概况
旅游资源	依托生态资源，打造"22℃商洛·中国康养之都"，带动旅游业发展，拥有1个5A级景区，6个4A级景区，是生态资源和人文资源相互交融的城市，还拥有红色文化遗址或教育基地6个，国家级非物质文化遗产项目4个。旅游资源丰富，依托康养产业的发展带动旅游业以及生态食品加工业的发展
生态资源	中草药资源1 119种，食用菌、香菇、木耳、核桃、板栗等产量丰富，柞水木耳、秦岭泉茗、洛南核桃等已经成为商洛的特产名片

5.3.2　商洛乡村振兴的实践

5.3.2.1　产业兴旺：发挥康养产业的区位优势

（1）构建"菌果药畜茶酒"全产业体系。

商洛市依托先天生态资源，发挥生态优势，打造高质量康养产业，发挥"22℃商洛·中国康养之都"的品牌优势，按照全域布局、全龄服务、全季开发、全链发展的思路发展康养产业全产业链。商洛市通过推动康养产业与医疗、养老、文旅、体育等深度融合发展，以建设特色农业强市为目标，结合政策支持以及人力、物力、财力的支持，带动农民通过扩大农业规模，提高农产品质量，推进特色产业优化升级。商洛市结合自身实际情况，确定发展"菌果药畜茶酒"为商洛市特色农业产业，并通过培育和引进龙头企业，建立健全"菌果药畜茶酒"全产业链，发挥品牌优势，结合康养产业的发展，打造特色农业发展示范区，发展集体经济，带动农民致富。

第一，产业布局不断优化。与陕南其他地区一样，在商洛市农林牧渔业总产值构成中，农业占比最大，超过一半的比例。排在第二位的是畜牧业，商洛市畜牧业主要以养殖猪和牛为主。从产业构成来看，商洛市的产业发展以农业为主，并且呈现逐年上升的趋势，这也符合商洛市农业强市的目标。对于商洛市的农村地区来说，一直以来以家庭务农为主，又有着良好的生态环境和水源，农业是主要优势产业。近年来，商洛市立足资源禀赋，坚持以"绿色兴农、质量优农、品牌强农优"为目标，以培育发展农业产业全产业链为抓手，以"小木耳、大产业"为引领，发展"菌果药畜茶酒"等特色农业，推动实现农业强市。

2022 年，商洛市农林牧渔业总产值 2 347 316 万元，其中，农业 1 382 808 万元，林业 118 457 万元，牧业 698 573 万元，渔业 13 277 万元，农林牧渔服务业 134 201 万元，各部分占比见图 5-32。

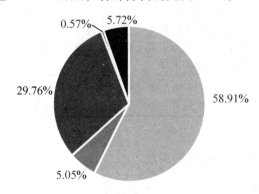

图 5-32　2022 年商洛市农业总产值构成情况

（资料来源：《陕西统计年鉴 2023》）

第二，促增收，稳定粮食产业发展。商洛市以稳粮食、优菌业、强茶果以及促融合为发展目标，打好农业发展组合拳。受制于山地多的地形，商洛市大多是小片耕地，通过改善耕地环境，提高农业种植技术，商洛粮食产量稳步增长（见图 5-33）。商洛市以农业强市为目标，大力发展农业产业，发展设施农业，提高农业产量，抓好粮食面积和产能稳定。2022年，商洛市播种面积 238.7 万亩，总产量 49.97 万吨，粮食生产再获丰收。

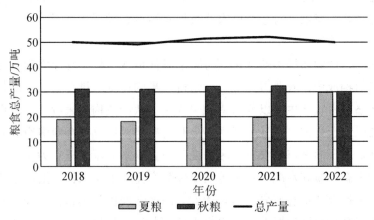

图 5-33　2018—2022 年商洛市粮食产业发展情况

（资料来源：《陕西统计年鉴 2023》）

第三，发展"4+X"农业体系。商洛市依托自身优势资源，发展以"小木耳，大产业"为主的"4+X"农业体系，即结合商洛山地多、森林资源丰富的特色推动全域食用菌、果业、中药材、畜禽四大产业的发展，同时因地制宜在各地发展茶叶、魔芋、烤烟、中蜂、菊芋、桑蚕等产业。

从商洛市4大主要农业体系生产情况来看，蔬菜及食用菌产量持续上涨，2022年食用菌鲜品数量达到46万吨，柞水木耳成效显著。水果、中药材虽然有小幅度的减少，但总体来看还是持续增长。畜牧业产量持续增加，四大产业发展平稳（见表5-30）。商洛市围绕做强做优食用菌产业发展特色产业，坚果产量持续上升，其中核桃产量15.2万吨，板栗269.47万吨，产量居全省第一。四大农业产业正在稳步发展，成为带动商洛市农业经济的主体，不断夯实农业基础。

表5-30 2018—2022年商洛市蔬菜及食用菌、水果、中药材、畜牧业生产情况

年份	蔬菜及食用菌		水果		中药材		畜牧业	
	产量/万吨	增幅/%	产量/万吨	增幅/%	产量/万吨	增幅/%	产量/万吨	增幅/%
2018	53.71	6.8	3.29	1.2	18.91	7.2	8.26	2.37
2019	58.72	9.3	3.7	2.6	19.99	5.7	8.82	6.7
2020	60.57	3.2	3.2	-5.0	21.03	5.2	8.71	-1.2
2021	61.85	2.11	3.27	2.03	20.59	-2.09	9.84	13.0
2022	63.57	2.8	4.16	-1.0	21.42	1.0	10.08	2.9

资料来源：《陕西统计年鉴2023》。

（2）发展现代农业，打造农业强市。

第一，发展农业全产业链。商洛市以做好农业特色产业为目标，充分挖掘农业多元价值，完善农业产业链。通过发展"4+X"农业产业体系，构建"菌果药畜茶酒"特色产业链，在全市推广产业链标准体系的建设，实现产业生产的标准化、规模化，提高特色产业的规模和质量。截至目前，商洛市食用菌产量27.52万吨，木耳干品产量7 870吨，新建和改造茶园5.1万亩，茶叶产量1.15万吨，肉、蛋、奶产量持续上升，目前食用菌、香菇、木耳、核桃等规模产量均居全省第一。为了进一步完善农业产业链，实现农产品规模效益，商洛市大力建设产业基地，建立健全特色产业集群。比如商南茶叶、柞水木耳、镇安板栗、洛南核桃、山阳食用菌、丹凤鸡肉等一批特色优势产业集群的建立，提升了农产品生产的标准化、

流程化，有助于发挥品牌优势，提升农产品竞争力。截至目前，商洛市共创建国家农业产业强镇 5 个，全国优势特色产业集群 2 个：商南茶叶、猕猴桃。

商洛市以延长产业链推动食用菌产业以及其他特色产业全产业链培育工程为目标，目前共培育国家级龙头企业 3 家，省级龙头企业 42 家，构建"龙头企业+合作社+农户"模式，龙头企业在推动农业产业现代化发展过程中发挥着重要的作用。目前，商洛市共建立产业园区 152 个，发展家庭农场 2 781 个。目前，商洛市食用菌产业实现产值 82 亿元，核桃产业实现综合产值 55 亿元，是商洛农业产业的重大突破，也是商洛市建设农业强市目标的新起点。

第二，提高农业生产技术。与汉中、安康两地相比，商洛市农业技术起步较晚，农产品科技含量低，同时受限于山地地形，难以形成规模产业。要实现农业产业化发展，这就需要提升农业产业的技术含量，通过建立智慧农业产业园，发展设施农业，引进科技人才，提升农产品的质量和产量，发展优质绿色农产品，继续打响生态商洛的品牌。同时，还需要加大农产品的研发力度，扩展农产品的销售范围，延伸品牌价值。

建立智慧农业产业园。商洛市高度重视农业产业园建设，通过完善园区基础设施，建立智慧农业产业园，提高农产品科技含量，进行规模化生产，形成产业集群。比如，商南县茶坊村智慧农业产业园、柞水县金米村智慧农业产业园、丹凤县农业产业园以及镇安县现代农业产业园都入选陕西省现代农业产业园典型案例。商洛市在产业园区建立智慧农业系统，通过远程智慧管理，调节空气湿度、温度以及养分输送等，实现农产品从播种、育苗到生长、采摘的智能化，从而克服对天气、地形的依赖程度，提升农产品的质量。养殖业也一样可以实现智慧化管理，比如，镇安县成立水产智慧养殖产业园，通过实施虾稻蟹共生生态种养模式，建设智慧生产设施，将传统农业和现代农业相结合，加大科技投入，推广现代化的种养方式，提升农产品质量和产量。商南县通过开展自动化、无人化农业智能装备的应用，推动传统农机设备和生产设施的数字化改造，实现节水灌溉，病虫害防治等农业种植的智能化，推进种植业信息化、畜牧业智能化、渔业智慧化、质量安全管控全程化。

建设高标准农田，为设施农业提供基础。商洛市山区多，优质耕地少，受山地地形影响，部分耕地坡度较大，难以实现高质量生产。对于现代化工业发展缓慢的地区，生态产业和农业对于经济发展有着重要的作用。经济发展和耕地不足的矛盾需要高标准农田来解决，商洛市通过建立高标准农田，完善基础设施，提升农业产量，以生产生态有机农产品为主，保障农产品需求。2019—2022年，商洛市共计建成高标准农田74.02万亩，通过完善水利设施、交通等一系列基础设施，解决农民种植过程中的用水困难、运输困难，通过地力培肥、灌溉与排水、新修河堤等工程，提高耕地质量，提高单位产量。通过高标准农田建设，商洛市改变了农业碎片化的模式，将田块整治和土壤改良作为建设的重点内容，提升耕地质量，提高农业的机械化水平，推动农业的现代化发展，实现产量和质量的提升。

第三，打造地域品牌，实现品牌价值。商洛市利用"绿色、生态、品质"的比较优势，不断发展特色农业产业，提升特色产业生产质量。商洛市通过完善生产标准，打造特色地域品牌，提升农产品的附加值，同时完善农产品的营销体系，结合数字网络技术，提升农产品的销售范围，扩大品牌影响力，最终实现农民增收、产业强市、发挥区域优势。

商洛市立足当地资源，结合气候条件确立"菌果药畜茶酒"的发展思路，围绕"龙头带动、科技支撑、建设基地、培育主题、带动农户、打造品牌"六个环节，制定总体发展规划，依托产业园建设，实现标准化生产，提高产品质量。为了打造农产品品牌，商洛市建立溯源流程，实行农产品"证码合一"，实现农产品来源去向可追溯，消费者更安心，提升品牌信誉。商洛市加强农产品安全质量监管，制定全国首个农产品全程质量控制团体标准《茶叶全程质量控制规程》，并针对特色农产品生产标准制定流程规范，实现农产品安全可控可溯源，农产品安全抽检合格率达到99%，并入选首批"国家农产品安全市"。

打造区域特色品牌，形成商洛品牌优势。商洛市围绕特色产业，打造品牌优势，目前商洛核桃、商洛香菇等品牌入选全国农产品区域公用品牌目录、中国特色农产品优势区，柞水木耳、镇安板栗获首批陕西省特色农产品优势区认定，柞水木耳、商洛香菇、秦岭泉茗、洛南核桃和镇安板栗已经成为商洛农产品区域公共品牌，是商洛地区区域名片，具有一定影响力。其中，"洛南核桃"品牌价值达30.68亿元，"柞水木耳"品牌价值达到30.42亿元，"商洛香菇"品牌价值达到18.51亿元，随着品牌价值的提升，农产品销量不断提升，带动农户参与农产品种植，并带动农户实现收入增长。商洛市通过发展4大产业，因地制宜发展特色产业，形成产业集群，打造地域品牌，提升农产品品牌价值，为其他落后山区实现农业产业发展提供了"商洛经验"。

加强宣传营销，提升品牌影响力。商洛市根据产品特点和地域特色，采取"线上+线下"的营销模式。一方面，依托当地特色资源，结合康养优势举办各类特色活动，通过发展康养、旅游等产业新业态，带动旅游消费。商洛市举办中国农民丰收节、特色农产品展示展销等活动，带动产品销售，在各地设立特产专卖店、专柜等，开展扶贫产品专区，为扶贫产品搭建销售渠道。另一方面，积极推动电商平台建立，提升农产品销售的网络技术。商洛市通过与大型电商平台合作，签订协议，同时派专人对电商平台进行管理，完善冷链、物流运输，通过网络平台扩大品牌影响力，拓展销售渠道。

（3）推动特色产业融合。

商洛市始终坚持贯彻落实"两山"理念，以保护秦岭生态环境为自身的责任，不断守护乡村绿色底色，积极探索乡村产业转型道路。商洛市依托自身生态优势，以"康养+"为主要核心产业，实现特色产业融合，打造"22℃商洛·中国康养之都"品牌，发展区域特色产业公共品牌，发挥品牌优势，结合商洛旅游资源，发展产业融合新业态，比如茶旅融合、文旅融合等多种精品线路，带动乡村产业发展。

第一，打造全国康养品牌。自从乡村振兴战略实施以来，商洛市在分析资源禀赋和比较优势的基础上，突出气候资源优势，打造中国康养品牌。如今，气候、生态以及康养已经成为商洛市的地域名片，商洛市获得"美丽中国·深呼吸之都""中国天然氧吧"等一系列国字号称号，并获批成为国家级全域森林康养试点建设市。商洛市以"康养+"为主带动六大产业体系即健康医药、健康养老、健康文旅、健康体育、健康医药以及健康食品，同时发展三大工程即民宿工程、特色餐饮、特色产品，构建康养产业体系，同时发展旅游业，推动产业融合持续发展。

第二，特色产业优势正在形成。商洛市逐步形成康养+医疗、康养+养老、康养+文旅、康养+体育、康养+医药、康养+食品等六大康养产业，通完善基础设施，提升全产业链，实现康养产业集群（见表5-31）。商洛市通过康养+产业打造生态、绿色、健康的康养之都新模式，着力打造一批康养产业园、康养基地、康养项目、康养线路，建设天竺山森林旅居康养综合体、陕南生态康养中心、"康养悦业"产业功能区等项目。

表 5-31 商洛市康养+产业发展情况

康养产业	发展情况
康养+医疗	完善医疗配套措施，目前有省级老年友善医疗机构 130 家，医养结合机构 8 家。依托药材之乡的地域优势，建立中医馆 110 个。建立终南山寨医草康养院、商洛金菊康复医院、丹凤金山康养城
康养+养老	建立养老院，目前有养老院 75 家，床位 7 378 张，医养结合示范点 14 个。不断完善养老基础设施以及人才培育，并推动康养服务数字化建设
康养+文旅	商洛既有着丰富的生态资源，也是一个人文历史资源丰富的地方，依托丰富的旅游资源，打造精品民宿，带动旅游业的发展。进一步推动康养产业的发展
康养+体育	以丹江河畔为核心建设公园城市，在农村地区以广场为核心建立各项体育设施，举办各项体育赛事，比如自行车比赛、马拉松等，打造健康运动富有活力的商洛形象
康养+医药	商洛中药材资源丰富，目前中药材总面积 250.39 万亩，居全省第一。通过打造中医养生文化，带动康养产业发展
康养+食品	以"生态+"为核心，发展"菌果药畜茶酒"等特色产业，建立健全绿色养生食品产业链，同时依托有机产品以及中药材发展保健品产业

第三、文旅融合带动产业发展。商洛市位于秦岭东段南麓，北依秦岭，南屏巴山，森林覆盖率高，山地坡度大，因此形成了小气候环境，"十里不同天"也成为商洛的自然特色。同时，商洛市位于秦楚文化的交融地带，历史文化资源丰富，也形成了特殊的民俗风俗，也为商洛旅游业的发展带来了丰富的资源。商洛市发展精品高 A 景区，拥有 5A 级景区 1 个，4A 级景区 14 个，国家非物质文化遗产 4 项，国家级古镇 4 个，通过高品质景区，打造精品旅游线路，构建全域旅游新局面。目前商洛培育省级乡村旅游示范村 41 个、省级文化旅游（特色）名镇 19 个、省级以上旅游度假区 4 家，全国乡村旅游重点镇村 8 个，旅游业正在成为商洛产业发展的重要推动力，结合康养产业共同带动商洛特色产业的发展，带动经济的发展。

5.3.2.2 乡风文明：培育文明乡风"软实力"

生态美丽体现的是乡村的颜值，而乡风文明体现的是乡村的整体风貌，是乡村的"软实力"。近几年，商洛市以"美丽乡村·文明家园"建设为抓手，以"经济发展、环境优美、乡风文明、社会和谐"为主要内容，充分发挥先进典型的带动作用，利用道德讲堂开展文明培育工作，推进移风易俗，开展文明创建工作；发挥村规民约的约束作用，组织丰富的活动提升公共文化服务能力；持续深化"厚德陕西·善行商洛"文明乡风培育工作，共筑美丽乡村"软实力"；大力推进文明家园建设，乡风文明不断提升，乡风面貌焕然一新。商洛市围绕"美丽乡村·文明家园"建设的工作部署，逐步开展文明创建工作，广泛开展"十星级文明户""五好家庭"的创建活动，号召群众积极参与，并形成文明乡风建设的良好氛围，7个村（社区）入选陕西省"美丽乡村 文明家园"建设试点（见表5-32）。商洛市围绕文化振兴的要求，不断推动文化事业的进步，在建设美丽乡村的同时，实现文明乡风引领，推动美丽乡村建设的可持续发展。

表5-32　商洛市省级"美丽乡村 文明家园"建设示范点

区（县）	村镇
柞水县	小岭镇金米村
山阳县	法官镇法官庙村
洛南县	景村镇御史村
丹凤县	竹林关镇竹林关村
商州区	北宽坪镇宽坪社区
镇安县	云盖寺镇岩湾社区
商南县	过风楼镇白玉沟村

（1）深化"厚德陕西·善行商洛"，培育乡风民风。

第一，树立典型，发挥榜样的力量。商洛市充分发挥好人的带动作用，在乡村广泛开展道德模范和商洛好人的评比活动，开展"十星级文明户""五好文明家庭""好婆婆""好儿媳"的评比活动，选出身边的优秀典型，并将优秀事迹进行宣传，让人们看到身边的榜样，通过人们熟悉的优秀案例，引领乡风文明发展，带动人们向身边优秀模范学习。同时，商洛市通过评比活动在社会形成争创文明典型的良好氛围，这些优秀的能人在乡村发展中也起到了凝聚人心的作用。比如，商南县富水镇黑漆河村充分发挥村里好人的带动作用，发扬优秀典型案例的带动作用，在农村形成和睦友善、团结互助、崇德向善，助人为乐的风气。商南县大力推进公民道德建设，推动"道德模范""身边好人"系列评选活动常态化，依托村广播站、文化站等定期宣传好人好事，不断宣扬文明氛围，带动乡风文明。

第二，实施文明培育工程。商洛市持续推动乡风文明培育工作，以社会主义核心价值观为基础，突出价值导向，教育引导"厚德"和"善行"，以营造良好氛围。首先，完善公共设施。商洛市利用乡村公共设施，营造文明乡风的氛围，通过乡村文化墙，将社会主义核心价值观等以文字或者图画的形式表达出来，达到"润物细无声"的作用。比如，网红彩绘墙和双创文明文化墙，既为乡村带来了色彩，提升了乡村的颜值，也丰富了农民的精神世界，展示了文明新乡村。其次，依托道德讲堂和新时代文明实践站的核心阵地。商洛市注重基层乡风文明组织建设，成立新时代文明实践中心，并在各区（县）建立实践中心，实现新时代文明实践场所乡镇全覆盖，实践站行政村全覆盖，构筑乡风文明建设的网络格局。商洛市通过逐级理论宣讲、教育服务、文化服务、志愿服务等，实现新时代文明思想传播体制机制；持续培育县乡镇（村）各级道德讲堂，丰富道德讲堂的活动形式，活动内容；定期开展道德讲堂，在农村社区讲孝道、讲和谐、讲文明生活；开展多种形式、内容丰富的道德讲堂，传递文明乡风。同时，商洛市开展线上道德讲堂，将地区的典型榜样请进课堂，用生动形象的案例将乡风文明搬上屏幕，同时鼓励村民参与讨论，引导群众向优秀榜样学习，形成互相监督的氛围。商洛市通过新时代文明中心实践站的理论宣讲，以及内容丰富的道德讲堂，引导群众树立正确的价值观，改变行为方式，形成文明乡风。最后，以家风带民风。2018 年以来，商洛市持续开展"家风家训进万家"活动，以发扬传统文化为主题，带动家风家训文化发展。各地积极建立家风馆，弘扬和传承中华优秀传统文化，荟萃和展现蕴藏在广大家庭中的好家规，好家训，"让好家风进入千家万户"。商洛市将家风家训同乡风文明建设相结合，以家风带民风，带动社会风气进一步提升。例如，镇安县以"崇孝道、重教育、尚勤俭、讲诚信"为主题的白氏家风；洛南县尚双印家风家训传习馆，弘扬传统文化、孝廉文化以及爱国主义教育；商州区党家村党氏家训，以"诚信为先、克勤克俭、耕读传家"的优良传统引导人们向文明乡风建设努力。商洛市通过挖掘县域乡风文化资源，通过对历代名人、知名公众人物的家风家训进行整理，发挥名人资源。同时，商洛市通过上门入户开展"传承好家训、弘扬好家风"的宣传活动，加强家庭文明建设，营造良好的社会风气。

第三，开展文明创建工作。首先，围绕创建全国文明城市，推动经济高质量发展的目标，商洛市制定《商洛市创建全国文明城市工作方案》，对创建文明城市的目标、任务和步骤进行了规划。乡村在文明创建过程中发挥着重要的作用，商洛市修订完善《文明村镇创建管理办法》，明确了乡村文明建设的目标和工作内容，围绕"环境美、经济强、民风好"的建设内容，每年创建省级文明村 5 个，市级文明村 30 个，县（区）级文明村 100 个，为美丽乡村建设打好基础。商洛市广泛开展各种评比工作，调动农民参与的积极性，推进文明创建工作。其次，开展移风易俗整治工作。商洛市响应国家号召，积极推进移风易俗整治工作，共建立了 489 个村（社区）红白理事会，实现行政村全覆盖，在协商婚礼、调解矛盾、婚姻借贷等问题的处理中发挥了重要的作用。同时，商洛市开展完善村规民约的重要工作，将移风易俗的内容形成规章制度，充分发挥"一约四会"的重要作用，引导群众自我学习、自我约束、自我教育、自我管理。现在村民办理红白喜事前会到红白理事会备案，签订移风易俗承诺书，接受红白理事会监督。商洛市还借助广播站、公共文化墙等宣扬移风易俗整治工作，同时村文化服务站组织各种各样的文化活动。比如，将移风易俗编排成小品、歌舞剧等形式展现在群众面前，以喜闻乐见的形式展现移风易俗新面貌。商洛市各区（县）也积极因地制宜地开展移风易俗工作。比如，商南县白玉沟村通过建立"文明礼堂"，为村民办红白事，带动群众摒弃陋习，养成文明新习惯；镇安县推行"一约四会红十条"制度，在农村形成自觉简办，不发红包的新气象。

（2）实现公共文化服务与群众"零距离"。

商洛市将公共文化服务能力作为高质量发展的重要指标，加大对公共文化服务基础设施的建设，提升公共文化服务供给效能，实现公共文化服务创新引领，着力构建全方位公共文化服务体系，实现文化赋能产业振兴。

第一，公共文化服务基础设施网络全覆盖。商洛市加快农村公共文化服务设施建设，建立健全市、县（区）、镇（街道办）、村（社区）四级的公共文化服务网络体系，实现公共文化服务体系全覆盖。目前，商洛市水电等基础设施不断完善，电视网络实现全覆盖，为农村公共文化服务打好了基础。商洛市总分馆运行机制基本建立，建设基层综合性文化服务中心 2 491 个，实现公共文化服务与群众"零距离"，以更加便捷、高效的方式提供更优质的公共文化服务。各级行政村建成文化活动室、农家书屋、电子阅览室等文化服务设施，并实现数字化管理。商洛市还大力建设乡村大舞台、乡村文化广场各行政村都配备健身器材、篮球架、羽毛球场、乒乓球场等体育活动基础设施。

第二，公共文化供给多元高效。首先，深入实施文化惠民工程。商洛市利用传统节日，通过村级文化服务中心，组织群众开展传统文化活动，比如舞龙舞狮、赛龙舟、扭秧歌以及各种文艺演出。商洛市定期组织"文化进万家"活动，以文艺演出的形式"送文化、送健康、送温暖"，将优秀的文艺作品呈现给农民群众，把戏曲歌舞送到田间地头，拉近公共文化服务与群众的距离。除了文艺演出，为了丰富农民的精神世界，商洛市还充分发挥文化科技卫生"三下乡"活动的效应，积极开展图书下乡活动，并免费提供线上阅读资源，倡导全民阅读，促进农村精神文明建设，助力书香商洛建设。商洛各地通过组织开展"戏曲进乡村""文化进万家""大地欢歌"等文艺活动，结合地方特色打造文化惠民品牌。其次，发扬传统文化。商洛市充分发掘地方传统文化资源，组织专家开展文物保护工作，同时对文物资源的资料进行收集，根据地方传说、历史文化，结合地方特色文艺表现形式，如"商洛花鼓"、戏曲、散文、诗歌等，展开艺术创作。一方面，地方特色对村民更有亲和力，更易于接受，通过文化的熏陶使村民成为传统文化的传承者。另一方面，通过对地方文化资源的挖掘和凝练，形成地方特色，也进一步带动区域文化"软实力"，推动文旅融合的发展。比如，柞水县收集以"凤凰古镇"为代表的历史文化资料收集，打造古镇文化。商南县结合茶叶种植采摘，发展传统茶文化。商州区文工团组织"戏曲进乡村"文化演出，将传统戏曲文化搬上乡村舞台，赋予了传统戏曲新的生命，也为乡村精神文明带来了新的内涵。最后，提升农民的阅读能力。商洛市发挥图书馆、农家书屋的积极作用，发展全民阅读，提升农民的思考能力、文化素质。从2021年开始，商洛市每年都组织"全民悦读·书香商洛"阅读活动，发动商洛全民参与，同时依托图书馆、农家书屋、新时代文明实践中心等平台，推动全民阅读活动深入开展，在农村形成全民阅读的氛围，激发农民的学习热情，提升农民的文化素质，提升公共文化供给能力。

第三，公共文化路径创新引领。首先，创新拓展乡村公共文化空间。一方面，改进硬件设施，对乡镇综合文化站进行升级改造，改善公共体育设施，打造集公共阅读、健身、娱乐于一体的公共文化区。另一方面，实现数字乡村公共服务平台，延伸公共文化服务的范围和时间，如线上课堂、线上阅读等资源的开通，推动"互联网+"社区向农村延伸，提高乡村公共文化服务水平。比如，商洛市图书馆在各个村建立数字阅读墙，推进数字化阅读服务。其次，不断探索公共文化新路径。在持续开展"周周有戏看""戏曲进乡村""我爱商洛文化阅读"等一系列活动的基础上，商洛市各地依据自身特色，因地制宜地开展特色公共文化服务，推动乡风文明建设。比如，山阳县打造"公益电影+"模式，通过农村公益电影模式，创新服务模式，助推基层公共文化服务提质增效；柞水县通过开办《柞水文化》期刊，打造地域文化品牌；洛南县积极开展"年味洛南"系列活动，发扬传统"年"文化。截至目前，商洛市共有陕西省公共文化高质量示范镇村 7 个（见表 5-33）。

表 5-33　商洛市省级公共文化服务高质量发展示范乡镇（街道）

地区	镇（村）
洛南县	石门镇
商南县	富水镇
镇安县	云盖寺镇
洛南县	景村镇
山阳县	法官镇
商南县	过风楼镇
山阳县	仲村镇

（3）发展文化产业，厚植乡村文化底蕴。

商洛市立足区域特色，充分挖掘乡土文化资源、红色文化资源以及历史文化资源，开展文化资源保护工作。商洛市通过整合传统村落，组织专家对古镇、历史遗迹等文化资料进行收集整理，发展文化产业，发挥优秀传统文化在文明乡风建设中的重要作用。商洛市通过打造体现地域特色的文化品牌，丰富商洛旅游业的文化底蕴，提升扩大"22℃商洛·中国康养之都"的品牌知名度和影响力。同时，商洛市在全社会形成传承文化的风气，推动文明乡风的形成和发展。

第一，传承非遗文化，打造历史文化名城。近年来，商洛市围绕"康养之都"的建设，不断发掘传统文化资源，通过传统文化打造"商洛戏剧""文化重镇""秦岭画派"等地域名片，推动文化产业发展。目前，商洛市有市级非遗项目 248 项，省级非遗项目 36 项，国家级非遗项目 4 项，同时还有 7 项非遗项目入选陕西非遗扶贫工坊项目库，传统文化资源丰富。通过深入实施非遗传承工程，商洛市建立非遗陈列馆、博物馆，增加了历史文化底蕴。通过"精品景区+美丽乡村+文化小镇"的模式，商洛市以地域特色打造文化小镇，并结合文化演出、文艺汇演以及文化工艺品等提升旅游附加值，推动文旅产业融合。比如，洛南以音乐文化为主的伶伦文化小镇、以历史遗迹为主的漫川古镇、凤凰古镇、发扬文字文化的仓颉小镇等一系列文化小镇的建成，既以实景传播了传统文化，又促进了文旅产业融合。同时，商洛市结合传统节日，推出特色传统文化活动，吸引游客前往，如仓颉文化旅游节暨谷雨祭仓颉系列活动，伶伦文化艺术节系列活动，突出文化商洛的城市名片。

第二，传承红色文化，助力红色文明。受地理位置影响，商洛市红色文化资源丰富，是陕西红色文化的重要组成部分，也是国家"推进长征国家文化公园（陕西段）建设"的重要组成部分。商洛市是鄂豫陕革命根据地的重要组成部分，聚焦红色名镇名村建设，着力打造红色旅游胜地，通过红色教育基地的建设，弘扬革命精神，传承红色基因，用红色文化带动乡风文明。同时，商洛市通过红色文化赋能，带动乡村文化产业振兴。比如，丹凤县留仙坪村，打造"红忆留仙坪"品牌，走出一条红色发展之路；商州区打造"红色+民俗""红色+美丽乡村"的发展道路，走出乡村振兴新产业；山阳县袁家沟村通过建立红色教育基地、修缮烈士陵园、恢复战斗遗址、开展红色课堂等全力打造红色旅游产业链，带动乡村传承红色文化的风气。

5.3.2.3 生态宜居：绿色生态，打造宜居宜业康养之都

近年来，商洛市坚持人与自然和谐共生的原则，以"康养之都"为建设目标，致力于打造宜居宜业宜游的生态康养之都。商洛市坚定执行退耕还林政策，截至 2022 年年底，全市森林覆盖率达到 70%，成功打造了"森林商洛"的美丽画卷。商洛市依托秦岭自然保护区，以秦岭生态环境保护为抓手，积极开展生态环境保护工作和乡村人居环境整治工作。商洛市通过乡村环境的整治和改善，结合气候的天然优势，发展生态产业，同时焕然一新的乡村风貌，也带动了农民生活方式向绿色可持续转变，实现生态宜居可持续发展。目前商洛市共有 92 个村庄被列为陕西省美丽宜居示范村，生态宜居取得了阶段性的成果。

（1）坚持管护并重，厚植生态底色。

商洛市地处秦岭腹地，肩负着保护秦岭生物多样性以及国家南水北调水源涵养地的双重使命。商洛市以打造"22℃商洛·中国康养之都"品牌城市为发展目标，将生态环境保护作为发展目标，通过完善制度，改善区域生态环境，多措并举提升商洛生态环境质量，守住商洛气候优势。

第一，开展常态化环境保护工作，为生态宜居打好环境基础。商洛市完善环境治理体制机制，严抓污染治理，自美丽乡村建设以来关停多家化工企业，对环境污染做到零容忍、常态化，持续打好蓝天、碧水、净土保卫战。同时，商洛市加大资金投入，聘请专家对污染进行治理。目前，商洛市环境优良率居全省第一，连续6年进入国家空气质量达标城市，被授予"中国·深呼吸之都"，土壤治理也取得重大进步，土壤安全利用率不断上升。

第二，建立常态化监管机制。商洛市创新打造"三大平台"，建立健全常态化监管机制；通过建立环境保护网格化监管平台，打造秦岭生态保护平台；建立健全市县镇村四级网络监管平台，实行网格员、片长制，实现生态环境保护监督常态化；建成全国首个生态产品价值与碳汇评估平台，引领"双碳"步伐。通过三大平台机制的健全，商洛全市上下形成了环境保护的氛围，强化生态环境保护的意识，聚力打造"中国康养之都"。

（2）坚持乡村建设，共享宜居家园。

第一，完善基础设施建设。商洛市持续推进"厕所革命"，促进农村卫生环境明显提升，提升群众生活质量。截至2022年年底，商洛市累计改造农村厕所2.37万座，农村卫生厕所普及率62%，厕所清洁和生活污水同步治理，持之以恒推进"厕所革命"，为改善农民生活夯实基础。商洛市持续推进农村用水用电基础设施保障，积极推进城乡供水一体化，截至2022年年底，全市农村自来水普及率达到98%以上。农村用水得到极大保障。商洛市还推进农村电网改造升级，实现农村电网全覆盖，提高农村用电生活，2022年5月建成330千伏张村变电站，对农村用电提供了巨大的保障。商洛市还加强农村电网改造升级，健全农村通电长效机制，提高电压质量和供电可靠性，截至2022年年底，商洛农村电网供电可靠率、综合电压合格率分别为99.832%和99.816%。商洛市持续推进公路建设，实现农村道路全覆盖的交通网络，同时开展"四好公路"建设工程，提升公路的质量，目前完成道路硬化1 427.8千米，绿化亮化1 339.9千米，建成美丽乡村道路 465.6 千米，全市农村公路中等以上比例达到 78%，为农村带来更便捷的生活。

第二，多措并举推进农村污染治理。商洛市提升农村污水治理率，将农村生活污水治理工作作为改善人居环境的重要举措，通过设立专款，加强基础保障，建立监督长效机制，确保运营监管，加强生活污水处理设施的建造和保养。截至 2022 年年底，商洛市完成行政村污水处理设施全覆盖，新增 58 套农村污水处理设施，全市农村污水治理率达到 41.07%。商洛市加强农村生活垃圾治理，完善农村垃圾处理基础设施建设，目前农村生活垃圾得到有效治理的行政村占 94.4%，农村生活垃圾实现无害化处理行政村占比 94.4%。商洛市持续推进土壤污染治理工作，实现耕地安全有效利用，提高农业种植技术，改变农民的生产生活方式，减少化肥使用量。2021 年商洛农业化肥使用折纯量 50 478 吨，比 2018 年的 52 775 吨减少 2 297 吨。商洛市持续推进净土保卫战，严控新增污染，治理受污染土地，目前耕地安全利用率始终保持 100%，污染地块安全利用率 100%，实现土地安全有效利用，为实现生态有机产品产业发展提供了基础。商洛市还持续推进农业生产方式可持续，目前全市农作物秸秆利用率 90%，农膜回收利用率 85%，有效减少了农业生产污染。

第三，整顿村容村貌。商洛市以清洁村庄，建设秦岭山水乡村为目标，开展村容村貌整顿工作，对农村的垃圾堆、臭水沟等进行全域清除，同时开展违规违建拆除工作，依法拆除占用自然资源的各类违法建筑，保护自然资源以及耕地资源。商洛市聚焦"六清六治六无"要求（六清：清道路、河道、街巷、庭院、圈厕、田园；六治：治垃圾乱倒、污水乱排、棚圈乱搭、车辆乱停、柴草乱垛、粪土乱堆；六无：全域无垃圾、无污水、无塑料、无污染、无危房、无焚烧），扎实开展"秦岭生态卫士日""美丽田园""秋冬战役"等村庄清洁专项工作，积极开展入户宣传，提高农民的环保意识，累计入户教育 10 万场次。通过实施网格化整治、突出地域发展特色、实施常态化巡查、持续宣传、奖惩机制以及树立典型，商洛市实现农村环境整治常态化，同时积极调动广大农民主动参与村容村貌提升整治工程，改变生产生活方式，营造了一种比学赶超、争创优先的良好氛围。

（3）坚持生态优先，发展生态产业。

将生态转化为价值，实现生态产业的经济效益，有助于强化农民的环保意识，积极参与乡村生态产业振兴过程，在碧水蓝天中实现生活富裕，提升生活的幸福感。商洛市位于秦岭腹地，肩负秦岭保护的重要责任，在发展经济的同时，积极探索产业的生态转型道路，加快生态产业化、产业生态化的步伐，推动绿水青山实现价值增值，推动生态经济的发展。

第一，实现"生态+"产业的发展，增加农产品附加值。商洛市以"菌果药酒畜茶"全产业链培育为主要支柱产业，建立产业园，实现生态产品标准化、规模化发展。商洛市通过全域生态产业转型，以"生态+"种植、加工、品牌等实现乡村产业振兴的新路径。秦岭山珍、秦岭美景、秦岭山泉、秦岭山居、洛南核桃、柞水木耳等都实现品牌价值，商洛市72个农产品入选全国名特优新农产名录。商洛市各区（县）根据各自生态优势、资源禀赋，确定县域发展主导产业（见表5-34），通过培育县域主导产业，以优势产业为出发点，发展各项农业生态产业，带动农村经济发展。

表5-34　商洛市各区（县）生态农业产业发展情况

地区	生态产业发展情况
商州区	将中药材作为助力地方经济、促进农民增收的主导产业，着力推动以连翘、丹参、桔梗、黄芩、五味子、牡丹、山茱萸、金银花、菌药、黄姜"十大商药"为主的中药材产业链。目前商洛丹参入选国家地理标志保护产品
洛南县	以核桃全产业链发展为主要切入点，核桃年总产量3.6万吨，"洛南核桃"品牌强度增强，已经成为农产品地理标志区域品牌
丹凤县	将葡萄酒作为县域经济发展的支柱产业，依托秦岭北纬33°的特殊地理位置以及丹江河谷特有的水源气候条件，实现葡萄酒种植、酿造、加工、运输全产业链，并形成了"葡萄酒+文化+旅游+康养"的产业发展
商南县	以打造"生态茶城"为主要抓手，把茶产业置于产业经济发展的首位，做大做强茶产业，荣获"中国茶叶之乡""茶叶扶贫示范县""茗茶百强县"等称号，打造"商南鹿茗"茶叶区域公用品牌
山阳县	接合森林康养，推动林下经济发展，发展中药产业。目前有山阳连翘、猪苓、黄芩、天麻四个名特优新农产品，建成陕西德润康中医药产业园，并培育17家中医药企业，带动中药产业发展
镇安县	镇安被誉为"中国板栗之乡""天然药库"，主要发展林特产品和畜牧业，目前镇安象园茶被认定为地理标志保护产品，魔芋、核桃等被认定为有机产品，香菇、甘栗仁被认定为绿色产品。镇安木耳、腊肉、鸡蛋等入选全国名特优新农产品目录

表5-34（续）

地区	生态产业发展情况
柞水县	坚持将木耳作为特色农业的首位产业，持续做大木耳产业，目前"柞水木耳"品牌价值突破30亿元，是陕西首个纳入"国家品牌计划"的特色产品，入选名特优新农产品目录和全国绿色农业十佳蔬菜地标品牌和全国农业产业"三品一标"典型案例

第二，全域推动"生态+康养"的文旅融合产业发展。商洛市最大的优势就是生态资源，商洛市通过与中科院合作，建立全国首个生态产品价值与碳汇评估平台，这也是西北地区首个摸清并公布生态产品价值家底的城市。从生态资源来看，商洛最大的优势就是气候，森林覆盖率、空气质量、负氧离子含量以及22℃的温度都赋予商洛发展康养产业的资源优势。商洛市将"22℃商洛·中国康养之都"作为区域经济发展的核心品牌，同时发展全域旅游经济，结合自然景观、文化景观打造生态自然康养基地，开发度假康养、户外运动、温泉疗养、食疗养生等新业态新产品；升级酒店、民宿的配套设施，打造小镇旅居、乡村民宿的生态产业。商洛市围绕康养产业，发展文化、观光、休闲与康养产业融合的旅游业，构建"生态+康养"产业体系，推动实现产业融合。

商洛是一处自然历史与人文相应，既有人文巨匠，又有自然气象，天时地利与人和共生的宝地。随着交通、电力、通信等基础设施的逐步改善，商洛已融入西安一小时经济圈。目前，商丹循环工业经济园区被批准为省级工业园区，2016年8月晋升为省级高新区，商洛已纳入关中—天水经济区和关中平原城市群发展规划。商洛市具有良好的生态环境，优越的资源条件，潜在的区位优势，充满着突破发展的生机和活力，拥有陕西省全域旅游示范县5个，国家农村产业融合发展示范园1个，旅游资源正在实现价值转化。

5.3.2.4 治理有效：党建引领乡村善治新模式

乡村是社会治理最基本的单元，商洛市将党建引领与乡村治理相结合，开展以党建引领乡村治理的探索之路，通过实施乡村治理"345"工程，构建起党建—片区—小组长（片长）的乡村治理网络体系，结合数字网络赋能，实现数字化乡村治理。通过党小组的成立，商洛实现了乡村基层治理的创新，也加强了基层党组织治理能力的提升。通过党员带动以及农民群众的广泛支持，商洛实现了共建共治共享的乡村治理新格局。

（1）完善党建引领乡村治理体制机制建设。

第一，完善"三建"体系，实现组织保障。一是建立县镇村三级机构，明确责任。商洛市通过以县委书记为核心第一责任人，构建县镇村三级党组织书记负责制的乡村管理的机构体系，通过完善乡村基层组织体系，层层落实责任，形成纵向管理的体系，从县域到乡村纵向开展乡村治理工作。二是建立片区横纵向组织体系。商洛市通过成立片区党小组以及党员中心户，形成县—镇—村—片区党小组—党员中心户五级纵向责任主体；同时建立包含"政策宣传、返贫监测、矛盾调处、产业就业、基础设施"等乡村治理各个方面内容体系的横向管理机构，并设立专人对专项工作进行负责，实现乡村治理各个方面有专人落实，提升乡村治理的效率。三是建立落实标准体系。商洛市通过制定专门的标准对乡村治理情况构建指标，形成考核体系，制定党建引领乡村治理考核办法，建立健全考核指标体系，对县、乡、村各级组织以及党员同志进行考核，确保工作任务有效落实，提升各级组织的工作效能。

第二，落实"四到"片区，提升服务效能。一是实现党组织片区建设。商洛市根据划分片区建立党小组，实现党组织深入群众基层，并实现农村网络全覆盖。家门口的党组织机构能够及时高效地解决农民的问题，农民群众有什么问题只需要给附近的党小组反映，就可以很快得到解决，提升了基层服务效能。二是提供精细服务到片区。商洛市通过实行县镇领导遍访制、干部走访制，切身实地地了解民众的实际情况，及时高效地解决农民面临的问题，也可以拉近干部与群众之间的距离，形成凝聚力。三是数字网络片区化。商洛市加大基础设施建设，实现农村网络全覆盖，并通过建立网上大数据平台，及时动态地掌握农村的实际情况，同时开通线上服务，通过线上处理问题，提升治理效率。四是资源整合到片区。商洛市将农村发展需要的人力、物力资源进行整合，并通过建立数字化系统，对资源进行信息管理，如对人员进行数字化管理，统一调配。

第三，实施"五小"工程，助力乡村振兴。一是实施"小组长"制度。商洛市通过划片区成立片区党小组，选拔小组长带领党员片长联系群众，发挥小组长的基层作用，对乡村基层党小组进行日常管理、"三星"评估、监督检查三项制度，发挥党员在乡村治理中的模范带头作用。二是发展"小产业"。商洛市以党建引领，发挥党员的模范带头作用，由党员带头开展生态农业种植，组建"带富领飞"工作队，发展种植业、养殖业等特色农业，带领群众致富。三是实施"小建设"。商洛市通过发挥党员的作用，划分片区责任主体，保障各项工程的具体落实，完善农村基础设施，建设公厕，处理农村污水、垃圾等基础设施。四是开展"小服务"。商洛市通过发挥党建引领，由基层党组织组织并招募成立志愿者队伍，各片区组建志愿服务队，通过农村一约四会制度，利用乡村文化服务站、乡村大舞台等载体，带动村民树立良好的家风，提升农村精神文明建设，进一步推动思想引领的价值。五是评选"小荣誉"。商洛市通过表扬先进，发挥榜样带动作用，一方面在各村形成积极向上的风气，带动村民形成文明乡风，另一方面，评选"党员示范基地""党员先锋用户""红星党员"等党员荣誉，带动农村党员作风习惯的培养。

（2）提升基层治理能力。

近年来，商洛市切实抓好党建引领乡村治理的工作，突出基层治理的重要作用，以治理能力现代化为目标，通过提升基层工作人员的素质以及业务能力，突出数字赋能，强化考核体系，提升基层综合治理能力，完善对基层干部的管理机制，提升基层治理能力。

第一，强化干部培训，优化基层党建"发动机"。基层干部是实现乡村治理的核心，为了提升基层治理能力，商洛市加强对村干部的培训，通过举办村干部及驻村书记培训班，开展结对帮扶工作，以及强化日常专业技术的培训，提升一线干部的政治素质和业务能力，为乡村振兴的发展提供人才支撑。商洛市聚焦乡村振兴以及乡村治理的各项工作，有针对性地开展乡村经营管理人才（乡村CEO）示范培训班、全市社区党组织书记培训班和乡村振兴重点帮扶镇村干部示范培训班，着眼于提升基层干部的业务能力和理论素养。商洛市通过举办乡村CEO示范培训班，为集体经济的发展发挥了重要的带动作用，这些学员在乡村市场经营过程中发挥着重要的作用。除了业务培训，商洛市还深入挖掘红色文化资源，通过建立红色教育培训基地，实现实景教育，培养干部的责任意识、政治意识和奉献精神。商洛市依托苏陕协作的优势，每年选拔部分干部去南京、天津等地挂职锻炼，实现基层干部"走出去"，提升基层干部的治理能力，加强村干部之间的紧密联系。商洛市大力实施"千名领跑人"村干部学历提升工程，鼓励村干部、后备干部提升学历，培育本土优质人才。

第二，加快推进数字赋能乡村治理进程。商洛山区较多，农村分布较为分散，这也为现代化的乡村治理带来了挑战。商洛市抓住国家大力推进数字化的机遇，加快完善乡村数字基础设施，深化数字技术与乡村治理业务能力融合，强化乡村数字治理能力，推进环境监管信息化建设。商洛市完善"智慧党建"系统功能，提升基层党建管理效率，加强对系统管理人员的业务培训，推进党建智慧平台持续高效为党群服务。商洛市构建社区数字化服务平台，提高村级数字化服务水平，提升农民应对数字化信息化的能力，逐步实现信息发布、民情收集、公共服务等功能的线上运行，连通从市到村的管理网络。商洛市引导农民参与数字乡村的建设，通过上门讲解、印发宣传册、开展数字化服务培训课程等方式，优化农民技能培训，推进农民线上职业技能培训。商洛市完善乡村医保与就业服务，通过"互联网+医疗健康""互联网+就业培训""互联网+助残"等模式，实现医保、就业、特殊人群保障的信息化，拓展政府的服务功能。

第三，精准考核，打造乡村振兴"排头兵"。商洛市各区（县）严格落实乡村干部考核制度，注重考核程序"完整"、考核标准"公平"、考核方式"多元化"。为有效发挥乡村干部的"头雁"作用，商洛市将村级党组织书记队伍建设作为乡村振兴的重要抓手，通过强化监督管理，创新激励机制，着力打造一支强有力的基层队伍。商洛市制定一系列政策措施，一方面保障基层干部的切实利益，另一方面完善基层干部的监督管理措施。比如，制定商洛市驻村第一书记管理考核办法、商洛市违反驻村工作规定处理办法等，加强对第一书记的管理考核，各地也根据实际情况制定考核标准。柞水县红岩寺镇通过"实绩评价+民意测评"方式，对村干部的业务能力和总体表现进行综合考评；丹凤县竹林关镇出台了村（社区）干部"周清单、月督查、季排名"绩效考评办法，通过列出具体清单，综合考量干部的工作实绩情况，每个月对照任务清单完善自己的工作；柞水县将学历、工龄、考核以及奖惩纳入工资体系评定，既保障了村干部的待遇福利，也起到了正向激励作用。

5.3.2.5 生活富裕，产业多元化带来农民新生活

党的十八大以来，"三农"工作成为经济发展的重中之重。商洛市作为一个农村人口占比较多的地区，农业农村的发展事关整个经济的发展，农民富裕也是影响整体富裕的关键。商洛市以实施乡村振兴为总抓手，以"农业强市"为发展目标，持续深化农业供给侧结构性改革，加大对"三农"的资金投入，生态农业产业发展较好，农业综合生产能力明显提升，县域经济特色产业不断发展，初步呈现出农业高质高效、乡村宜居宜业，

农民富裕富足的良好局面。

（1）农民收入持续增长，生活水平稳步提升。

第一，农民收入持续增长。随着农业生产总值的不断提升，商洛市农民收入也持续增长（见表5-35）。从2018年乡村振兴战略实施以来到2022年，商洛市农村人均可支配收入持续增长，2022年农村人均可支配收入12 781元，比2018年增长了40.11%，农民收入迈向新台阶。从城乡收入差距来看（见图5-34），2018—2022年，商洛市城乡收入差距持续缩小，2022年城乡收入差距为2.34∶1，相比于2018年的2.58∶1缩小了0.24。

表5-35　2018—2022年商洛市农村收入变化情况

年份	人均可支配收入/元	比上年增长/%	城乡差距
2018	9 122	-0.11	2.58∶1
2019	10 025	7.46	2.54∶1
2020	10 773	7.5	2.47∶1
2021	11 969	11.1	2.4∶1
2022	12 781	6.8	2.34∶1

资料来源：《商洛市国民经济和社会发展统计公报（2018—2022）》。

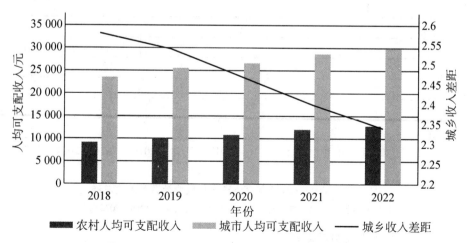

图5-34　2018—2022年商洛市城乡收入差距情况

（资料来源：《2022年商洛市国民经济和社会发展统计公报》）

第二，农民生活水平稳步提升。从农民收入构成来看（见表5-36），工资性收入是农民收入的主要来源，占比53.8%，财产净收入占比最少，这也与农民以农业发展为主的生产经营方式有关。总体来说，商洛市农村居民收入保持持续性上涨，随着农业产业的发展，就业岗位的增加，农民工资收入增加。随着乡村产业的发展，商洛市农民的经营性收入也有所上涨，乡村产业正在逐步发展。

表5-36 2022年商洛市农村居民人均可支配收入构成

指标名称	收入构成/元	同比增长/%	占比/%
工资性收入	6 881	6.8	53.8
经营净收入	2 194	0.2	17.2
财产净收入	65	27.45	0.5
转移净收入	3 640	15.48	28.5

资料来源：《2022年商洛市国民经济和社会发展统计公报》。

从农民消费情况来看，商洛市农民消费水平不断提升（见图5-35）。2012—2022年，商洛市农民消费情况持续上涨，从2012年22.85亿元到2022年53.44亿元，消费增加了一倍多。从消费构成来看，食品烟酒类、居住类、医疗保健类不断上升，农民的收入和生活质量有了很大的提升。

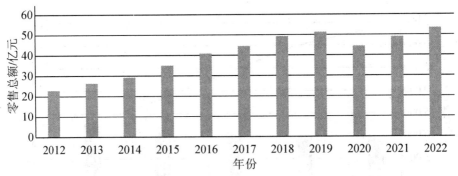

图5-35 2012—2022年商洛市农村社会消费品零售总额
（资料来源：《商洛市国民经济和社会发展统计公报（2018—2022)》）

（2）生活质量明显提升。

商洛市农村人居条件、基础设施等发生了巨大的变化。群众住房条件有了明显的改善，农民对居住的消费支出也不断增加，"家家户户盖起了新楼房"，生活质量大大提升。各行政村通水、通电、通路，网络实现全覆盖，农村基础设施以及生活环境不断改善，农民的生活发生了巨大的变化。除了收入水平的提升，农民的思想文化水平和健康生活水平也在提升，教育、医疗基础设施不断完善，医疗保障、养老保障以及最低生活保障不断提升，确保农民最基本的生活衣食无忧、老有所依，文化素养提升。

第一，多措并举，提升农村教育水平。首先，优化布局，全面改善办学条件。商洛市山区较多，农村学校分布较多，但规模不大，办学条件也不一致，在一些山区，办学条件艰苦，基础设施亟须完善。商洛市根据人口资源比例，合理调整农村学校布局，加强农村寄宿制学校建设，重点建设重点镇（办）、重点村（社区）和辐射能力较强的中心村学校。2022年全市共有各级各类学校1 465所，其中小学378所、初中81所、九年一贯制学校59所，保留农村教学点369个，保障了所有适龄儿童少年就近方便上学。其次，提升基础设施建设。商洛市加大教育基础设施投入力度，提高农村公办学校标准化建设，缩小城乡教育资源差距，通过完善电子化设备、多媒体设施、公共操场等设施，提升学校的现代化水平。同时，完善配套教育设施，自2011年以来，商洛市累计建成乡村学校少年宫94所，基本实现了乡镇全覆盖。再次，实施"县管校聘"管理改革。商洛市以县域教育资源为核心，实行乡镇教师轮岗制度，推动城乡教育资源的互动，实现优质教育资源共享。2022年全市交流轮岗校长和教师1 284名，大大推动了农村教育水平的提升。教育的提升也是乡村振兴的关键环节，是减少"空心化"的重要举措。最后，大力发展职业教育，提升农民综合素质。商洛市利用产教融合、校企合作、支援帮扶等措施，加快对职业农民的培训，通过种植养殖专业技术知识、电商经营培训等，培养高级职业农民，为乡村振兴积累人才。

第二，完善公共卫生服务体系。首先，建立健全农村基础医疗公共卫生服务机构。截至2022年年底，商洛市镇级卫生院及社区卫生服务中心有123个，村卫生室2 084个，基本实现行政村全覆盖，并不断配备现代化医疗设备，提升农村医疗基础设施现代化质量。其次，深化体制机制改革。商洛市大力推动卫生室民转公政策，连通群众医疗服务"最后一公里"，截至2022年年底，713个村卫生室实现公办民营，并实现标准化建设，将村卫生室建成民心工程和样板工程。最后，加强基层医疗人员配备。商洛市通过"三支一扶"招聘高校毕业生下基层，带去新的知识和资源，组织城乡医疗人才的帮扶交流活动，实现城乡医疗资源共享，将先进工作理念、工作方法和管理经验带到农村，推动农村医疗体系现代化发展。

（3）多措并举夯实民生兜底保障。

商洛市坚持在提升人民群众生活品质上下功夫，提升人民群众生活品质的基础则是社会保障体系。因此，商洛市在产业发展过程中加强落实医疗保障体系、完善养老服务，建立健全最低保障工程，实现农村医疗有保障，养老有场所的养老目标。商洛市还推动农村药店、社区医疗等配套设施建设，构建更高标准的养、医疗、低保网络，提升农民生活幸福感。

第一，落实全民医疗保障体系。商洛市以实现全民基本医疗保障为目标，围绕基本医疗保障体系，通过下基层走镇进村入户，开展政策宣讲。商洛市以脱贫户、低保户、监测户为宣传的主要目标，实现脱贫户、低保户、监测户医疗保障体系全覆盖；进一步扩大范围，提高医疗报销比例，城乡居民基本医疗保险政策范围内住院费用支付比例分别稳定在85%、70%，解决农民看病贵问题；同时简化报销流程，开通线上医保平台，实行一站式报销体系，替代了以往报销"多跑路"现象，实现转外就医电话备案制度，实现省内异地就医直接结算，县内医疗机构和政务大厅医保窗口全部实施"一站式"结算服务。

第二，打造"养老"城市。首先，完善养老保障体系。商洛市建立健全养老保障体系，构建以居家为基础、社区为依托、机构为补充、医养相结合、城乡全覆盖的养老服务体系，实现养老保险行政村全覆盖。商洛市完善养老服务机构，目前，全市有社区日间照料中心197家，城镇社区覆盖率96.56%，农村幸福院1 094个，实现基本养老体系城乡全覆盖。商洛市建成73所示范性养老机构，并实现养老机构标准化建设，培育专门养老服务人才，为农村提供更多的就业岗位。商洛市以"康养之都"建设为契机，提升医养结合服务能力，设医养结合机构8家，有床位2 860张，提升老年人医疗服务水平。各社区医院、乡镇卫生所对65岁以上老人进行免费体检，实行健康管理。其次，实行智慧养老。商洛市扎实推进乡村智慧养老服务，建立各级智慧养老平台和老年人数据库，实现居家养老、社区养老、旅居养老等一站式服务平台，通过大数据对老年人进行健康管理，提供日常服务，实现精准养老。截至2022年年底，全市城乡居民养老保险参保人数146.23万人，参保率达到99.9%。

第三，积极推行城乡最低生活保障制度和五保供养制度。截至2022年年底，商洛市农村居民低保人数达到 15.81 万人，农村五保供养 1.74 万人。商洛市聚焦保障低收入人群的基本生活，对农村低收入人群加大保障力度，做到"一个不丢，一个不错"，实现低收入群体保障全覆盖，做好兜底工作。目前，商洛市最低保障标准提升到农村每人每年 4 320 元，各县（区）深入贯彻落实最低保障制度，切实为困难群众构筑生活保障网络，全面保障困难群体生活。商洛市完善县镇村三级兜底保障防返贫致贫动态检测和帮扶网络，强化动态检测、精准帮扶措施，实现应保尽保，确保"政策落实到人"。

5.3.3 商洛乡村振兴的实践案例

5.3.3.1 洛南县：发展特色"核"产业

洛南县地处秦岭东段南麓，横跨黄河、长江两大流域，地处亚热带与温带分界线，山地较多，森林覆盖率 68.9%，自然环境良好，气候适宜，素有"陕西小关中"之称。洛南县年平均气温 11.1℃，夏季平均气温 21.8℃，年均降水量 760 毫米，空气质量达到国家一级标准，是生态宜居城市，荣获"中国梦·避暑之都""中国宜居生态示范县"等荣誉称号。丰富的林地资源既造就了洛南县良好的生态环境，也为洛南县发展山林特产提供了良好的环境基础。洛南县境内生物物种丰富，有大鲵、苍鹭等国家级保护动物，是中华秋沙鸭迁徙的旅居地，也是秦岭腹地"天然药库"，连翘、丹参、桔梗、秦皮、菖蒲等中药材收购量居全国之首。

洛南县依托生态资源优势，因地制宜发展杂果经济林产业。洛南县通过对洛南县资源优势以及经济发展现状进行分析，将"打造核桃产业发展集群、推动核桃产业做大做强"作为洛南县产业发展的定位。洛南县依托独特的自然优势，集中发展核桃产业，带动其他山林产业发展。洛南县创新"六化三个一"模式（区域化布局、规模化生产、良种化栽培、标准化管理、产业化经营、品牌化发展，闯出一条产业帮扶致富的新路子、打造一个产加销体系完整的新产业、创出一个现代特色农业示范的新标杆），举全县之力，借苏陕协作的东风，大力发展核桃产业。目前，核桃产业已经成为洛南县的首位产业，核桃产量居全国第一，被誉为"中国核桃之乡"、全国"十大金牌核桃县"，核桃产业发展迅速。截至 2022 年年底，洛南县核桃种植面积 65 万亩，产量 4.1 万吨，覆盖 98% 的农户，成为洛南县最具有优势的产业，成为带动洛南经济发展的重要引擎。

（1）强化机制建设。

洛南县举全县之力打造"洛南核桃"产业，依托产业基地建设构建"政府+龙头企业+农户"的模式，完善政策、体制机制的建设，加大资金投入，推动核桃产业的发展。一是建立健全体制机制。洛南县以基层党组织为核心，构建县—镇—村三级体制，以县委领导，镇、村主要负责为核心，对核桃产业的发展进行管理与引导。二是健全政策体系。洛南县围绕核桃产业发展出台《洛南县核桃产业"十四五"发展规划》，对核桃产业发展进行规范化管理，为全县发展核桃产业提供了方向指引和政策保障。三是加大资金投入。洛南县设立专项资金用于核桃产业发展，同时积极引进龙头企业助力核桃产业的发展，为核桃产业提供人力、物力和财力的支持。

（2）打造示范引领。

一是培育龙头企业。对于大部分农村来说，没有先进的种植技术，也没有现代化的经营理念，很难实现产业的发展，因此对于农村产业的发展来说，培育和引进龙头企业是重要的手段之一。洛南县通过培育和引进龙头企业，发展壮大农民专业合作社，助力核桃产业的发展。目前，洛南县已经成为六个核桃、三只松鼠、每日坚果等众多知名品牌的原料供应基地，为洛南核桃扩大了销路。二是建立现代化的产业园区。洛南县建设景村镇千亩红仁核桃基地，实现红仁核桃规模化生产，提升产品竞争力，规划建设西北核桃物流园，开展核桃全产业链、供应链平台建设，助力核桃产业发展。三是加强与科研团队合作。洛南县通过引进技术标准，组建科研专家赴洛南进行实地考察，加大科研投入，研发出"红仁核桃""薄皮核桃"等种类，并开展整形修剪、品种提纯、施肥扩盘、病虫防治等一系列"技术"服务，提升农产品品质。

（3）培育品牌优势。

洛南县通过提升产品品质，提升科研水平，打造"洛南核桃"区域公共品牌，发挥品牌优势。目前，"洛南核桃"获得国家地理标志农产品认证，成为洛南特色区域优势品牌。首先，建立健全产业基地，提升农产品品质。洛南县通过建立生产基地，推广优良品种，建成红仁核桃生产基地，大力推广"西洛3号""香玲4号"等优质品种，通过芽接、枝接等方式育苗，提升核桃产品品质。其次，做强市场品牌。洛南县通过建成核桃产业集群，集中种植加工、贸易销售、仓储物流、文化体验等优势要素资源，推动洛南县核桃产业链形成，打造洛南核桃地域优势。最后，发展电商产业。洛南县立足县情，大力发展"互联网+"同产业发展相结合的模式，通过完善网络基础设施，大力发展电商平台，推动电商平台健康运行，拓宽核桃的销售渠道，提高产品竞争力。同时，洛南县围绕核桃产业发展，建成全国核桃交易中心，并成功举办首届陕西·商洛核桃大会，不断扩大"洛南核桃"品牌影响力。

（4）推动产业融合。

洛南县立足自身资源优势，挖掘特色产业文化，发展康养产业+文旅产业，以"洛南核桃""康养洛南""文化洛南"为核心优势，发展产业新业态，推动实现产业融合。一是大力发展林下经济。洛南县山地多，种植业发展受阻，依托自身资源优势，集中发展林下经济。洛南县利用丰富的中草药材，大力发展中药材产业，同时发展养殖业，家禽、中蜂产业等，提高林地综合生产效应。二是发展康养产业。洛南县围绕商洛"康养之都"的建设目标，推进康养产业的发展，以"康养+"为核心发展美食、旅居、疗养等特色康养产业集群发展，精心打造文化特色，深度推广中医针灸，发展景区民宿等，做强康养产业体系，推进"康养+"多业深度融合，打造"汉字故里·避暑名城·康养洛南"的招牌。三是推动文旅融合。洛南县结合商洛"全域旅游"城市的目标，依托自身优势资源，发展生态旅游产业。洛南县以核桃产业园为主，打造集休闲采摘、观光体验于一体的体验式旅游业，洛南县推动一二三产业融合发展。同时，洛南县扩大"洛南核桃"的影响力，实现核桃产业与旅游业的深度融合，使核桃产业成为当地美丽乡村建设的产业支撑和环境依托。

洛南县通过优化体制机制建设、打造示范引领、培育品牌优势、推动产业融合等一系列部署，推动核桃产业在新赛道实现突围。"红仁核桃"的成功种植，为洛南核桃带来了品质特色，实现核桃市场的优势竞争力，并通过生态康养产业，推动实现产业融合，实现洛南从落后无产业，到产业发展新优势的转变。

5.3.3.2　商南县：打造"生态茶城"，推动产业融合

商南县四季分明、雨水充足，因地处商山之南而得名，又名"鹿城"，历史文化丰富，生态环境优越，森林覆盖率67.3%，有天然氧吧之称。商南县的林地资源和中药材资源十分丰富，有丹参、杜仲、天麻等中药材1 192种。受地理纬度影响，商南县也是中国最北端产茶区，盛产茶叶，

也被誉为"中国茶叶之乡"。依托独特的地理气候资源，商南县将茶叶作为农业特色首位产业，打造"生态茶城"，并结合生态资源实现茶旅融合发展，目前已经建成的有富水"茶海公园"、试马"北茶小镇"等茶叶优势产区。通过多年的发展，茶叶已经成为商南县域经济发展的重要产业，也是乡村振兴的重要抓手。截至 2022 年年底，商南县共建有茶园 26 万亩，年产茶叶 8 000 吨，"商南茶"已经成为中国地理标志农产品，打响"22℃商洛、北纬 33°商南茶"品牌，进而推动发展茶旅融合产业。

（1）建设生态茶城，打造产业示范园区。

商南县通过坚持规划引领，着力做大做强茶叶产业，在茶叶品质和茶叶品牌等方面发力，推动茶叶产业高质量发展。商南县通过整体规划，以"生态茶城"建设为目标，将城关、试马、富水作为茶叶发展的核心区，以此推动茶叶产业基地建设；通过整合资源，建设集观光、住宿、体验、休闲康养于一体的产业园区；通过与专业科技人才合作，组建专业指导团队，以园区为载体，对茶叶种植进行技术指导，持续扩大无性良种茶园面积，为茶叶特色主导产业的发展提供坚实保障。同时，商南县完善配套设施，增加资金以及人力、物力投入，开展茶叶品种研究。目前，商南县茶叶品种有绿茶、红茶、白茶、乌龙茶、黑茶五大种类，主要产品有"陕茶1 号""龙井 43 号""金牡丹""安吉白茶"等一系列商南特色茶叶产品。商南县产业园区的建设为茶叶产业规模化、高质量化、标准化生产奠定了基础，也为茶叶产业的发展提供了产业链保障。

（2）培育龙头企业，打造区域品牌优势。

商南县通过引进龙头企业、培育本地产业联营企业主体带动茶叶产业的发展。商南县通过制定政策，以"公司+基地+农户""合作社+基地+农户"的模式为主，引进企业，鼓励个体工商户、返乡农民工等加入茶叶产业，培育新型农民主体，提高茶叶产业生产的质量以及销售能力。目前，商南县已经有 8 家省市级茶叶龙头企业，发展茶叶大户 6 200 家。商南县引进企业化的生产标准以及经营理念，进一步推动区域品牌的形成，通过建立健全茶叶产业链，提高产品规模和质量，同时结合新媒体网络的发展大力宣传商南茶叶品牌，目前已经打响"22℃商洛、北纬 33°商南茶""商南泉茗""商南白茶"等品牌，并创立"商南鹿茗"区域公用品牌。商南县通过品牌创建和新型农业主体的培育，为商南茶业发展积淀了基础，提升品牌知名度，提升产品价值，带动经济增长。

（3）坚持产业融合，打造茶旅融合产品。

商南县依托生态资源，按照"产业化、绿色化、景区化、品牌化"的思路，发展以茶叶为主，蔬菜、水、酒等新型产业为辅的产业体系，实现产业的多样化发展。同时，商南县依托国家 5A 级旅游景区金丝峡，发展"农业+旅游""农业+康养"等休闲农业新业态，完善民宿、度假村、交通、餐饮等配套设施，带动旅游业发展，推动实现产业融合；打造茶海公园、北茶小镇、丹水田园综合体等一批产业融合示范园，实现茶叶产业全产业链、全要素发展；围绕一产茶菌果、二产钒硅镁、三产康养游为主线的农业产业融合；打造茶旅路线，发展茶园观光加工体验等项目，结合康养产业，打造休闲康养基地，茶旅文康产业融合模式正在形成。商南《"生态茶+文旅康养"实现"一叶"到"一业"》被国家发展改革委收录为生态产品价值实现典型案例。

经过多年的发展，商南茶叶产业已经成为商南县的经济支柱产业，成为中国西部最北端的产茶区，商南茶叶已成为商南的区域品牌，正在成为推动县域经济发展的重要动力。目前，商南县茶业竞争力逐渐提升，茶旅融合进一步发展，生态价值、文化价值逐渐凸显，县域经济不断发展。

6 陕南地区乡村振兴的实践特征

6.1 陕南地区的总体发展特征

陕南地区依托自身生态资源，坚持以农业为基础产业，以农产品加工业、矿产资源以及新材料作为第二产业，以旅游、康养、体验采摘等发展服务业，推动三产融合，最大化发挥自身生态优势。陕南地区通过借力苏陕协作，培育龙头企业，建立区域公共品牌，加速产业经济发展；围绕生态经济发展，建设生态城市，推动产城融合，实现全域经济绿色循环发展；借助西安经济圈的发展优势，助力经济发展。陕南地区乡村振兴实践，是在落后地区发展生态经济的经验总结，对其他落后地区发展农业产业有着重要的借鉴意义。

6.1.1 立足生态优势，因地制宜发展生态农业

第一，陕南地区最大的优势就是生态优势，安康是南水北调的核心水源区，水资源丰富，气候湿润；汉中处于国家重点生态功能区的核心位置，生态环境优越；商洛以独特的气候优势，空气质量连续八年保持全省第一。陕南地区森林覆盖率在68%以上，森林资源丰富，生物物种多样性也为特色农业产业发展提供了良好的环境基础，其中中药材资源、野生动物资源、矿产资源丰富，为陕南地区发展生态产业奠定了基础。陕南地区立足当地生态资源，通过结合自身经济发展情况，对产业布局进行合理规划，因地制宜地发展特色产业，打造各自"生态+"的区域名片，初步形成了"特色产业+农户"的模式。

第二，坚持统一布局，合理规划。陕南地区对自身资源禀赋进行客观

分析，整体规划产业发展，如2021年制定的《"十四五"陕南绿色循环发展规划》通过整体布局，确定陕南地区绿色循环经济发展模式。陕南各市也对本市的产业发展做出了定位和规划，安康市的产业特色和定位就是发挥"富硒+"的优势，做大做强农业产业；汉中以"有机+"为核心，做强做大土特产产品；商洛以"康养+"为重点，发展生态农业。同时，陕南各县也针对各自特色发展"一县一品"优势产业，通过整体规划，培育壮大高效生态农业，稳步发展低碳绿色工业、大力发展文旅康养产业、完善提升商贸物流产业，推动以第一产业为基础，一二三产业融合发展的产业布局。陕南三市始终坚持绿色循环发展理念，积极培育绿色动能，发展生态产业，打造"生态陕南"。

第三，坚持主导产业和特色产业相结合的发展模式。陕南地区受山地影响，农村地区分布较广，难以发展集中规模化的产业生产。陕南各地充分发挥家庭的重要作用，在政府的统一规划引导下，发展"家庭农场""庭院经济"，带动家庭参与乡村振兴实践。陕南各地充分挖掘自身优势资源，集中优势资源发展主导产业。同时，陕南各县、各村因地制宜发展特色小众产业，积极发展"一县一品"，打造地域特色优势产业，集中县域优势发展主导产业。比如，安康"5+X"生产模式即生猪、茶叶、魔芋、核桃、渔业五大特色农业+其他特色产业；汉中以粮油和"3+4+N"现代农业产业体系为重点，即打造茶叶、中药材、食用菌三大产业规模效益；商洛发展以"菌果药酒畜茶"为主要特色农业，同时发展其他农业产业为主的产业模式。目前，陕南地区形成了以生态农业为基础，发展新兴产业、农产品加工业以及生态旅游业的陕南模式，各地既有相同，有各有千秋，打造自身地域特色。比如，提到汉中就会想到油菜花，提到安康就会想起紫阳茶，提到商洛就会想起核桃。

6.1.2 龙头企业助力，加速发展产业

陕南地区长期以来以自给自足的小农经济为主，农业产业发展起步较晚，农业经营理念、产品研发技术、品牌建设理念、基地建设经验都缺乏，如果仅仅依靠农民自身发展，速度会非常缓慢。引进龙头企业，带动先进的经营理念、技术、人才等资源向陕南地区流入，借鉴经验培育新型农业主体，对加速乡村产业现代化具有非常重要的意义。

第一，苏陕协作迈向高质量阶段。国家从1996年开启了江苏与陕西挂

钩扶贫协作，即"苏陕协作"，自此苏陕两地共担使命，开启了新的征程。在全面实现脱贫攻坚，开启乡村振兴战略的新时期，苏陕协作继续发挥作用，不断拓展合作领域，加强重大产业、重大工程、重大政策方面的战略协同，苏陕合作不断向多层次、多形式、宽领域、全方位拓展。从商洛的"小木耳"到安康"富硒水"再到汉中茶叶，苏陕坚持从资金、项目、人才、技术等方面进行合作。凭借苏陕协作的东风，陕南地区农产品走出陕西，走入苏州，丰富了苏州的饮食，也丰富了陕南地区的"钱包"。

第二，建立产业基地，实现产业规模化发展。陕南地区农业发展较分散，难以实现集中统一加工销售，要实现规模化发展，就需要加大力度建设产业基地、产业园区等，通过完善基础设施，集中资源打造农业全产业链，推动农业产业优化升级，既能提高农业质量效益和竞争力，还能够深入推进农业供给侧结构性改革。陕南地区围绕农产品深加工延伸农产品多功能产业链条，建立一批现代高效农业产业示范园区，打造优质绿色农产品基地，聚力打造农业产业重点示范县和产业融合示范园，示范和引领乡村产业高质量发展，推动经济发展。

第三，加大技术投入，打造"土特产"品牌。陕南地区深入开展科技联合投入，加大农产品研发力度，增加农产品品种，提高农产品质量，通过科技植入，提高设施农业的标准，减少病虫害的发生，增加农业产量。同时，陕南地区开发更多的品种，尤其是具有差异化的品种，提升产品竞争力。陕南地区持续发挥生态农业的优势，做好"土特产"产品，打造一批有市场竞争力的陕南特色品牌。陕南地区森林资源丰富，温度适宜，应发展林特产品、养殖业以及茶叶产业为主，围绕茶叶、核桃、魔芋等产品，持续推进品牌建设，积极创建"商洛核桃""味见汉中""安康富硒茶"等一系列区域公用品牌。目前，陕南地区积极申请国家地理标志农产品以及名特优新农产品，如"汉中仙毫""洋县黑米""略阳乌鸡""商洛核桃"等一系列地域品牌。

6.1.3 发展生态旅游业，打造生态名片

在保护生态环境绿色底色的基础上，陕南地区对生态文化旅游资源进行深度挖掘与整合，不断提升自然环境，提升生态吸引力，实现"三生空间"和谐共生，致力于将陕南建设成为"秦巴明珠"生态旅游区域，实现生态经济效益，打造陕南生态名片。目前提起陕南首先想到的就是生态环

境与气候优势,"生态""绿色""养生"已经成为陕南地区的名片。

第一,坚持产城融合,推动实现全域旅游。陕南地区坚持城乡发展一体化,推动城乡要素、公共服务资源均等化发展;打造"森林城市",推动城市生态环境建设,城乡都保持生态良好的环境,实现陕南经济全域上涨;全域范围内加强品牌建设,实现旅游产品全域统筹、线路全域整合,以及打造地域品牌。陕南各地聚焦绿色循环发展的重大战略部署,发展全域旅游,紧紧围绕高质量发展,培育壮大产业园建设,建设基础设施、完善医疗、养老等保障机构,打造宜居城市。比如,汉中市西乡县聚焦中国最美茶乡、汉中副中心城市的重大历史使命,积极推进茶产业产学研游融合发展示范园建设,以"山水人城景业"为核心,打造共生共融的城市格局。商洛市加强丹江、南秦河修复,优化城市设计,打造城市"三生空间"建设生态文明城市,助力康养旅游产业发展。安康市坚持将生态文明引领作为城市高质量发展目标,推动产城绿融合发展,加快发展高新技术产业,带动秦巴地区经济发展,实现宜居城市建设。陕南地区还积极建设汉江绿色生态文化长廊,持续推动南水北调陕南生态文化产业带建设,加速生态城市发展。

第二,积极探索生态产业新业态。陕南地区探索文化旅游产业融合发展道路,通过生态产业与文化产业的融合,打造文旅精品旅游线路,以大旅游推动大融合,以大融合推动大产业,持续推动生态文化产业的发展;探索"生态+"系列产业新业态,通过结合农业基地、农业产业园区,发展"生态+现代农业"的产业融合发展方式;探索"生态+"各种景区产业融合,比如"生态+森林公园""生态+湿地公园""生态+文化景区"等多种生态产业模式,打造生态旅游高品质旅游路线;结合"生态+康养""生态+民宿体验""养—茶—游"等多种方式,打造陕南特色旅游精品路线,并通过弘扬特色文化、培育现代文化,实现产业融合发展。

6.1.4 融入西安都市圈,接受西安经济的辐射

西安被确定为全国性中心城市之一,这一突破性的发展为西安带来了新的发展方向,提升了西安的影响力。随着西安经济的发展,西安旅游产业也迎来了新的发展机遇,同时也带动了西安周边汉中、安康、商洛的发展,陕南各地纷纷加入西安经济圈,签署合作协议,加强公路、高铁等基础设施的建设,实现陕南与西安共同发展。

一方面，陕南地区发挥农业基础优势，为西安农业产业的发展提供更多资源，同时发挥陕南地区的旅游业资源，为西安居民提供了更多的出行选择和就业选择，减轻了城市压力。陕南地区旅游产业的发展，也进一步带动了西安文化产业的发展。另一方面，随着西安经济的不断发展，带动西安与陕南地区的产业合作，通过西安经济的"虹吸效应"，带动陕南地区产业经济的发展。西安经济圈的不断发展，带动更多的人将目光投向西安，关注陕南地区生态旅游产业，进一步提升了陕南地区的名气，为陕南地区经济发展起到了重要的推动作用。西安经济圈的建设，让陕南地区以及西安的发展实现"双赢"，也是陕南经济发展的加速器。

6.2 陕南地区乡村振兴的未来展望

6.2.1 持续调整产业结构，构建现代化产业体系

（1）加快建设特色农产品优势区。陕南地区应大力推进特色农产品优势区建设，依托陕南特色生态资源优势，集中布局产业优势区，加快茶叶、魔芋、中药材、核桃等产业园区建设，并构建产销一体的产业体系。打响商洛香菇、紫阳富硒茶、汉中仙毫等一系列陕南特色产业品牌。发展以"生态+"为核心的绿色产业，改变农业生产方式，发展生态有机农业。可以探索"种养结合"的绿色循环生产模式，实现农业生产方式的有机转化，提升农产品生产质量，适应市场对绿色有机农产品的需求。还可以优化畜牧业产业布局，推进畜牧业标准化养殖，推动形成特色畜产品向优势产区集中，打造种养循环，绿色生态的畜牧产业体系。优化电商平台，建立健全产业营销体系，完善县域电商服务中心和电商服务站点的建设，拓展线上销售平台，形成线上+线下综合销售体系。通过优化产业结构，形成种植业、畜牧业优势布局，并依托产业园区建设，完善生产体系、销售体系以及物流体系等，建立健全产业链建设。

（2）壮大产业集群，打造规模优势。加强农业产业园建设，推进各种农业产业集中发展，针对特定农业比如茶叶、魔芋、中药材产业等分别建立产业基地，推动产业基地联合形成特定产业优势集中生产。通过政策引导，积极发挥龙头企业的引领作用，完善龙头企业在乡村产业发展中合资、入股等方式的制度约束，保证企业的"益贫性"。发挥以家庭为核心

的农户在产业发展中的核心作用，鼓励农民积极参与产业生产，并依托农业合作社实现集中生产，提升农业产业的效益，提升农民的收入。通过建设农业产业园区、生产基地，引进龙头企业，鼓励农民参与，再结合政府引导，形成社会合力带动乡村产业发展，实现农业生产从生产到加工再到销售于一体的规模优势。

（3）打造陕南特色生态产业。首先，实现传统农业升级。实现传统农业的现代化改造，依托农业发展的天然优势，发展体验式农业。以西安都市圈发展为契机，带动城市的乡村体验消费。如农业采摘、种植体验、农耕民俗等，延伸农业的功能，提高农业的附加值。其次，发展全域旅游。结合陕南地区富集的生态资源，发展陕南各地特色生态产业，结合旅游业发展带动精品民宿、文化街区、休闲农业的发展，带动旅游业发展。持续完善基础设施，打造一批具有影响力的区域特色产业品牌。安康以"油菜花田"为核心 IP，带动生态产业发展；汉中以"汉风古韵"为核心，以传统文化为主题组织各种旅游文化节，带动旅游产业发展；商洛以气候资源为主，打造"康养"主题，发展康养产业。

（4）发展科技创新产业。持续推动设施农业发展，提升农业种植技术。加大农业的科研投入，深化"基地+龙头企业""基地+高校""基地+科研机构"的合作模式，提升农业的科技创新能力，加强生产技术与产品开发的研发过程，一方面提升产量和质量，另一方面开发更多产品，以适应多变的市场需求。加大农业产业科技园建设，为农业产业创新提供平台，陕南地区农村发展落后，难以建设规模化的农业产业园，可以建立以县域为核心的科技产业园建设，开展农业科技研发，提升农业科技水平。

6.2.2 转变农民思想观念，适应新时代发展需求

（1）加强对农民的培训和教育。一方面，由政府牵头，加强对企业、农业合作社、农民的培训，通过与高校建立合作关系，对农民进行职业技术培养，提升农民的专业素养。同时，加大基础教育投资，提升农村整体教育水平，从基础教育开始，提升农民的思想意识，接受现代化的思想理念，转变以往"等、靠、要"的思想，通过学习理论知识提升实践能力，提高农民的整体素质。另一方面，完善职业农民的培养体系。虽然陕南各地都开展关于职业农民的培训班，但是目前没有一个完整的体系，大多停留于某项技能、某项技术的专门培训，缺乏系统的体系指导。因此，要以

农民需求和市场需求为向导，建立健全培养体系，同时加强与先进地区的交流合作，多带农民"走出去"开阔眼界和思维，改变以往封闭僵化的思想意识。

（2）构建利益合作机制。通过政府政策、行业协会制度等对农业产业化经营进行约束与规范，构建以龙头企业为核心的，合作社、家庭农场、农户、农民多方协调的利益机制，确保农民从产业经营中受益，充分调动农民参与乡村产业发展的积极性，提高他们认真学习相关知识的意识。建立健全激励机制，对于培训合格的新型职业农民进行宣传，通过榜样带动，提升农民的职业认同感。在农村形成主动学习培训的良好氛围，对于各方面表现优秀的农民给予物质上的奖励和创新创业政策支持，推动实现农民从主动参与培训到自主学习能力的转化。

（3）改变农民的生产生活方式。农民思想观念的转变主要表现在生产生活方式上。一是持续推进乡风文明建设。通过持续推进乡风文明建设，宣传新时代新思想以及现代化发展的成效，带动农民转变生活方式，改变生产方式，同时提升农民自主学习的意识。只有让农民了解现代农业发展的重要意义，切身实地地感受生产方式改变之后带来的收益增加，才能够转变农民的思想观念。二是提升乡村治理效能。乡村治理是改善农民生产生活方式的政治手段。一方面，政府发挥作用，加强对新生产生活方式的教育与宣传，在日常生活中提升人们对于生产生活方式转变的认识；另一方面，发挥"新乡贤"的重要作用，通过"新乡贤"的带动作用，更容易获得村民的认可和接受，在组织协调村民关系，推广新技术新知识上都有着重要的意义，因此要通过制度调整，为"新乡贤"提供合适的岗位，吸纳到乡村振兴过程中，推动农村有效治理。三是完善"一约四会"制度，完善监督与约束机制，对农民错误的生活方式和行为进行批评，对好的方面要进行大力宣传，带动农民改变生活方式的积极性。

6.2.3 培养优秀乡村人才，为乡村振兴赋能

（1）支持乡土人才回流。乡土人才是乡村振兴人才队伍的基础，一方面，乡土人才对本地发展情况十分了解，比外来专家更有利于开展工作；另一方面，乡土人才对家乡有着深厚的感情，更愿意为家乡发展出一份力，积极主动性较高。因此，要通过政策引导，支持和扶持进城农民返乡创业，建立健全大学生返乡创业的制度支持，从资金、政策、技术服务方

面都给予支持，为大学生创业减轻后顾之忧。同时，还要建立健全退休干部返乡的体制机制，给他们安排合适的岗位，借助他们在城市的资源，在乡村治理、产业发展过程中继续发光发热。除了相关政策的支持，还可以给予这些返乡人才一定的荣誉，比如推行"荣誉村民制度"，对他们的事迹给予肯定，提升他们的获得感和荣誉感，同时通过优秀典型事迹的宣传带动更多的乡土人才回归农村，推动人才的回流。推动干部返乡、市民回村、能人回乡、企业兴乡的体制机制，带动干部、市民、农民以及企业家参与乡村建设过程中，发挥新乡贤的重要作用。

（2）加强教育，培育新型农业人才。将留在农村的青年劳动力组织起来，培养一支带不走的"三农"队伍，让他们成为乡村振兴的"主力军"，增强农村发展的后劲。首先，加强培训。结合乡村发展特色以及农民的学习能力，组织开展各种各样的培训，可以打造"田间课堂"，将课堂与实践相结合，以农民可以接受的方式边实践边学习；也可以组织农民参与企业的经营与管理，打造一支懂技术、会经营的新型职业农民队伍。其次，鼓励和支持这些农民进行创业。让他们成为农村致富带头人，将产业经营以及种植经验进行分享，从而带动更多人参与乡村经济发展。

（3）打造宜居农村，增强农村吸引力。首先，完善基础设施和公共服务体系。陕南地区农村生态环境优越，但乡村公共基础设施以及公共服务体系还不完善，这也是目前很多人不愿意去农村的重要原因。随着乡村振兴的实施，陕南地区乡村住房以及交通等基础设施已经得到了很大的提升，但乡村教育、医疗体系仍然与城市存在很大的差距，因此要不断完善乡村教育、医疗体系，完善金融服务、市场服务，增强乡村的吸引力，同时完善配套的政策措施，为乡村产业发展提供优越的环境条件，带动更多青年人才流入农村。其次，继续打造"生态"名片，吸引优秀人才。陕南地区最大的优势就是生态优势，目前很多城市人对于乡村田园生活都很向往，陕南地区应通过持续改造生态环境，打响"生态"名片，完善民宿等基础设施建设，吸引各类人才来陕南地区定居，助力陕南地区经济发展。

（4）拓展人才引进的渠道。目前陕南地区引进人才主要依靠以政府为主导的招聘，或是上级选派人才进驻，人才引进渠道单一，这就需要陕南地区出台相关政策，拓展引进人才的渠道，增加人才流动的自由性。首先，加强与地方院校的合作，系统性培养适合本地乡村发展需要的，精通农业生产、加工以及市场营销的专业人才或者复合型人才，助推农业转型升级、提升农产品质量。其次，可以依托重大项目引进人才。陕南地区可以依托产业园发展引进重大科技项目，进而集聚科技团队、专业人才，为乡村发展引进更多科技型人才，提升农业产业发展的科技水平。

6.2.4　推动城乡融合发展，实现城乡要素均等化

（1）以县域为载体，推动新型城镇化发展。县域是城乡关系的重要连接点，也是实现城镇化的重要环节。县域作为乡村和城市的过渡地带，既与农村存在紧密的联系，又有着相对于农村来说较为完善的基础设施和制度体系，是城乡融合的关键载体。首先，加快发展县域经济。陕南地区应以县域作为发展乡村产业的核心，利用县域相对完善的基础设施和相对集中的土地，建立产业园、特色小镇等，发展农产品加工业、旅游业等，带动农村经济的发展，为农村经济发展提供基础。其次，加快县域教育、医疗等公共服务体系的完善。陕南地区应完善县一级的公共服务体系，增强公共服务向乡村服务的力度，将县域作为乡村综合服务的中心站，进一步推动公共服务资源的城乡流动。

（2）城乡要素融合推动城乡经济融合。推动生产要素的自由流动，是城乡融合的基础，只有实现生产要素自由流通，才能够扩大城乡消费，增加城乡沟通，建立城乡统一市场，这也是区域经济发展的基础环节。这就需要发挥有效市场和有为政府的双重作用。首先，发挥有效市场作用，推动城乡要素实现市场自由。陕南地区应逐渐打破城乡二元体制的限制，使市场在城乡资源配置中发挥重要的基础性作用，推动城乡要素在空间上自由流通。陕南地区还应构建城乡要素的统一市场，推动城乡劳动力、土地、资本的自由流通，实现城乡之间市场循环发展。其次，发挥有为政府作用，推动城乡要素实现双向流动。紧紧依靠市场，很难实现生产要素的双向流通，因为资源总是流向经济发达地区，这就需要政府加大对乡村资金、劳动力、资本的投入，并发挥政策支持作用，弥补乡村经济发展的不足，推动城乡要素的双向流通。

（3）加强陕南与西安都市圈的融合发展。随着大西安都市圈的建设，陕南各地也都加入西安都市圈，这也为陕南地区城镇化发展提供了新的契机。首先，加强与西安产业互补的合作。西安城市发展兴起，土地紧张，陕南地区可以为西安提供更多的粮食、蔬菜作物，西安也可以为陕南地区的农产品提供更多的销路，激活农业市场。其次，加强科技文化的交流。

西安高校较多，教育资源丰富，陕南地区应利用西安都市圈的建设，积极与各个高校合作，加强技术交流以及文化沟通，同时推动西安教育资源向陕南地区流动，实现教育资源的互相流通。目前佛坪、宁陕、柞水等都进入西安 1 小时经济圈，并实现与西安义务教育名校共建分校，一方面缓解了西安学校的生源压力，另一方面推动西安优质资源向陕南地区流动，带动陕南地区教育发展。最后，推动公共服务相互融合。陕南地区公共服务资源缺乏，尤其是医疗条件、教育资源、就业环境等方面都处于弱势，这也是陕南地区农村难以吸引到人才的关键。西安作为省会城市，教育资源、医疗资源等都比较丰富，可以加强与西安公共文化服务的合作，强化西安名校、三甲医院等对陕南地区部分医院、学校的帮扶，以及资源共享政策，带动陕南地区公共服务资源与西安公共文化资源实现共享。

6.3 结语

陕南地区有着重要的地理位置和生态意义，是我国南水北调工程的重要"水源涵养区"，也是我国重要的生物多样性保护区，经过几年的努力和发展，陕南地区初步形成了以茶叶、核桃、魔芋、中药材、生态旅游等优势产业的发展模式。

陕南地区坚持绿色循环的发展模式，巩固生态环境资源，探索生态资源增值路径，加快构建陕南"三生空间"。陕南地区始终坚持"保护青山绿水、发展循环经济、打造三大产业"的发展思路，通过退耕还林、治理水污染、改造土壤等一系列工作，保护山区脆弱的生态环境，并将生态环境和经济发展效益相结合，切实保护生态环境，打造生态陕南。陕南地区以绿色循环发展为目标，坚持走循环经济发展模式，依托生态资源，做强做大"土特产"经济、发展乡村生态旅游，打造康养产业、民宿经济、红色文化等多种旅游模式，不断推进乡村经济发展，构建乡村生产、生活、生态空间相互包容、和谐发展的"三生空间"。

陕南三市依据各自发展特色，制定适合本地的经济发展模式，即生态产业发展模式。汉中市通过深化与西安都市圈、成渝地区双城经济圈协同发展，构建循环经济；安康市以富硒为特色，打造特色产业，优化产业布局，打造中国富硒产业集聚地；商洛市则是积极融入西安 1 小时经济圈，大力发展康养产业，做大秦岭旅游项目，打造康养示范城市。

本书对比了汉中、安康、商洛乡村振兴的实践，并以乡村振兴的发展目标为分析框架，对三个地区乡村发展的实践进行总结分析。总体来说，三个地区都是充分挖掘生态资源，发展区域生态优势农产品，推动旅游新业态发展，带动实现产业融合。从生态环境基础来看，陕南地区经济发展韧性较大，具有发展生态产业的优势，需要因地制宜做好市场规划。除了产业发展，陕南地区在生态宜居、乡风文明、治理有效方面都取得了一定的成果，并且实现了农民增收、农民生活质量提升的目标。

从陕南地区的发展中可以看到，政府在乡村发展中发挥着重要的作用，应当继续提升市地方政府效能，发挥有为政府的作用，保障乡村振兴的成果由农民所有。陕南地区经济发展起步较晚，但是生态资源优势不断显现，经济发展韧性较大，还需要进一步挖掘特色产业优势、引进人才、推动以县域为核心的产业融合，引导陕南经济不断发展。总体来说，乡村振兴是一条曲折向前发展的道路，没有固定模式可以照搬，只能是依据自身资源优势，借鉴其他地区的优秀经验，结合自身发展情况，因地制宜制定发展目标。

参考文献

一、著作类

[1] 马克思, 恩格斯. 马克思恩格斯选集: 第1卷 [M]. 中共中央编译局, 译. 北京: 人民出版社, 2012.

[2] 马克思, 恩格斯. 马克思恩格斯选集: 第2卷 [M]. 中共中央编译局, 译. 北京: 人民出版社, 2012.

[3] 马克思, 恩格斯. 马克思恩格斯选集: 第3卷 [M]. 中共中央编译局, 译. 北京: 人民出版社, 2012.

[4] 马克思, 恩格斯. 马克思恩格斯选集: 第4卷 [M]. 中共中央编译局, 译. 北京: 人民出版社, 2012.

[5] 马克思, 恩格斯. 马克思恩格斯全集: 第3卷 [M]. 中共中央编译局, 译. 北京: 人民出版社, 1960.

[6] 马克思, 恩格斯. 马克思恩格斯全集: 第25卷 [M]. 中共中央编译局, 译. 北京: 人民出版社, 1979.

[7] 马克思, 恩格斯. 马克思恩格斯全集: 第26卷 [M]. 中共中央编译局, 译. 北京: 人民出版社, 1965.

[8] 马克思, 恩格斯. 马克思恩格斯全集: 第46卷 [M]. 中共中央编译局, 译. 北京: 人民出版社, 1979.

[9] 马克思, 恩格斯. 马克思恩格斯文集: 第5卷 [M]. 中共中央编译局, 译. 北京: 人民出版社, 2009.

[10] 马克思. 资本论: 第3卷 [M]. 中共中央编译局, 译. 北京: 人民出版社, 2004.

[11] 列宁. 列宁选集: 第1卷 [M]. 中共中央编译局, 译. 北京: 人民出版社, 2012.

［12］列宁. 列宁选集：第 2 卷［M］. 中共中央编译局，译. 北京：人民出版社，2012.

［13］列宁. 列宁选集：第 3 卷［M］. 中共中央编译局，译. 北京：人民出版社，2012.

［14］列宁. 列宁选集：第 4 卷［M］. 中共中央编译局，译. 北京：人民出版社，2012.

［15］列宁. 列宁全集：第 11 卷［M］. 中共中央编译局，译. 北京：人民出版社，1985.

［16］列宁. 列宁全集：第 30 卷［M］. 中共中央编译局，译. 北京：人民出版社，1985：159.

［17］毛泽东. 毛泽东选集：第 1 卷［M］. 北京：人民出版社，1991.

［18］毛泽东. 毛泽东选集：第 2 卷［M］. 北京：人民出版社，1991.

［19］毛泽东. 毛泽东选集：第 3 卷［M］. 北京：人民出版社，1991.

［20］毛泽东. 毛泽东选集：第 4 卷［M］. 北京：人民出版社，1991.

［21］毛泽东. 毛泽东文集：第 6 卷［M］. 北京：人民出版社，1999.

［22］毛泽东. 毛泽东文集：第 7 卷［M］. 北京：人民出版社，1999.

［23］中共中央文献研究室. 邓小平文选：第 1 卷［M］. 北京：人民出版社，1993.

［24］中共中央文献研究室. 邓小平文选：第 2 卷［M］. 北京：人民出版社，1993.

［25］中共中央文献研究室，邓小平文选：第 3 卷［M］. 北京：人民出版社. 1993.

［26］江泽民. 江泽民文选：第 3 卷［M］. 北京：人民出版社，2006.

［27］胡锦涛. 胡锦涛文选：第 2 卷［M］. 北京：人民出版社，2016.

［28］习近平. 习近平谈治国理政：第一卷［M］. 北京：外文出版社，2018.

［29］习近平. 习近平谈治国理政：第二卷［M］. 北京：外文出版社，2017.

［30］习近平. 习近平谈治国理政：第三卷［M］. 北京：外文出版社，2020.

［31］习近平. 习近平谈治国理政：第四卷［M］. 北京：外文出版社，2022.

［32］习近平. 习近平著作选读：第一卷［M］. 北京：人民出版社，2023.

［33］中共中央文献研究室. 习近平关于社会主义经济建设论述摘编［M］. 北京：中央文献出版社，2017.

［34］中共中央党史和文献研究院. 习近平扶贫论述摘编［M］. 北京：中央文献出版社，2018.

［35］中共中央党史和文献研究院. 习近平关于"三农"工作论述摘编［M］. 北京：中央文献出版社，2019.

［36］习近平. 决胜全面建成小康社会，夺取新时代中国特色社会主义伟大胜利［M］. 北京：人民出版社，2017.

［37］中共中央文献研究室. 习近平关于社会主义社会建设论述摘编［M］. 北京：中央文献出版社，2017.

［38］中共中央文献研究室. 建国以来重要文献选编：第四册［M］. 北京：中央文献出版社，1993.

［39］中共中央文献研究室. 建国以来重要文献选编：第七册［M］. 北京：中央文献出版社.1993.

［40］中共中央文献研究室. 十六大以来重要文献选编（中）［M］. 北京：中央文献出版社，2006.

［41］中共中央文献研究室. 中共十三届四中全会以来历次全国代表大会重要文献选编［M］. 北京：中央文献出版社，2002.

［42］中共中央文献研究室，国务院发展研究中心. 新时期农业和农村工作重要文献选编［M］. 北京：中央文献出版社，1992.

［43］习近平. 高举中国特色社会主义伟大旗帜 为全面建设社会主义现代化国家而团结奋斗［M］. 北京：人民出版社，2022.

［44］魏晓蓉，张博文，何苑. 西北地区新型城镇化与农业现代化良性互动发展研究［M］. 北京：社会科学文献出版社，2022.

［45］阮建青，杨奇明，陈立辉. 中国乡村产业高质量发展报告［M］. 杭州：浙江大学出版社，2022.

［46］袁红英，徐光平. 新时代农业农村现代化理论·实践·展望［M］. 北京：人民出版社，2022.

［47］温铁军，唐正花，刘亚慧. 从农业 1. 0 到农业 4. 0 生态转型与农业可持续［M］. 北京：东方出版社，2021.

［48］周俪. 乡村振兴视阈下高素质农民培育研究［M］. 厦门：厦门大学出版社，2023.

［49］彭海红. 中国农村改革四十年研究丛书：中国农村集体经济改革与发展研究［M］. 武汉：华中科技大学出版社，2021.

［50］吕洁作. 中国乡村社会治理模式研究［M］. 北京：中国社会科学出版社，2021.

［51］陆超. 读懂乡村振兴［M］. 上海：上海社会科学院出版社，2020.

［52］蒋永甫. 农民组织化与农村治理研究［M］. 北京：人民出版社，2020.

［53］吕洁作. 中国乡村社会治理模式研究［M］. 北京：中国社会科学出版社，2021.

［54］陕西省地方志编纂委员会. 陕西省志［M］. 西安：陕西人民出版社，2000.

［55］柞水县志编纂委员会. 柞水县志［M］. 西安：陕西人民出版社，1998.

［56］陆学艺. "三农"论：当代中国农业、农村、农民研究［M］. 北京：社会科学文献出版社，2002.

［57］商洛市地方志编纂委员会. 商洛地区志［M］. 北京：方志出版社，2006.

［58］汉中市地方志办公室. 汉中概略［M］. 西安：陕西人民出版社，2015.

二、期刊类

［1］习近平. 在党的十八届五中全会第二次全体会议上的讲话（节选）［J］. 求是，2016（1）：5-22.

［2］温铁军. "三农"问题是怎样提出的［J］. 学理论，2004（9）：8.

［3］姜长云. 实施乡村振兴战略：关于总抓手和中国特色道路的讨论［J］. 南京农业大学学报（社会科学版），2018，18（4）：1-7.

［4］贺雪峰. 论中坚农民［J］. 南京农业大学学报（社会科学版），2015（4）：1-6，131.

［5］郭亚锋，李天芳. 脱贫地区产业扶贫与产业兴旺深度衔接的理论逻辑与推进策略：以陕南为例［J］. 陕西理工大学学报（社会科学版），2023，41（3）：8-15.

［6］饶欢. 陕南秦巴山区人才振兴的现实困境与路径探索［J］. 现代农村科技，2024（4）：106-108.

［7］刘杰朋. 新农人返乡创业助力乡村振兴的路径探索［J］. 现代农村科技，2024（7）：114，122.

［8］张娟娟. 脱贫地区乡村产业高质量发展思考：以陕南乡村振兴重点帮扶县为例［J］. 河南农业，2024（7）：43-45.

［9］郭俊华，王阳. 脱贫攻坚同乡村振兴的耦合协同关系研究：以秦巴山区为例［J］. 西北民族大学学报（哲学社会科学版），2002（1）：117-129.

［10］郑羽彤，李钰. 陕南秦巴山地传统村落"三生"空间活力更新策略研究［J］. 建筑与文化，2023（7）：164-166.

［11］王蓉，赵雪雁，兰海霞. 脱贫山区乡村振兴基础水平评价及其影响因素：以陇南山区为例［J］. 地理科学进展，2022，41（8）：1389-1402.

［12］武联，余侃华，鱼晓惠，等. 秦巴山区典型乡村"三生空间"振兴路径探究：以商洛市花园村乡村振兴规划为例［J］. 规划师，2019，35（21）：45-51.

［13］肖薇薇，王晓霞，李欣，等. 乡村振兴战略背景下陕南地区茶旅融合协调发展测度分析：以安康市为例［J］. 安康学院学报，2023，35（1）：39-43.

［14］贺卫华. 乡村振兴背景下新型农村集体经济发展路径研究：基于中部某县农村集体经济发展的调研［J］. 学习论坛，2020（6）：39-46.

［15］张雪，王怡，刘龙龙，等. 商洛镇安民宿旅游发展模式探讨［J］. 辽宁农业科学，2019（2）：52-57.

［16］郭萌，王怡. 集中连片特困地区旅游减贫效应分析：基于秦巴山区商洛市2008—2017年的经验数据［J］. 湖北农业科学，2019（15）：179-184.

［17］韩曜乐，杨琳，闫瑞煜. 乡村振兴视域下生态环境治理的现实挑战与实践进路：以陕南农村为例［J］. 陕西理工大学学报（社会科学版），2024，42（3）：11-20.

［18］许汉泽. 乡村产业振兴中的"联村发展"：对陕南 H 县"三联"经验的考察［J］. 中国农业大学学报（社会科学版），2024，41（1）：106-120.

［19］吴琪，张伟，韩荣彦. 乡村振兴背景下数字化赋能乡村治理的创新实践：以陕西陕北、关中、陕南三大片区为例［J］. 安徽农业科学，2023，51（17）：248-250，254.

［20］何家理，韩艳梅. 陕南移民搬迁就地安置对乡村振兴促进作用实证分析［J］. 安康学院学报，2023，35（4）：43-46.

［21］李小琴，畅凯欣. 乡村振兴战略下陕南茶叶产业化发展现状、问题及对策［J］. 现代农业科技，2023（3）：201-204，208.

［22］万利平，杨正文. 乡村文化振兴的内源路径探讨：基于川南乡村地区的文化消费调查［J］. 云南民族大学学报（哲学社会科学版），2022，39（6）：39-46.

［23］王萍. 乡村振兴背景下陕南生态康养旅游资源评价研究［J］. 江西农业学报，2022，34（6）：227-231.

［24］吕晶，张雨轩. 乡村振兴+特定区位模型的实践路径：基于陕南 LB 县红色基因融入乡村振兴的实证分析［J］. 新西部，2022（4）：121-122，135.

［25］纪安玲，王晓霞. 红色文化助推陕南革命老区乡村振兴路径探析［J］. 湖北农业科学，2021，60（12）：197-200.

［26］吕锡月，吴俊杰. 数字经济、乡村产业振兴与农民共同富裕［J］. 统计与决策，2024，40（15）：11-15.

［27］黄真，陈钦华. 农村基层党建引领乡村产业发展的实践模式：对湖南省泸溪县 M 村的田野调查［J］. 农村经济与科技，2024，35（5）：118-121.

［28］李世瑞，谭春花. 嵌入式整合：新时代农村基层党组织引领乡村治理路径研究［J］. 农村经济与科技，2024，35（2）：140-143.

［29］李娜，郑兴明. 乡贤文化赋能乡村文化振兴的内在逻辑、困境与路径［J］. 云南农业大学学报（社会科学），2024（9）：1-6.

［30］栗伊萱，杨晓婷，毛寿龙. 嵌入式统合：新时代干部下乡优化乡村治理结构的实践逻辑［J］. 公共管理学报，2024（9）：1-20.

［31］张宸瑜. 乡村振兴背景下乡村数字治理的逻辑理路及实践路径

[J]. 陕西行政学院学报，2024，38（3）：100-103.

［32］温铁军，逯浩. 深化新质生产力推进农业农村现代化的理论认识 [J]. 人民论坛·学术前沿，2024（10）：31-39.

［33］潘家恩，马黎，温铁军. 近代乡村建设的县域综合发展经验：以张謇的南通建设为例 [J]. 中国农业大学学报（社会科学版），2023，40（5）：74-87.

［34］杨洲，王鑫，温铁军. 乡村生态资源价值实现的交易体系建设 [J]. 河北农业大学学报（社会科学版），2023，25（5）：8-16.

［35］温铁军. 农民现代化是中国式现代化的关键 [J]. 中国合作经济，2023（2）：37-40.

［36］贾宁. 数字经济赋能汉中市县域乡村旅游发展的路径研究 [J]. 中国集体经济，2024（23）：26-29.

［37］李枫，李娜. 陕西省商洛市推进乡村振兴的实践与思考 [J]. 中国农村科技，2023（1）：61-64.

［38］郭塱玙. 陕西省汉中市脱贫攻坚工作策略探析 [J]. 乡村科技，2021，12（24）：14-15.

［39］党佳娜. 新型农村集体经济实现形式的路径优化：以陕西省为例 [J]. 农村·农业·农民，2024（13）：25-28.

三、报纸类

［1］中共中央国务院关于学习运用"千村示范、万村整治"工程经验有力有效推进乡村全面振兴的意见 [N]. 人民日报，2024-02-04（01）.

［2］曹昆，赵纲. 中央农村工作会议在京召开 [N]. 人民日报，2023-12-25（01）.

［3］李敏，巩琳璐. 食用菌助推商洛乡村振兴"大产业" [N]. 商洛日报，2021-11-24（01）.

［4］米子扬. 建设全域"四好农村路"打通乡村振兴"快车道" [N]. 商洛日报，2023-11-16（05）.

［5］孙小斌，曹兴君. 安康市科技局强化科技支撑助力乡村振兴 [N]. 陕西科技报，2023-09-27（03）.

［6］秦毅. 陕西安康："艺养天年"文化养老乡村振兴歌声嘹亮 [N].

中国文化报，2022-04-18（04）.

[7] 李佩蓉，朱媛媛，何娜. 解码汉中乡村振兴的数字大脑 [N]. 汉中日报，2023-09-15（03）.

[8] 陈秋吉. 中医药产业发展之路走得更稳 [N]. 四川日报，2024-07-19（08）.

[9] 张红中，李小龙. 打造"中国康养之都"的商洛样板 [N]. 商洛日报，2023-10-18（01）.